日本の
コレクティブ・インパクト

協 働 か ら 次 の ス テ ッ プ へ

佐々木 利廣／横山 恵子／後藤 祐一 —— 編著

中央経済社

はしがき

　協働による社会課題解決の次の第一歩がコレクティブ・インパクトである。これが読者に伝えたい本書の基本的メッセージである。いま雨後の筍のように生まれてくる社会課題に対して，どのように解決していくべきかに大きな関心が集まっている。社会課題には，マニュアルやノウハウが蓄積していけば解決できる単純な社会課題もあれば，経験や学習を通じて解決方法が少しずつ精錬されていくような複雑な社会課題もある。しかし現在，我々の社会が直面している社会課題は，一口でいえば混沌とした社会課題と形容することが相応しい。それは，社会課題を生み出す複数の要因がルービックキューブのように重層的に関連し，何が根源的課題なのかを一義的に明らかにすることが難しいような課題である。さらに一つの社会課題を解決することが次の社会課題を生み出すことにもなりうるという厄介な側面も有している。

　こうした混沌とした社会課題の解決にあたって，これまで中心的役割を担ってきたのは言うまでなく行政セクターである。この点は現在でも変わりはないと思われる。ただ行政セクター側に社会課題解決の打ち出の小槌があるわけでもなく，やはり民間企業や市民活動団体との協働に頼らざるをえない部分も多い。市民参加や市民協働という言葉が盛んに叫ばれている所以である。ただ巷で協働が声高く叫ばれている割には，当事者である行政スタッフの生の声は予想以上に後ろ向きのように感じる。ここ数年，地方自治体で協働研修を担当することも多いが，そこで感じる受講生の協働イメージはプラスとマイナスが混在している。協働の必要性は十分にわかっているが，当事者として主体的に関わることには抵抗があるという意見が圧倒的に多い。

　また，市民活動団体，さらにはNPOも行政や企業との協働について試行錯誤を続けている段階である。コラボレーションやパートナーシップという言葉が市民権を得て，成功事例も少しずつではあるが蓄積され始めたことから，もう一段レベルアップするための取り組みが求められている。そして最も大きなセクターである民間企業には，市場での経営課題を解決するだけではなく，ま

さに社会課題解決業としての役割が求められるようになってきている。CSVや
SDGsという用語が，ますます現実味を帯びてきた時代ではないか。

　私自身，長年にわたり欧米はもとより日本でのクロスセクター協働の事例を
発掘しながら，協働とマネジメントは二律背反的存在なのか，もし馬の手綱を
取るという意味でのマネジメントが可能であるとすれば，それはどういう姿を
想定すれば良いのかを自問自答してきた。『地域協働のマネジメント』(2018)
は，そうした疑問に対する答えを提示しようとするささやかな第一歩であった。
そして終章「協働からコレクティブインパクトへ」で，もともと不安定さや対
立的要素を内包するセクター間に協働の架け橋を渡す場合，そこには共感シス
テムと呼べるような関係が存在すべきであるし，一種の共振的関係を築くこと
が必要であることを主張した。

　非常に幸運なことではあるが，こういう考えに思いを巡らせていたときに，
民都大阪フィランソロピー会議に参加することになった。この会議は，多様な
主体が，法人格や営利・非営利の区分を越えて一堂に集い，それぞれが公益活
動を担う主体だということを再認識し，大阪の民の連携・協力によりその存在
感を国内外に示す場として2018年にスタートした会議である。我々の所属する
人材分科会は，行政と民間企業とNPOの代表が集まり，3年間にわたり関西
発コレクティブ・インパクトへの挑戦というテーマで議論してきた。詳細は
「民都・大阪」フィランソロピー会議報告書（2021年3月）として大阪府や大
阪市のHPにアップされているが，ゲストスピーカーとして研究者や実務家の
招聘，分科会メンバーが所属する職場での研究会，そして有馬合宿など懐かし
い思い出も多い。そしてスタート時からアウトプットとして著書出版を念頭に
置いていたこともあり，紆余曲折の長い道のりではあったが，思い出深いプロ
ジェクトになった。このプロジェクトは現在も進行中であるが，この出版が一
つの節目になる。

　研究者を除くと，企業やNPOや行政からの参加者は，代表的立場からこの
分科会に参加し，業務の一環として活動してきた。その意味では，所属組織の
顔を持ちながら参加してきたことになる。利害の異なるセクターの組織メン
バーが，コレクティブ・インパクトというテーマで議論するなかで，お互いの
気持ちや感覚が分かり合えるという瞬間に何度も遭遇したのではないか。同じ

ように，我々研究者も共感を感じとれる場面を何度も経験した。こういう共感をシステム化していく仕組みが，この会議に形成されていたことが大きな発見であった。協働やコレクティブ・インパクトが動き出す際に，瞬間的に共感できるというだけではなく，異なるセクター間の共振的関係のなかで共感システムが形成していく過程を描き出すことが重要である。

　本書において，編著者の3名は，協働や組織間関係という専門領域を共有しながら，コレクティブ・インパクトという新しいコンセプトにチャレンジしてきたことになるが，我々を含めて本書の執筆メンバーは，全員がこの分科会の参加者である。分科会の参加者全員が，自発的に本書執筆に関わってくれることになった。これも，分科会において共感システムが形成された成果と言えるかもしれない。執筆メンバーは，多忙な業務のなか，分科会に欠かさず参加してくれ，セクターの壁を越えて熱い議論を展開した。

　ここで本書の内容について簡単に紹介しておきたい。第1章から第3章まではコレクティブ・インパクトの考え方や視点を中心に論じた章であり，本書の導入部分にあたる。そして第4章から第11章までは，日本のコレクティブ・インパクトのケースを紹介した部分であり，ほとんどが当事者として深く関与した事例である。その意味ではコレクティブ・インパクトを他人事ではなく自分事として捉え実践してきた貴重なケースである。続く第12章から第14章まではコレクティブ・インパクト実現のポイントとしてインパクト評価，サポート組織，人材育成の3つを論じている。第15章は，コレクティブ・インパクト事例の解釈，コレクティブ・インパクトの本質と可能性，社会の縮図としてのコレクティブ・インパクトをまとめた。なお途中に挿入しているコラムは，企業・NPO・行政を代表してコレクティブ・インパクトへの大きな期待を述べている。

　最後に本書出版までにいただいた温かい支援に対して謝意を表しておきたい。まず民都大阪フィランソロピー会議の方々には，分科会の立ち上げから今日に至るまで，数え切れないほどの助言やコメントをいただいた。国立民族学博物館出口正之先生には，有馬合宿にも参加していただき我々の活動に対して常に温かいエールを送っていただいた。大阪NPOセンター代表理事で金井重要工業㈱金井宏実会長からも，同じ有馬合宿で関西の今後について熱いご講演をいただいた。大阪府・大阪市副首都推進局の皆さんにも，会議日程の調整や会場

設営，さらに議事録作成などで日々お世話になった。

　分科会では多くの研究者や実務家がゲストスピーカーとして講演してくださり，多くの先進事例をご教示してくださった。田中弥生先生（会計検査院検査官），永山由高さん（鹿児島県日置市長），内田香奈さん（きょうとNPOセンター），山元圭太さん（合同会社喜代七代表）に心よりお礼を申し上げたい。

　また本書は，編著者３人の科研費助成（研究代表者佐々木利廣基盤研究C「18K01860」）（研究代表者横山恵子基盤研究B「21H00752」）（研究代表者後藤祐一基盤研究C「19K01865」）の成果の一部でもある。最後に，今回もまた著書出版の意義を認めてもらい，出版まで気長に待ち続けてくれた中央経済社酒井隆氏にも感謝申しあげる。

2021年11月

編著者を代表して
佐々木利廣

目　　次

第6章　ソーシャル・ビジネスによる
コレクティブ・インパクト
「再犯のない社会実現」を目指す㈱ヒューマンハーバー—— 85

第7章　コレクティブ・インパクトの創出と
バックボーン組織の形成過程
第3セクターを中心とした池田町の取り組み———————— 99

第8章　社会的課題解決の展開と
コレクティブ・インパクト形成
若者UPプロジェクト———————————————117

第9章　企業によるコレクティブ・インパクトの実践
一般社団法人住むーぶ全国協議会———————————131

第 | **1** | 章

コレクティブ・インパクトへの注目

1 社会課題の解決とコレクティブ・インパクト

　ソーシャル・ビジネスの世界では，これまでの単独で単純な（simple）社会課題から多様な要因が複雑に交錯した複雑な（complicated）社会課題，さらには課題の解決策そのものが刻々と変化することが日常茶飯事であるような混沌とした（complex）社会課題を解決する必要性が増している。要素の多様性や複雑性が顕著な社会課題を複雑な（complicated）社会課題とよび，課題解決策の結果が不確実であるような社会課題を混沌とした（complex）社会課題とよぶことがあるが，現在解決が求められているのは，まさにこうした混沌とした社会課題である（**図表 1 － 1 参照**）。

　社会課題として一般にイメージするのは，のちにケースで触れる教育格差の問題の他，CO$_2$排出や温暖化などの地球環境問題，過疎化さらには限界集落につながる地域課題，障がい者支援などの福祉問題，ホームレスや貧困や人権など多様であるが，他にもありとあらゆる社会課題が顕在化しているのが現在社会の特徴であるといえる。さらにそうした個々の社会課題が相互に関連しあっていることも特徴の一つである。社会課題の塙^{るつぼ}といえるのが現代社会の特徴でもある。

　そしてルービックキューブのごとく，社会課題を構成する要素の一部が変化すると別の要素が同時に変化することが普通であり，ある要素を解決することが別の要素を問題化することにつながるケースもある。北京で蝶が羽ばたくとニューヨークで嵐が起こるという比喩と同じように，思いもかけないバタフラ

1

イ効果がみられるのが現代の社会課題の特徴である。それはある社会課題の解決自体が別の社会課題を生むという現象である。たとえば，ホームレスの救済を手厚くしたら逆に増えてしまった，公衆衛生を徹底したら却って体の弱い患者が増えてしまった，補助金を出したら却って商店街が停滞したといった現象である。

　こうした複雑性や多面性や重複性に加えて相互関連性が特徴である混沌とした社会課題の広がりは，これまでの政府や行政の射程範囲を越えて新しい対応を必要としている。これまでは，こうした社会課題の解決は行政セクターが中心的役割を果たすべきであると考えられてきたし，それだけの資源と解決能力を有していると考えられてきた。しかし社会課題の複雑化・相互関連化・重層化・連続化が行政の射程距離を越えて進むようになると，行政セクターだけでは解決できない混沌とした社会課題に対する方向性として，民間企業やNPOセクターなどの他のセクターとの協働が注目されるようになってきた。

■図表１－１　３種類の社会課題

単純な社会課題	複雑な社会課題	混沌とした社会課題
解決策が一度見つかると，どんな状況でもその解決策が有効	ある解決策を試行錯誤するなかで徐々に改善していく	唯一最善の解決策はなく，その解決策も状況によって変化する（無力化する場合もある）

出所：Westley. F., Zimmerman, B. and Patton. M.（2006）*Getting to Maybe: How the World Is Changed*, Random House Canada, Toronto.（東出顕子訳『誰が世界を変えるのか―ソーシャルイノベーションはここから始まる』英治出版，2008，p.30.を参考に作成[1]）

1）FSG "Collective Impact" prepared Washington Community Foundation Convening, FSG, August 2011.も参考にした。

　混沌とした社会課題の解決へのアプローチとして注目されているのがコレクティブ・インパクトの議論である。2011年に雑誌*Stanford Social Innovation Review*に掲載されたJ. Kania and M. Kramer論文によって提唱されたコレクティブ・インパクト（Collective Impact）の議論は，その時点までに米国で多様な実験的試みが生れていたこともあり，社会課題の解決の新しい視点として注目を浴びている。

　多くの実験的試みのなかには，ソーシャル・イノベーションにつながるようなケースも生まれている。彼らの論文のなかにも，米国のバージニア州にあるエリザベス川を産業廃棄物問題から解決するための清掃プロジェクトのケースや，コートジボワールの50万人の貧しいココア農家の生活改善のためにアメリカの大手食品企業であるマースがNGOや地方政府やライバル企業と協働しているケースが紹介されている。また2003年からスタートしたマサチューセッツ州サマービル市の肥満防止プロジェクトについても，以下のように紹介されている[2]。

　最初に州疾病対策センターやロバートウッドジョンソン財団，マサチューセッツ州ブルークロスブルーシールド協会，ユナイテッドウェイ財団の援助を受けて，タフツ大学栄養学部のエコノモス准教授を中心に低学年の小学生の肥満を防止するための調査が行われた。3年間の調査の結果，州内の子供達の44％が肥満でありヒスパニック系やネパール出身など移民の肥満率が非常に高いことが明らかになった。さらにそうした若者の7割は大人になっても肥満になる可能性が高いことが報告された。

　この調査結果をもとに，行政，地元レストラン，教育施設，家庭，地域活動団体など多様なセクターがそれぞれ"Shape up Somerville!"を合い言葉に肥満防止のプログラムを策定し実行した。たとえば，地域団体は栄養教育や調理レッスンの提供，体育館やジムでの運動教育の提供などの放課後プログラムを工夫している。低脂肪で栄養価の高い健康食メニューを提供している市内40軒以上のレストランには市が認証を与えている。また新鮮な果物や野菜を販売す

2)　サマービル市の肥満防止プロジェクトについては，J. Kania and M. Kramer論文の他，長浜洋二報告資料「多様な連携のカタチ」平成30年度WAM助成シンポジウム「多様な連携のカタチ～持続可能な福祉社会を目指して」（https://www.wam.go.jp/hp/wp-content/uploads/02nagahama-1.pdf）を参照した。

るサマービル市主催のファーマーズマーケットも定期的に開催されている。さらに疾病対策センター（CDC）やタフツ大学栄養学部では，肥満に関するデータ収集やカウンセリングを日常的に行うことで肥満防止策の成果を定量的に蓄積している。こうしたセクターを越えた多様な施策の結果，2003年から2005年の間にサマービル市の子供の平均体重が毎年 1 ポンド（0.45kg）減少するという成果が生まれたという。

　こうしたケースを紹介しながらコレクティブ・インパクトの概念を提示したJ. Kania and M. Kramerの 2 人は，いずれもソーシャルインパクトを専門とする非営利のコンサルティング企業であるFSG（Foundation Strategy Group）の設立メンバーである。なおFSGという組織は，2000年にハーバード・ビジネス・スクールのM. Porter and M. Kramerによって設立され，現在米国とインドとスイスに計 6 つの事務所と160人以上のスタッフを有している。ちなみに，コレクティブ・インパクトが提唱された2011年は，HBR誌上にPorter and Kramerの「共通価値の創造」という論文が掲載され，CSVという用語がはじめて登場した年でもある。このように2011年に非営利の分野でコレクティブ・インパクトという用語が登場し，営利企業の方向性としてCSVという用語が登場したこと，そして両方の論文の共著者としてM. Kramerが関わっていることは，コレクティブ・インパクトの本質を考えるうえでも興味深い。

■図表 1 － 2 　個別インパクトとコレクティブ・インパクトの違い

個別インパクト (II)	集合的インパクト (CI)
それぞれの組織が個別に社会課題に対応	大きな社会システムのなかの複数組織の相互作用による社会課題の解決
社会課題の解決のために組織が協力することはない	相互に学び合い相互作用しながら社会課題を解決
それぞれの組織の評価を単純に集計することで全体の評価	関係するすべての組織が全体に及ぼす効果で評価

出所：FSG資料（2011年 8 月）をもとに作成

　コレクティブ・インパクトとは，混沌とした特定の社会課題に対して，あるひとつの組織の能力で解決しようとするのではなく，企業，NPO，行政，市民などがセクターの境界を越え，相互に強みやノウハウを持ち寄りながら社会

課題に対する働きかけを行うことで社会課題の解決，さらには大規模な制度改革や社会変革を目指すアプローチを総称する用語である。個別の（isolated）対応ではないことを強調する意味で集合的（collective）という用語が用いられている（**図表1－2**参照）。

　個別インパクト（isolated impact）は，社会課題の解決に関係する多様な組織が，それぞれ個別に解決に向けて動くことが結果的には全体としての課題解決につながっていくことを前提にした議論である。関係する組織間での密接な協力関係を前提とせずに，組織間での学び合いやそれらが全体に及ぼす効果も考えない解決スタイルである。社会課題の内容が複雑である場合，そして試行錯誤を経ながら課題解決へのヒントが見つかっていくようなケースでは，それぞれの組織が自分の持ち分の範囲内で解決に向けて行動することが全体としての成果につながっていく。個別インパクトが有効に機能する領域である。こういう社会課題も多いと思われるし，個別インパクトが効率的であるケースも多い。

　しかし，社会課題の要素が相互に重層的に関連し，その要素も日々刻々と変化し，一度有効であった解決策が次の瞬間に無効になってしまうような混沌とした社会課題の解決のためには，各組織がバラバラで解決に向けて行動するだけでは根本的な解決には至らない。こうした混沌とした社会課題の解決にむけた有効なアプローチとしてコレクティブ・インパクトという考え方が生まれてきた。

　コレクティブ・インパクトという用語は，社会課題解決のための固有の考え方や視点であるという見方もある。また具体的な実行手順あるいはプログラムの総称という見方も可能である。大きな社会変革や社会運動の流れとして，さらには個人に内在する社会課題や社会そのものへのスタンスやマインドセットの変化という見方も可能である。この点は第2章以降で議論することになるが，ここでは混沌とした社会課題の解決を目的にした異種セクター間での大規模でシステム的な相互関係の仕組みと過程をコレクティブ・インパクトと呼んでおくことにする。とくにJ. Kania and M. Kramerによって強調されたのは，測定可能な評価基準をもとに，集合的にどれくらいの成果を上げたかを時系列に明確化することの重要性と，豊富な人材や資源を有したバックボーン組織を中心

に多様な組織が纏まって全体的効果を引き出すことの２つである。M. Kramer
は，*Forbes JAPAN*のインタビューで，「コレクティブ・インパクトの革新性
は協働と共通の測定基準の構築にある。」[3)]と述べている。

２　コレクティブ・インパクトの代表的ケース

　まずコレクティブ・インパクトの具体的な内容をイメージするために，米国
において実際に行われた社会実験を紹介しておく。米国でのコレクティブ・イ
ンパクトの最も著名な例は，混沌とした教育課題の解決プロジェクトとして
「ゆりかごから就職まで（Cradle to Career）」をスローガンに，幼稚園から小
中高へと成長する過程で多様なプレイヤーが協働することで問題解決をしてき
たオハイオ州の教育系財団Strive Togetherのケースである[4)]。M. Kramer *et
al.*は，この活動が成功を収めていることを知り，まだ十分に体系化されてい
なくて特定の名称もなかったことから，前述したようなケースを調査しながら
2011年に*Stanford Social Innovation Review*で発表したことで有名である。
　このケースは，米国で直面している大学生の学力問題は，大学時代の勉学内
容そのものよりも，むしろ中高時代さらには幼児期に直面していた課題まで
遡って取り組むことで解決可能な社会課題であることを認識し，地域の多様な
組織が連携したケースである。Strive Togetherは，2006年に米国シンシナティ
市とケンタッキー州北部の300人以上のコミュニティ・リーダーにより開始さ
れた若者や子供の教育課題を解決するための取り組みであり，こうした社会課
題を根本的に解決するためには，ライフステージに関わるすべての団体が協力
する必要があるという考えのもとに設立された緩やかなネットワークである。
この社会課題はまさに混沌とした社会課題であり，多様な要素が複雑に絡み
合っていることから，課題全体を俯瞰しながら解決にむけて協働することが不

---

3)　「企業と社会問題をつなぐ言葉は『もはやCSRではない』」*Forbes JAPAN*, 2017年10
　　月号」（https://forbesjapan.com/articles/detail/18043）
4)　Strive Togetherのケースについては，主に以下を参照した。J.Edmondson and N. L.
　　Zimpher, Striving Together:Early Lessons in Achieving Collective Impact in
　　Education, SUNY Press, 2014. 田中弥生「Collective Impact（集合的インパクト）と
　　は何か」民都・大阪フィランソロピー会議人材/資金合同分科会（2018年7月19日）
　　での報告資料

可欠な社会課題であることがわかる。

　設立の大きなきっかけは，シンシナティ市の教育課題であり，公立学校では高校卒業までに50％近くが中退するという状況で，さらに読み書きや算数のレベルは州・全米の平均以下，大学進学率，大学卒業率ともに州・全米の平均以下という数字であった。こうした状況はシンシナティ市にかぎらず，米国の都市部の多くに共通する教育課題でもあった。

　こうした教育課題を懸念する人々のなかで，ナレッジワーカーズ財団代表のC.Wick，シンシナティ大学学長のN.Zimpher，ユナイテッドウェイ支部長のR.Reifsnyderなどが教育の質向上に向けたシステム変化を模索しながら手を組み始めたというのがスタートである。こうした団体は，それまでに地域経済の課題と市民の質の向上に長年取り組んできた。しかし教育分野そのものはまだまだ未開拓の分野であり，地元大学や財団としても地域の教育レベルを何とかしなければという想いを抱いていたが，教育分野そのものがバラバラで全体像が見えないという難しい課題も抱えていた。そこで各団体のメンバーは，「個々の活動やプログラムは充実しているにもかかわらず，皆バラバラでうまく連携できていない」という共通の課題認識をもって各学区の教育委員会などへ協働を呼びかけていった。さらに既存の教育支援プログラムを可視化し，大学側のニーズとそれらのプログラムをマッチングする活動を始めることになる。こうした働きかけのなかで見えてきたのは，高校よりももっとずっと以前から，子どもを取り巻く環境が教育に影響を及ぼしているということであった。これが後の「ゆりかごから就職まで」のコンセプトにつながることになる。この「ゆりかごから就職まで」というコンセプトは，その後の欧米の教育支援や就業支援に関するコレクティブ・インパクトでも多用され，社会変革の一種のスローガンとして用いられることも多い。

　ゆりかごから就職までという長いスパンのなかで生徒や学生の教育の質を向上させるために行ったことは，子どもたちの成功への道のりの見える化である。親の語りかけや歌などに反応する度合い，子供や周囲に関心を示す度合い，文字を読み書きすることへの関心度，質の高いプレスクールに入る度合い，全日制の幼稚園に入る度合い，4年生レベルの読み書きができる度合い，大学進学への意欲をもつ度合い，数学1を習得する度合い，全科目のうち最低5つは履

修済である度合い，数学と科学を習得する度合い，大学1年でゼミを履修する度合い，大学3年に進学する度合い，親や養育者との安定した関係を築く度合い，子供の発育過程を理解している親や養育者がもつ学習関連のスキル，地域や学校の活動・組織に参加できるだけの十分な経済的支援，地域や大学の活動・組織に参加する時間的余裕，ストレスマネジメントスキルを習得する余裕，など多くの社会的インパクト指標をもとに成果の見える化をはかっていった。

　さらにこうして共有された53項目の教育上の成果目標・指標についての意識のすり合わせをしながら，進捗状況を確認するための定期的なデータ分析・共有のためのミーティングを隔週で実施したという。このような詳細で具体的評価指標をもとにコレクティブ・インパクトを測定化しようとするスタンスは，この時期の米国流コレクティブ・インパクトに共通にみられる現象である。目に見える形でどれだけ成果が出たかを社会に向けてオープンにすることがコレクティブ・インパクトの成功のポイントになり，政府や各種の助成財団からの補助金獲得の有効な手法としても注目された。実際にコレクティブ・インパクトを実行するためのマニュアルともいえる非常に詳細なガイドラインが公にされ，政府や財団からのコレクティブ・インパクトに関する資金獲得の方法が議論されてきた。

　そして，この取り組みを通じて，コレクティブ・インパクト創出のためには以下の4つのポイントが重要であることが明らかになった。第1は，すべての参加者が問題とその解決に向けた集団での取り組みについて共通理解を持つとともに変革に向けたビジョンを共有することである。第2は，データにもとづいた取り組みを継続的に行うために経営資源を活用し，かつ長期的な継続性を担保するためにコミュニティを巻き込むという点である。第3は，共有されたコミュニティビジョンにもとづき，ニーズの存在や若者に向けた課題解決策の効果を示すデータにもとづいた意思決定を行うという点である。さらに第4は，コミュニティのメンバーは，成果の創出に向けてデータ分析にもとづき協働作業を行うという点である。

　こうした要因の抽出が，のちにはJ. Kania and M. Kramer（2011）のコレクティブ・インパクトの5つの要素に纏められることになる。5つの要素の具体的内容については，第2章以降の議論のなかでもう少し詳細に触れたい。さら

に「ゆりかごから就職まで」のコレクティブ・インパクトの取り組みのなかで，陥りがちな課題をどのように乗り越えていったかについても，多くのポイントが提示されている。

　第1に多様な主体がビジョンを共有する過程で陥りがちな課題としては，「支援してあげる，やってあげる」などの態度で第三者的な立ち位置から当事者意識の薄いプレイヤーが出てくるという危険性である。場合によっては，資金や名声のために参加するプレイヤーが出てくるケースも考えられる。Strive Togetherのケースでこの課題をどう乗り越えたかであるが，リーダーの一人であるN.Zimpher自身が学長としては異例の発言ではあるが，自らの大学のレベル低下への懸念を率直に語りながら各学区に協力を仰いでいる。そしてリーダーレベルと現場レベルが互いに提供する「価値」を言語化し共有することで，リーダーシップとアカウンタビリティを一つの組織や人物に帰するのでなく，より多くの組織・関係者で「共有」することを徹底したという。

　第2のデータにもとづく意思決定の過程で陥りがちな課題としては，データ入力や収集にかかる現場負担への懸念が大きくなってしまうという危険性である。データ重視を徹底することで，逆にデータ収集への抵抗感が増大し，集めたデータをどのように活用するという意識が低減してしまうことも多い。こうした課題をStrive Togetherはどう乗り越えたかについて触れておく。プロジェクト発足当初はトップダウンで目標値を決めてしまい失敗したという。そこで改めて200名の関係者とともにアウトカム目標を検討し合意するミーティングを実施している。このプロセスを経ることで何のためにデータを収集し，どんな指標で成果を測るかが関係者間で共有できたという。また，マイクロソフトやP&Gの支援を得て，データ入力の負担をできるだけ軽減できるようなシステムを開発している。さらにデータ活用によって現場の課題が解消し，実際の成果を目にすることで現場のモチベーションが高まることもあったという。

　第3の複数組織による協働作業で陥りがちな課題として，アウトカム目標を設定したものの，どこから着手すればよいか分からなくなり，異なる組織が集まって活動を進めていくのは難しいという危険性の存在である。Strive Togetherでは，アウトカム目標のうち当該地域でもっとも切迫した課題に焦点をあて，これに関わる複数の関係機関（学習支援NPOや企業など）が協力して活動を

行っている。さらにデータを丹念に分析し，根本課題を特定したうえで，その課題解決に関わる組織が一緒になって対策を実行している。そして複数組織が協働する際には，課題・目的・対象範囲・活動計画・協働ルールを必ず文書にまとめ，関係者全員が合意・共有するようにしたという。

　第4にコレクティブ・インパクトとしての活動を持続可能にする過程で陥りがちな課題として考えられるのは，多様な主体が関わる活動を長期間にわたって継続させることが難しく，成果に直結するプログラムは資金を獲得しやすいが，それを支える運営事務局の人材や資金調達が疎かになってしまうというリスクである。こうした持続可能性問題に対してStrive Togetherでは，全体会議などを単なる情報共有や研修の機会に留まらせず，成果を上げた組織やネットワークを表彰するなどして感謝の意を伝え，参加意欲を高める工夫をしている。また複数の資金源をつくること，代理人として活動の意義をPRしてくれる人物を巻き込んでいくこと，バックボーン組織を担う人材や人件費の確保の必要性を資金提供者に訴え続けたこと，などを通じて課題を解決している。

　「ゆりかごから就職まで」のコレクティブ・インパクトの取り組みの成果としては，高等教育入学後の5年間で，共有された53項目の教育上の成果目標指標のうち40項目で改善がみられた。さらに9年間でシンシナティおよびケンタッキー北部の91％の学生の成果指標が改善したという。たとえば，義務教育への準備状況が13％アップして75％にまで改善し，シンシナティ公立学校4年生の読む力が21％アップして76％に改善するなどの成果が表れている。さらに社会的成果としてStriveTogetherネットワークが全米に拡がり，Strive Together Cradle to Career Networkのコミュニティ・パートナーが，全米32州，69パートナー10,200団体以上に拡大するという成果も生み出している。

3　米国でのコレクティブ・インパクトの広がり

　2006年からスタートした米国Strive Togetherの「ゆりかごから就職まで」のケースは，教育課題という混沌とした社会課題に対する多くの参加組織によるシステマチックで全体的効果をめざした社会実験ともいえるケースであった。このケースが大きなきっかけになり，それ以降米国で多くの計画的な取り組み

が行われている。**図表１－３**は，2019年度内閣府委託調査「社会課題の解決における成果最大化に向けた協働の海外事例調査報告書」をまとめた表であるが，2006年から2015年にかけて米国やカナダで多くのコレクティブ・インパクトの取り組みがスタートしていることがわかる。解決すべき社会課題も，貧困やホームレス，子供や若者の教育支援，肥満などの健康問題，農業活性化，地域活性化，など幅広い領域に渡っている。

　報告書ではコレクティブ・インパクトの過程を以下の４つに区分している。第１の過程は，問題の所在や取り組むべき課題を明確化するステージである。第２の過程は，当事者間の議論によって共通の課題認識（アジェンダ）が醸成されるステージである。第３の過程は，大きなアジェンダのもと多様な関係者が緩やかに協働するステージである。最期の第４の過程は，具体的データに基づき成果を何らかの形で評価する段階である。この段階区分は，我々が組織間協働を議論するときの課題の明確化－将来ビジョンの構想－具体的実行と評価という段階区分とほぼ同じである。

　報告書では，各ステージで各ケースに共通して見られる点を抽出している。この事実発見は，日本でのコレクティブ・インパクトの実践を考えるうえでも非常に参考になる指摘である。第１の課題明確化ステージでは，社会課題の表面的で表層的な把握に終わらずに，取り組むべき課題の本質は何かを数年間かけて地道に把握することの重要性が指摘されている。地域の人々やこれまで支援を受けてきた人々などの当事者の声に真摯に耳を傾け，具体的なデータを収集することで，解決すべき本質的な課題が何かを徹底的に深掘りすることの重要性を指摘している。そしてこのステージで不十分な課題把握のままに次のステージに進んだことで十分な効果を上げることができなかった事例についても言及している。たとえば，カナダのバンクーバー市で行われたTRRUSTの事例では，若者のホームレス問題の根本原因が里子支援制度だと分かるまでに非常に長い時間を要した。欧米では，両親と暮らせない子どもを保護する場合，児童養護施設ではなく里親に引き取ってもらうケースが多い。そして里親の元で生活する若者は19歳で成人とみなされ，その時点で資金支援から突然切り離され自立できない状況に置かれる。この環境がホームレス問題を引き起こす本質的課題であることが明確になるまでに長い時間を要した。バンクーバー市の

場合，里子支援制度の対象であった人々の４割以上が19歳の支援終了後にホームレスになる状況であったという。

■図表１－３　米国とカナダのコレクティブ・インパクトの事例

プロジェクト名	開始年度	概要	地域	社会課題
MACCH（Metoro Area Continuum of Care for Homeless）	2006	ホームレスの生活の質を向上させるためのパートナーシップ	オマハ市	ホームレス支援
L.A. Compact	2008	地域の教育環境の改善・向上を通じて，学区出身の学生の能力の向上	ロサンゼルス郡	教育
Live Well San Diego	2008	地域住民の健康改善等を目指した自治体の取り組み	カリフォルニア州サンディエゴ郡	健康増進
Assuring Better Child health and Development	2008	子どもの適性に応じた健康と発達支援の取り組み	コロラド州	子育て支援
Zone126	2009	アストリアとロングアイランドシティの貧困層の子どもの幼稚園から就業に至る間の格差是正に向けた支援	ニューヨーク州	貧困・教育
Farm to Plate	2009	農業支援を中心として地域の経済発を目指す州主導の取り組み	バーモント州	農業支援
Health Improvement Partnership	2012	地域住民の肥満・糖尿病・肺がん等健康課題解決に向けた自治体の取り組み	アリゾナ州マリコパ郡	健康増進
The Arts Access Initiative	2013	アートを通じて地域生徒の認知能力の向上・豊かな感性の育成・学力の向上	ヒューストン市	若者の教育
Fostering Change	2013	児童養護制度の改善と生活支援の取り組み	バンクーバー市	児童擁護支援

Vital Village Community Engagement Network	2013	地域住民の健康増進や生活環境整備を目指した取り組み	ボストン市	地域活性化
Active Schools	2013	全米規模で子どもの運動機会を増やし健康増進を図る取り組み	アメリカ全域	健康増進
The Paschalville Partnership	2014	地域の貧困層支援のため公共図書館を含む多くの機関が協働	フィラデルフィア市	貧困・雇用
TRRUST	2014	児童養護制度を経験した子どもたちへの生活支援の取り組み	バンクーバー市	児童養護支援
Century Villages at Cabrillo	2015	低所得世帯の生活環境を充実させ経済的自立を実現するため健康的で最低限の生活を送る環境を整備	カリフォルニア州カブリロ村	ホームレス支援
NYC Worker Cooperative Coalition	2015	市民の雇用機会平等を図る自治体の取り組み	ニューヨーク市	雇用支援

出所：2019年度内閣府委託調査「社会課題の解決における成果最大化に向けた協働の海外事例調査報告書」をもとに作成

　第2の共通の課題認識（アジェンダ）ステージでは，力の強い団体や強権的リーダーが一方的にアジェンダを設定することのリスクが指摘されている。それに代わって，関係する多くの組織が対等な立場で徹底的に議論を続け，それぞれの組織の強みや関わる程度を理解しあうことで相互補完的に課題解決に向かっていくことの重要性を強調している。たとえば，フィラデルフィア図書館（FLP）を中心に地域コミュニティの貧困層支援を行っているThe Paschalville Partnershipのケースでは，2014年2月以降，運営組織や支援団体が取組目標や地域コミュニティの現状について共通認識を持ち全員が納得できるまで会議を重ねた後に，9月下旬に共通のアジェンダが策定されたという。この地道な話し合いの場がなければ，共通のアジェンダ設定は難しいものになっただろうと結論づけている。

　第3の多様な関係者が緩やかに協働するステージでは，事務局機能を担う団

体が多様なデータを常に収集し組織間で共有することで，協働による支援を長期的に維持している取り組みが必要であるという。特に，「パートナー間で足並みを完全にそろえる必要はなく，緩やかなネットワークを形成すること（Vital Village Community Engagement Network）」や「100％の方針理解を得られないこともあるが，相互にやりたいことを尊重する姿勢」を尊重しているケースがあったという指摘は，日本での今後の展開を考えるうえで参考になる。

　第4の具体的成果の客観的評価のステージでは，成果指標を数値で設定していない事例も多いという指摘はやや意外である。成果指標の設定と具体的測定については，欧米でもまだ試行錯誤の段階であり，必ずしも数値による成果指標を必須と考えずに，共通の大きな目標を目指して協働することの重要性を重視している事例もあることが報告されている。成果指標や数値目標を設定することを第一義的に考えるのではなく，データに基づき漸進的改善を図ることを重視しているという指摘は日本でも参考になる。

4　米国でのコレクティブ・インパクトの評価と進化

　2011年にJ. Kania and M. Kramerにより，コレクティブ・インパクトという用語が提示され，多くの研究者や実務家に瞬く間に広まっていった。こうした背景には米国での次のような点が関係していると思われる。それは，混沌とした社会課題の解決に民間企業が本格的に参加するという動きと連動してコレクティブ・インパクトという用語が生まれてきたという点である。企業の社会化の動きとして，本業外での余裕資源を使った社会貢献活動が成熟していくにつれて，もう一歩踏み込んで本業を通じて戦略的に事業展開を行う動きが加速し始めた。こうした動きは，戦略的フィランソロピーや戦略的CSRと呼ばれ，企業の社会戦略として定着し始めた。

　こうした流れのなかで登場したのが，M. Porter and M. KramerのCSV理論である。競争戦略論の大家であるPorterとともにコレクティブ・インパクトの主導者でもあるKramerがCSV理論を提唱している点も興味深い。彼らは，CSVを「企業が事業を行う地域社会の経済条件や社会状況を改善しながら，企

業自らの競争力を高める方針とその実行」と定義している。すなわち企業が事業活動を通じて経済的には競争力を高めながら，一方では事業活動を通じて社会的には非経済的課題を解決していくことがCSVであると主張している。こうした経済的価値と社会的価値の相乗的効果を目指すことが企業の新しい方向性だとすると，コレクティブ・インパクトへの企業の参画はCSVの実践でもある。企業セクターに向けて新しい方向性を提示したと同時に，非営利セクターに向けても進むべきビジョンを提案したという意味でコレクティブ・インパクトは大きな影響力を与えたと思われる。

　しかし，2011年にコレクティブ・インパクトという用語が提示されて以降，試行錯誤的に多くの実践的取り組みがなされ，積極的推進を強調する論者がいる一方で，かなり批判的な論調を強く推し出す論者も現れている。さらにそうした賛否双方の流れを整理しながら，どのようにして次のステージに移行していくべきかを提案する研究機関も現れている。その代表的な主張がタマラック研究所（Tamarack Institute）のM.Cabaj and L.Weaver（2016）のコレクティブ・インパクト3.0の主張である。

　彼らは，コレクティブ・インパクトの発展段階を３つに区分している。フェーズ1.0は，J. Kania and M. Kramer（2011）の論文が公表される前の段階であり，多様なアクターがFSGにより整理されたフレームワークを参照することなく，それぞれ自然発生的にコレクティブ・インパクトのモデルになるような実践に取り組んでいた段階である。続いてフェーズ2.0は，J. Kania and M.

■図表１－４　コレクティブ・インパクト2.0とコレクティブ・インパクト3.0の違い

コレクティブ・インパクト2.0	コレクティブ・インパクト3.0
マネジメント型パラダイム	運動論的パラダイム
５つの要素	
共通のアジェンダ	コミュニティの願い
共有された測定システム	戦略的学習
相互に強化しあう活動	効果が最大になる活動の組み合わせ
継続的コミュニケーション	すべての関係者の参画
活動をサポートする中心的組織	変革プロセスを支える環境・仕組み

出所：M.Cabaj and L.Weaver, 2016, Collective Impact3.0:An Evolving Framework for Community Change, Tamarack Institute.p.3の図表

Kramer（2011）の論文が公表されて以降5年間に多くのコミュニティがFSG
のフレームワークをもとにした活動を行ってきた段階である。そしてこうした
活動を整理しながら評価し体系化をはかる試みも続けられてきた。なおFSG
（Foundation Strategy Group）は，共通価値の創造（CSV）の概念を提唱した
M. PorterとM. Kramerが共同で設立した非営利のコンサルティング会社であ
る。

　そしてフェーズ3.0は，J. Kania and M. Kramer（2011）のモデルが社会課
題の解決のための基本的骨格を提示したことを認めたうえで，その後の実践を
踏まえてより進化した5つの特徴を提示することでフェーズ2.0のコンセプト
を見直そうとする段階である。フェーズ2.0のコンセプトの見直しが求められ
る背景として，M.Cabaj and L.Weaver（2016）は次の2点を挙げている。第
1は，さまざまなコミュニティが多様な環境で多様な社会課題に実験的に取り
組んだ結果，フェーズ2.0のコンセプトの不足点が見えてきたことである。そ
の不足点としては，変革におけるコミュニティの役割に注意が十分に向けられ
ていないこと，短期的データが重視されすぎたこと，政策転換や社会システム
そのものの変容の役割が過小評価されてきたこと，取り組みを支えるバック
ボーン組織に過大な投資がなされることなどを挙げている。そしてタマラック
研究所のM. Holmgrenは，こうした指摘を真剣に受け止めない限り，コレク
ティブな変革とは異なる方向へ振り子が振れる可能性があると警鐘を鳴らして
いる。

　第2は，コレクティブ・インパクト2.0があまりにブームになったため，他
の組織や実務家が見出したコミュニティ変革の枠組みが注目されなくなってし
まったことへの危機感である。たとえば，コレクティブ・インパクト2.0ほど整
理されておらず，うまく宣伝されなかったブリッジスパン・グループのNeedle
Moving Collaboratives，アスペン研究所のComprehensive Community Initiatives，
ハーウッド研究所の草の根的なTurning Outwardモデルなどは，コミュニティ
変革についてコレクティブ・インパクト2.0とは少し異なる見方を提示してい
るが，検討の余地のある考え方である。こうしたコミュニティ変革手法が示す
分析や戦略もまた，コレクティブ・インパクト2.0を効果的に実践するために
織り込むことができる考え方である。

　彼らは，コレクティブ・インパクトのフレームワークについて，2011年のコレクティブ・インパクト2.0と2016年のコレクティブ・インパクト3.0の違いを**図表1－4**のように整理している。最も大きな違いは，コレクティブ・インパクト2.0はマネジメント型パラダイムであり，解決すべき社会課題を扱うことに責任をもつ組織のリーダーが集合し，個々バラバラで取り組むよりも優れた成果を生み出す方法を模索しながら，既存の社会システムをどのように改善するかを重視する視点である。それとは対照的に，コレクティブ・インパクト3.0は運動論的パラダイムであり，既存の社会システムや取り組みの改善だけでは効果があらわれないシステムの改革や変革を重視する。

5　おわりに

　第1章では，混沌とした社会課題解決の有効な考え方として，コレクティブ・インパクトの議論を紹介してきた。ここで本書の大まかな流れを確認しておきたい。第2章と第3章では，コレクティブ・インパクトに対する欧米での賛否両論の議論を踏まえつつ，これまでの協働論やパートナーシップ論との異同，日本での定着に向けた陥穽の克服，などについて論じる。第4章から第11章では，日本各地においてコレクティブ・インパクトに向けた萌芽的取り組みが生まれつつあることを紹介しながら，課題や制約条件を含めて萌芽状態にある日本でのコレクティブ・インパクトの可能性を探ることにしたい。さらに第12章以降では，欧米流の計画的で分析志向のコレクティブ・インパクトの限界を踏まえながら，日本型コレクティブ・インパクトが定着するための条件整備として何が必要なのかについていくつかの問題提起を試みたい。いずれにしてもコレクティブ・インパクトを一時的流行に終わらせず，持続可能な取り組みとして普及定着させる動きを後押しするようなスタンスで議論を進めたい。

参考文献

Cabaj, M. and Weaver, L. (2016). Collective impact 3.0: An evolving framework for community change, *Community Change Series 2016*, 1-14. (https://www.collectiveimpactforum.org/sites/default/files/Collevtive%20 Impact%203.0.pdf)

井上英之 (2019) 「コレクティブ・インパクト実践論」.『Diamondハーバード・ビジネス・レビュー』, 44 (2), 14-30.

Edmondson, J. and Zimpher, N.L. (2014). *Striving Together:Early Lessons in Achieving* Collective Impact in Education, SUNY Press.

Kania, J. and Kramer, M. (2011). Collective impact, *Stanford Social Innovation Review*, Winter, 36-41.

内閣府 (2020).『社会課題の解決における成果最大化に向けた協働の海外事例調査報告書』(2019年度内閣府委託調査, 委託先デロイトトーマツコンサルティング合同会社).

Porter, M. and Kramer, M.R. (2011), Creating shared Values, HBR, vol.89, 62-77.

佐藤真久・広石拓司 (2018).『ソーシャル・プロジェクトを成功に導く12ステップ：コレクティブな協働なら解決できる！ SDGs時代の複雑な社会』みくに出版.

Stroh, D. P. (2015). *System thinking for social change: A practical guide to solving complex problems, avoiding unintended consequences, and achieving lasting results*, Chelsea green Pub (小田理一郎監訳『社会変革のためのシステム思考実践ガイド：共に解決策を見出し, コレクティブ・インパクトを創造する』英治出版, 2018年).

Weaver, L. and Cabaj,M. (2018). Collective Impact 3.0: Extending the Collective Impact Vision for Community Change, Walzer, N. and Weaver, L. (eds.), *Using Collective Impact to Bring Community Change*, Routledge, 97-115.

コレクティブ・インパクトの
成立と進化

1　はじめに

　北米を中心にコレクティブ・インパクトに対する関心が高まっている。コレクティブ・インパクトとは，アメリカのコンサルティング会社であるFSGに勤務するJohn KaniaとMark Kramerによって，2011年に提示された社会課題を解決するための新たなフレームワークである。北米を中心にコレクティブ・インパクトの取り組みが増えているなか，日本においてもコレクティブ・インパクトに対する関心が徐々に高まっており，萌芽的な取り組みが行われるようになっている。

　そこで，本章ではコレクティブ・インパクトに関連する文献のレビューを通して，コレクティブ・インパクトとは何かや，コレクティブ・インパクトを成功裏に導くための要件などを紹介していく。本章の構成は，以下のとおりである。はじめに，Kania and Kramer（2011）によって提示されたコレクティブ・インパクトの定義，ならびに，コレクティブ・インパクトの5つの成功条件について説明する。そして，コレクティブ・インパクトに関する議論の発展について概観する。

2 コレクティブ・インパクトとは何か

2.1 コレクティブ・インパクトの定義と5つの成功要因

　コレクティブ・インパクトは，2011年にKania and Kramerが*Stanford Social Innovation Review*に "Collective Impact" と題する論文を発表したことに端を発するものである。そこでは，コレクティブ・インパクトは「特定の社会課題を解決するための共通アジェンダに，多様なセクターの重要なアクターによるコミットメント」（Kania and Kramer, 2011, p.36を訳出）と定義されている。

　そして，Kania and Kramer（2011）はコレクティブ・インパクトの成功条件として，(1)共通のアジェンダ，(2)共有された評価システム，(3)活動の相互強化，(4)継続的なコミュニケーション，(5)バックボーン組織の5つを指摘している。(1)の共通のアジェンダとは，コレクティブ・インパクトの参加者が変化のためのビジョンを共有することであり，(2)の共有された評価システムとは，各参加者の努力の一致の保証，説明責任，相互に学習することを可能にする評価項目に合意することである。(3)の活動の相互強化とは，参加者が相互に補強し合う活動にコミットし，各参加者が最も能力を発揮できる分野に集中することである。(4)の継続的なコミュニケーションとは，参加者間での信頼関係などを構築するために定期的なコミュニケーションが必要であることであり，(5)のバックボーン組織とは，コレクティブ・インパクトの活動を支援する組織が必要であることである。さらに，これらの5つの条件に加えて，長期的なプロセスであるコレクティブ・インパクトを支援する資金提供者の支援が必要であることを指摘している[1]。

---

1) Brady and Juster（2016）は，実践を通じて特定されたコレクティブ・インパクトの8つの原則を提示している。これらの原則は，Kania and Kramer（2011）が提示した5つの成功条件に加わるより実践的な原則である。具体的には，(1)公平性を優先してイニシアチブを設計し，充実すること，(2)コミュニティのメンバーを参加させること，(3)分野を越えたパートナーを募集し，共同で作成すること，(4)データを利用して継続的に学習，適応，改善をすること，(5)独自のシステム・リーダーシップ・スキルを育成すること，(6)プログラムとシステム戦略の焦点をあてること，(7)参加者間の関

　Kania and Kramer（2011）によって提示されたコレクティブ・インパクトは，社会課題の解決には，多様なセクターに属する組織が長期的かつ継続的にコミットすることを想定しており，そのために共有された評価システムや活動を支援する組織（バックボーン組織）が必要であることを指摘している点に特徴がある。すなわち，社会課題の解決に向けた取り組みをシステマチックに行うためのフレームワークとして位置づけられる。

　そして，第1章においても言及されているが，2011年に"Collective Impact"の論文が発表されて以降，北米を中心にコレクティブ・インパクトの取り組みが数多く行われるようになっている。環境や社会福祉，教育などさまざまな分野における社会課題の解決・対応に向けた多様なセクターに属する組織による協調的な取り組みは，従来からパートナーシップやコラボレーションといった形で行われてきた。しかし，Kania and Kramer（2011）によって提示されたコレクティブ・インパクトのフレームワークにもとづいた取り組みが幅広い分野において実施されていることから，社会課題の解決に向けた新たな実践的なフレームワークとして受け入れられていると言えるだろう。

2.2　コレクティブ・インパクトとパートナーシップ，コラボレーションとの相違

　多様化・複雑化する社会課題の解決・対応を目的とした，異なるセクターに属する組織によるパートナーシップやコラボレーションがさまざまな分野において行われ，学術的にも実践的にも注目されている。そして，パートナーシップやコラボレーションについて，国内外で数多くの研究が蓄積されている（たとえば，Gray, 1989；小島・平本編，2011；佐々木・大阪NPOセンター編，2018；横山，2003）[2]。

　では，既存のパートナーシップやコラボレーションとコレクティブ・インパクトの違いは，どこにあるのだろうか。この点について，Kania and Kramer（2011）は，既存の多様なコラボレーションとコレクティブ・インパクトの特

　　係，信頼，尊敬を育む文化を構築すること，(8)地域の文脈に合わせてカスタマイズすることである。
2)　パートナーシップやコラボレーションについては，論者によって捉え方が異なっている。

■図表２−１　コラボレーションのタイプとその特徴

ファンダー・コラボレーション	ある特定の問題に対して支援をすることに関心のある資金提供者グループによるもの。証拠にもとづいた行動計画や，共有された測定システムを採用しているとは限らない。また，他のセクターの利害関係者を巻き込むこともない。
官民パートナーシップ	政府と民間組織によって特定のサービスや便益を提供するために形成されるもの。狭い範囲を対象としている事が多く，課題に影響をあたえる利害関係者全体を関与させることはない。
マルチステイクホルダー・イニシアティブ	共通のテーマに関連して異なるセクターに属する利害関係者による自発的な活動である。しかし，共通の測定システム，取り組みを支援するようなインフラはない。
社会セクター・ネットワーク	公式・非公式を問わず，個人や組織が目的に対して流動的に繋がっているもの。一般的にその場限りのものであり，情報共有やターゲットを限定するなど短期的な行動に重点が置かれる。
コレクティブ・インパクト・イニシアチブ	特定の社会問題を解決するための共通アジェンダに向けて，異なるセクターの重要な参加者グループが長期的にコミットするものである。活動は，共有された測定システム，相互に強化された活動，継続的なコミュニケーションによって支えられ，独立したバックボーン組織によって運営される。

出所：Kania and Kramer（2011），p.39を一部改編

徴を**図表２−１**のように整理している。

　図表２−１に示されるようにコレクティブ・インパクトは，多様なセクターの重要な参加者グループ，長期的なコミットメント，共有された測定システムやバックボーン組織などの点において，他の多様なコラボレーションの形態とは異なる特徴を有するものとして位置づけられていることがわかる。

　また，Hanleybrown Kania and Kramer（2012）では，持続的かつ大規模な変化を生み出すには，単一のプログラムや組織では困難であると捉え，個別のインパクトとコレクティブ・インパクトの違いを整理している。第１章の図表１−２に示されるように，コレクティブ・インパクトは特定の社会課題の解決を目的としたフレームワークであるが，多様なセクターに属する組織による，より大規模なシステムレベルで変革するためのフレームワークとして位置づけられている。

　以上のように，コレクティブ・インパクトの特徴は，顕在化しているあるいは潜在的な社会課題の解決には，より大きな社会システムの変革を必要とし，

そのために多様なセクターに属する組織による長期的かつシステマチックな取り組みを行うためのフレームワークを5つの成功条件というシンプルな形で明示したことであると考えられる。

3　コレクティブ・インパクトに関する議論の発展

　コレクティブ・インパクトは多くの人々の関心を集め実践され，コレクティブ・インパクトのフレームワークにもとづいた取り組みを成功裏に導くための実践的な示唆が提示されている。コレクティブ・インパクトに関する議論は実務家によるものが中心であるが，大学などに所属している研究者からも関心が徐々に集まっている。

3.1　コレクティブ・インパクトのプロセス

　コレクティブ・インパクトの取り組みは，多様な組織による長期的なものである。Hanleybrown et al.（2012）は，**図表2－2**に示されるようにコレクティブ・インパクトをプロセスとして捉え，3つのフェーズに区分し，各々のフェーズにおける取り組むべき具体的な内容について4つの項目に沿って整理をしている。

　また，Hanleybrown et al.（2012）では，コレクティブ・インパクトの取り組みへの参加や継続のための機会やモチベーションが生じるためには，(1)影響力のあるチャンピオン，(2)十分な財源，(3)変化への切迫感の3つが必要であると指摘している。

　Hanleybrown et al.（2012）によって整理されたフェーズごとに求められる取り組み内容をふまえると，コレクティブ・インパクトの成功条件として挙げられた5つは，フェーズ2またはフェーズ3において求められる条件であると考えられる。また，コレクティブ・インパクトの取り組みを開始するうえで必要な条件やフェーズ1の段階で求められる取り組み内容が整理されたことは，コレクティブ・インパクトのフレームワークにもとづいた取り組みを検討している実務家に具体的な流れを提示するものであると考えられる。このようにコレクティブ・インパクトのフレームワークに関しては，当初提示されたものか

■図表２－２　コレクティブ・インパクトのフェーズごとの取り組み内容

成功の要素	フェーズ１ 働きかけ	フェーズ２ インパクトを与える	フェーズ３ 行動と影響の持続
ガバナンスと インフラスト ラクチャー	チャンピオンを特定し， クロスセクターのグ ループを形成する。	インフラストラクチャ ーを構築する（バック ボーンとプロセス）。	促進し，洗練させる。
戦略的な計画	状況を示すとともに データを使用してケー スを作成する。	共通のアジェンダを作 る（目標と戦略）。	実行を支援する（ゴー ルと戦略の調整）。
コミュニティ の巻き込み	地域社会への働きかけ を促進する。	地域社会を巻き込み， 民意を構築する。	参加の継続とアドボカ シー活動を実施する。
評価と改善	基礎データを分析し， 重要な課題とギャップ を特定する。	共通の測定基準を確立 する（指標，測定，ア プローチ）。	進捗状況を収集，追跡， 報告する（学習と改善 のプロセス）。

出所：Hanleybrown et al.（2012），p.4を一部改編

ら，いつ何が必要で，いつ何をするのかといったより具体的なプロセスが整理
されている。

3.2　バックボーン組織

　さらに，コレクティブ・インパクトにおける大きな特徴の１つとして，他の
コラボレーションでは言及されていないコレクティブ・インパクトの活動を支
援する独立した組織であるバックボーン組織が挙げられる。

　Turner, Merchant, Kania and Martin（2012）は，バックボーン組織の役割
として(1)ビジョンと戦略を導く（guide vision and strategy），(2)連携した活動
を支援する（support aligned activities），(3)共有された測定方法を確立する
（establish shared measurement practices），(4)民意を構築する（build public
will），(5)方針を前進させる（advance policy），(6)資金を動員する（mobilizing
funding）の６つを指摘している。さらに，彼女らは，これら６つの活動にお
ける短期的・中期的な成果の例を**図表２－３**に示されるように整理している。

　Kania and Kramer（2011）において提示されているコレクティブ・インパ
クトの５つの成功条件のうち，(1)共通のアジェンダ，(2)共有された評価システ
ム，(3)活動の相互強化，(4)継続的なコミュニケーションの４つの条件において，
図表２－３に示されるようにバックボーン組織が多様な役割を担うことが指摘

■図表２−３　バックボーン組織の短期的・中期的成果

活動	短期的な成果	中期的な成果
ビジョンと戦略の指針	パートナー間で必要性と望ましい結果について共通の理解をしている。	個々のパートナーの仕事が，取り組みの共通のアジェンダと一致していく。
連携した活動を支援する	共通の目標に向かって，意思疎通を図り，活動の連携を図る。	パートナーが，取り組みを推進するための新たなアプローチを共同で創る。
共有された測定方法を確立する	パートナー間でデータを共有することの価値を理解している。	パートナーは，戦略を適応・洗練するためにデータを利用する機会が増える。
民意を構築する	ビジョンと戦略の指針を示す（guide vision and strategy）。	コミュニティのメンバーの多くが，自身の問題に対して行動を起こせるようになったと感じる。
方針を前進させる	パートナーが，共通の目標に向けてコミュニケーションを取り，活動を調整するようになる。	取り組みの目標に沿った方針変更が増加する。
資金を動員する	取り組みを支援するための資金が確保されている。	慈善活動や公的資金が，取り組みの目標に沿ったものになってきている。

出所：Turner et al. (2012). p.5より作成

されている。すなわち，バックボーン組織がコレクティブ・インパクトのフレームワークにおいてとりわけ重要なものとして位置づけられている。

　では，どのような組織がバックボーン組織となり得るのだろうか。この点について，Hanleybrown et al. (2012) は，バックボーン組織には，(1)発起人ベース (funder-based)，(2)新たな非営利組織 (new nonprofit)，(3)既存の非営利組織 (existing nonprofit)，(4)政府・行政 (government)，(5)複数の組織による共有 (shared across multiple organizations)，(6)運営委員会主導型 (steering committee driven)，の６つのタイプがあることを指摘し，それぞれの長所と短所を**図表２−４**のように整理している。

　コレクティブ・インパクトは多様なセクターに属する組織による取り組みである。しかし，コレクティブ・インパクトの重要なパートナーの１つとして考えられている企業は，バックボーン組織としての役割を担うことが想定されていない。これは，企業は中立的なアクターではないためである（Kramer and Pfitzer, 2016=2017 p.35）[3] と考えられる。

■図表2-4　バックボーン組織の特徴

	長所	短所
発起人ベース	●スタートアップ資金と経常的な資金を確保する能力 ●他の資金提供者を巻き込み，活用する能力	●CIの取り組みが一人の発起人によって推進される場合，広い賛同が欠如する ●中立的であると認識されない
新たな非営利組織	●ファシリテーターや招集者として中立的と知覚される ●障害となる可能性がない ●焦点が明確	●持続可能な資金調達の欠如と資金調達の優先順位に関する潜在的疑問 ●地域のNPOと競合する可能性
既存の非営利組織	●信頼性，明確なオーナーシップと課題に対する強い理解 ●適切な資源が存在すれば，既存のインフラの整備ができる	●障害となる可能性と中立と認識されない ●資金が乏しい場合，注目されない
政府・行政	●公的セクターのお墨付き ●適切な資源が存在すれば，既存のインフラの整備ができる	●官僚制が進展を遅らせる ●公的資金が頼りにならない可能性がある
複数の組織による共有	●複数の組織による共有により，少ない資源で済む ●広い賛同と専門知識	●複数の意見が出されることによる明確な説明責任の欠如 ●調整の課題が，潜在的な非効率性に繋がる
運営委員会主導型	●公的，私的，非営利セクターのシニアリーダーからの広い賛同	●複数の意見が出されることによる明確な説明責任の欠如

出所：Hanleybrown et al.（2012），p.7を一部改編

　図表2-4に示されるように，バックボーン組織ごとに特徴が異なり，バックボーン組織のタイプによって，コレクティブ・インパクトの取り組みが変化すると考えられる。コレクティブ・インパクトにおいては独立したサポート組織であるバックボーン組織が活動の成果に対して大きな影響を与える。バックボーン組織の行動や，バックボーン組織そのもののマネジメントのあり方については，管見の限り見当たらない。今後，これらの点についてより詳細に明らかにしていくことが重要であると考えられる。

---

3)　ただし，Kramer and Pfitzer（2016=2017）では，バックボーン組織のための財源や技術支援など，さまざまな支援を提供することが可能であることが指摘されている。

3.3　コレクティブ・インパクト2.0からコレクティブ・インパクト3.0へ

　Kania and Kramer（2011）によって提示された新たなフレームワークであるコレクティブ・インパクトは多くの実務家の関心を集め，さまざまな議論が展開され，精緻化されている。しかし，Tamarack InstituteのCabaj and Weaver（2016）は，コレクティブ・インパクトのフレームワークそのものを発展させる必要があることを主張している。

　彼らは，コレクティブ・インパクトを**図表2-5**のように3つの段階に区分し，彼らがコレクティブ・インパクト3.0と位置づけている段階では，コレクティブ・インパクトのリーダーシップ・スタイル，5つの成功条件を発展させる必要があることを主張している。

■図表2-5　コレクティブ・インパクトの段階

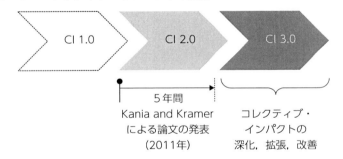

出所：筆者作成

　具体的には，リーダーシップ・スタイルの発展とは，マネジメント型（管理型）からムーブメント型（運動型）への移行である。コレクティブ・インパクトは，大きなシステムレベルでの変革を念頭にしているフレームワークである。マネジメント型のフレームワークとムーブメント型のフレームワークを比較して，ムーブメント型のフレームワークは，よりシステムの改革・変革に重点が置かれており，大きなインパクトを与える可能性が高まるためと述べている。

　また，5つの成功条件それぞれについては，第1章の図表1-4のように発展させる必要があることを指摘している。

上述のように，Kania and Kramer（2011）によって提示されたコレクティブ・インパクトのフレームワークは，大規模な社会システムの変革を念頭に，セクターを越えた多様な組織による長期的かつシステマチックなものであると考えられる。しかし，Cabaj and Weaver（2016）の提示したCollective impact 3.0とKania and Kramer（2011）のCollective impact 2.0を比較すると，Collective impact 3.0のフレームワークはより柔軟性があるものであるのに対し，Collective impact 2.0のフレームワークはリジットなものである。

　第1章においても言及しているが，「社会課題の解決における成果最大化に向けた協働の海外事例調査報告書」の事例調査（内閣府，2020）から，成果指標を必ずしも設定していないものの，データを収集し分析・可視化をすることで取り組みを改善する事例がみられている。必ずしも成果指標等を数値化する必要はないということである。数値目標などを設定することでは，手段が目的化してしまう可能性もある。したがって，取り組んでいる社会課題の特徴や目指すべき姿などを考慮し，コレクティブ・インパクトのフレームワークに捉われるのではなく，その考え方を踏まえつつ，より柔軟な進め方を模索していくことが必要だろう。

3.4　コレクティブ・インパクトに関する学術的な関心

　コレクティブ・インパクトの議論は，主として実務家を中心に展開されてきた。しかし，近年ではコミュニティ開発などの分野を中心に徐々にではあるが，コレクティブ・インパクトのフレームワーク，コレクティブ・インパクトの成功要因などを検討した研究が蓄積されつつある。

　コレクティブ・インパクトのフレームワークについて，Christens and Inzeo（2015）では，長期に渡って議論が蓄積されてきた「草の根の住民組織化（grassroots community organizing）」と比較・検討し，両者の間では(1)住民の関与（deep resident engagement），(2)権力の分析（analysis of power），(3)紛争に対処する能力（capacity to address conflict）において顕著な相違があると指摘している。そのうえで，コレクティブ・インパクトと草の根の住民組織化の議論は，相互に補完的であり，文脈に応じて適切なモデルを用いることを指摘している。また，Salignac, Wilcox, Manjolin and Adams（2018）は，コレク

ティブ・インパクトのフレームワークを用いて，オーストラリアにおけるコレクティブ・インパクトの活動の事例分析を通じて，組織間コラボレーションの理論的なものの1つとして位置づけることができると述べている。一方，Wolff（2016）は，コレクティブ・インパクトのフレームワークはトップダウン的なアプローチであることや，既存の組織のリーダーや意思決定者を重視しておりコミュニティの人々が含まれていないなど，さまざまな問題・懸念事項があることを指摘している。そして，「公平性と正義のためのコラコレクティブ・インパクト」（Wolff et al., 2016）[4]と題する論文において，公平性と正義に即するコラボレーションの6つの原則を提示している。

　さらに，コレクティブ・インパクトの成功要因として(1)組織的要因，(2)関係的要因，(3)リーダーシップの3つがあること（Salignac et al., 2018），複数のバックボーン組織が共通の目標を実現するための相互作用のあり方（Park, Lee and Kim, 2020），コレクティブ・インパクトの条件―権限，資源へのアクセス能力，正当性など―が，非営利組織のコレクティブ・インパクトへの参加に影響を与えることが指摘されている（Cooper, 2017）。

　コレクティブ・インパクトのフレームワークは，2011年に提示された新しいものである。これまでにも既存の議論を考慮していないことが指摘されているが（e.g. Wolff, 2016），経営学においても多様なアクターによるコラボレーションに関する議論は蓄積されており，既存の知見との整合性などを検討していく必要があると考えられる。

　また，Ennis and Tofa（2020）は，コレクティブ・インパクトに関する査読付き研究論文19本[5]のレビューを行い，コレクティブ・インパクトに関しては，(1)コレクティブ・インパクトのフレームワークは文脈にあわせて適用する必要があること，(2)人間関係と信頼関係が重要であること，(3)コレクティブ・インパクトのフレームワークは複雑かつ技術的なものになる可能性があること，(4)権力と公平性に関して注意する必要があること，の4つのテーマを中心に議論

4）　Wolff et al.（2016）は "Collaborating for equity and justice: moving beyond collective impact" と題するものであり，コレクティブ・インパクトのフレームワークを超克する必要があること指摘している。
5）　Ennis and Tofa（2020）において対象となった論文は，2011年から2017年の間にアメリカ（14編），オーストラリア（3編），カナダ（2編）で発表されたものであり，コレクティブ・インパクトについては北米を中心に議論が展開されている。

されていることが指摘されている。

4　おわりに

　コレクティブ・インパクトは，2011年に提示された新たなフレームワークである。コレクティブ・インパクトの取り組みが国内外を問わず実施されるようになっていることは，社会課題の解決に向けた新たなフレームワークとして，受け入れられていると言える。しかし，当初提示されたコレクティブ・インパクトのフレームワークは，少しリジットなものでありCollective Impact 3.0で指摘されているように，考え方を踏襲しつつも柔軟性を持った形を模索する必要があるように思われる。

　また，コレクティブ・インパクトの特徴である，評価システムとバックボーン組織に関しては，注意が必要であるように思われる。評価システムを厳格化することは，コレクティブ・インパクトに関わっている組織の創発的な行動を制限することや，手段の目的化につながる可能性があるからである。また，独立した中立的な存在であるバックボーン組織については，バックボーン組織ごとに特徴が異なる。コレクティブ・インパクトにおいて重要な役割を担うバックボーン組織のマネジメントについては，さらなる検討が必要であると思われる。

　現時点で，コレクティブ・インパクトについては日本でほとんど議論がされていない。しかし，日本においてもコレクティブ・インパクトの萌芽的な取り組みが試みられている。このようななか，詳細な事例研究・調査を通じて，コレクティブ・インパクトについて検討していくことは，理論的にも実践的にも重要であり，コラボレーションやパートナーシップなども含む多様なセクターに属する組織が行う取り組みに関する新たな知見が獲得されるのではないだろうか。

参考文献

Brady, S. and Juster, J. S. (2016). Collective impact principles of practice: Putting collective impact into action. (https://www.collectiveimpactforum.org/sites/default/files/Collective% 20Impact% 20Principles% 20of% 20Practice.pdf)

Cabaj, M. and Weaver, L. (2016). Collective impact 3.0: An evolving framework for community change, *Community Change Series 2016*, 1-14. (https://www.collectiveimpactforum.org/sites/default/files/Collective% 20Impact% 203.0.pdf)

Christens, B. D. and Inzeo, P. T. (2015). Widening the view: Situating collective impact among frameworks for community-led change, *Community Development,* 46 (4), 420-435.

Cooper, K. R. (2017). Nonprofit participation in collective impact: A comparative case, *Community Development,* 48 (4), 499-514.

Ennis, G. and Tofa, M. (2020). Collective impact: A review of the peer-reviewed research, *Australian Social Work,* 73 (1), 32-47.

Gray, B. (1989). *Collaborating: Finding common ground for multiparty problems,* Jossey-Bass.

Hanleybrown, F., Kania, J. and Kramer, M. (2012). Channeling change: Making collective impact work, *Stanford Social Innovation Review,* 1-8. (https://ssir.org/pdf/Channeling_Change_PDF, pdf)

Kania, J. and Kramer, M. (2011). Collective impact, *Stanford Social Innovation Review,* Winter, 36-41.

小島廣光・平本健太編著 (2011).『戦略的協働の本質：NPO，政府，企業の価値創造』有斐閣.

Kramer, M. R. and Pfitzer, M. W. (2016). The ecosystem of shared value, *Harvard Business* Review, 94 (10) October, 80-89. (辻仁子訳「CSVはエコシステム内で達成する『コレクティブ・インパクト』を実現する5つの要素」『Diamondハーバード・ビジネス・レビュー』，42 (2), 30-37, 2017年)

内閣府 (2020).『社会課題の解決における成果最大化に向けた協働の海外事例調査報告書』(2019年度内閣府委託調査，委託先デロイトトーマツコンサルティング合同会社).

Park, J., Lee, J. and Kim, S. (2020). Robust collective impact: How can a company make collective impact sustainable in a long run?, *Sustainability,* 12 (11), 4763.

Salignac, F., Wilcox, T., Marjolin, A. and Adams, S. (2018). Understanding collective impact in Australia: A new approach to interorganizational collaboration, *Australian Journal of Management,* 43 (1), 91-110.

佐々木利廣・認定特定非営利活動法人大阪NPOセンター編著 (2018).『地域協働のマネジメント』中央経済社.

Turner, S., Merchant, K., Kania, J. and Martin, E. (2012). Understanding the value of backbone organizations in collective impact, *Stanford Social Innovation Review*, 1-8. https://www.collectiveimpactforum.org/sites/default/files/Understanding_the_value_of_Backbone_Organizations. pdf

Wolff, T. (2016). Ten places where collective impact gets it wrong, *Global Journal of Community Psychology Practice*, 7 (1), 1-11. https://www.gjcpp.org/pdfs/Tom%20Wolff%Collective%20Impact%20critique-CopyedifFINAL.pdf

Wolff, T., Minkler, M., Wolfe, S. M., Berkowitz, B., Bowen, L., Butterfoss, F. D., Christens, B. D., Francisco, V. T., Himmelman, A. T. and Lee, K. S. (2016). Collaborating for equity and justice: Moving beyond collective impact, *The Nonprofit Quarterly,* Winter, 42-53.

横山恵子 (2003).『企業の社会戦略とNPO：社会的価値創造に向けての協働型パートナーシップ』白桃書房.

日本でのコレクティブ・インパクトの
普及定着に向けて

1 　はじめに

　第1章や第2章で触れたように，2000年代に入り欧米で社会実験としての取り組みがスタートし，2011年にコレクティブ・インパクトという用語によって一気に注目を集めた社会改革の動きは，その後2016年にはタマラック研究所によってその内容が軌道修正され今日に至っている。また，日本においても欧米のコレクティブ・インパクトの内容が紹介され，講演会やワークショップにおいてこのテーマが取り上げられるケースも増えてきている。それらの議論は，日本でもコレクティブ・インパクトという考え方が必要不可欠であり積極的に推進するべきであるという積極的推進論と，コレクティブ・インパクトは欧米発の議論であり日本の風土には適さないという消極的懐疑論に二分されている。本章では，最初にコレクティブ・インパクトに対する積極推進論と消極的懐疑論の議論を整理しながら，日本での普及推進に向けて何がポイントになるかを確認することから始めたい。

2 　日本でのコレクティブ・インパクト推進論と消極論

　まず，コレクティブ・インパクト推進意見について代表的な意見をまとめると，最も大きな主張は現代的な必要性あるいは緊急性である。これまで多様な社会課題の解決を担ってきたのは，行政組織であり，NPOなどの社会セクターであり，市民活動団体であった。民間セクターは一部の熱心な企業を除いては

本業外の社会貢献活動として社会課題に関わることがほとんどであった。しかし社会課題の内容は，行政セクターが解決できる能力を超えて複雑化し混沌としつつあるのが現状である。NPOや市民活動団体も，特定の単純な社会課題については，独自の知識と経験をもとに対応することができるけれども，広範な領域に関係し刻々と変化するような混沌とした社会課題については，NPO間の連携が進まずに，どうしても後手後手の対応にならざるを得ない。

こうした状況のなかで，特定の地域の特定の課題に絞って企業やNPOや行政が協働しながら課題解決を進めていくことの必要性や緊急性が叫ばれるようになってきた。いわゆるクロスセクター協働，さらには社会的協働，戦略的協働への注目である[1]。そしてこの延長線上にコレクティブ・インパクトという名称が叫ばれたことから一気に注目を浴びたというのが実情だろうと思われる。

また，民間資金を活用しながらの官民連携による社会課題の解決を行う仕組みとして，ソーシャルインパクトボンド（SIB）が注目され始めた。もともとは2010年にイギリスで始まった仕組みであるが，日本でも2015年頃を境に経済産業省や厚生労働省がSIBの本格導入に向けた検討を開始している。2016年には，SIBのパイロット事業として東近江市コミュニティビジネス支援事業をはじめいくつかのプロジェクトがスタートしている。また行政と民間企業が連携し，企業ノウハウや技術を活用することで行政サービスの向上や財政資金の効率的運用や活用をはかる官民協調事業（PPT）という手法も一般化しつつある。こうした官民協働の先にある形態としてのコレクティブ・インパクトへの期待が，積極的推進論を後押ししている。

続いて，NPOや市民活動団体に社会の関心が向けられ，市民から信頼されるNPO，寄付や助成金を受けるだけの正当性のあるNPOであることを証明するためのNPO評価が最近大きな課題になっている。とりわけNPOが第三者機関による認証を経て信頼される組織として評価されるためには，NPOの活動

---

1) クロスセクター協働，社会的協働，戦略的協働などについては以下を参照。横山恵子（2003）『企業の社会戦略とNPO：社会的価値創造に向けての協働型パートナーシップ』白桃書房。佐々木利廣・加藤高明・東俊之・澤田好宏（2009）『組織間コラボレーション：協働が社会的価値を生み出す』ナカニシヤ出版。小島廣光・平本健太編著（2011）『戦略的協働の本質：NPO，政府，企業の価値創造』有斐閣。後藤祐一（2013）『戦略的協働の経営』白桃書房。大倉邦夫（2014）「社会的協働に関する研究の動向」『人文社会論叢』（社会科学篇）弘前大学人文学部（31），27-49。

■図表3－1　日本でのコレクティブ・インパクト推進論と消極論

コレクティブ・インパクト推進論	コレクティブ・インパクト消極論
社会課題解決のためにクロスセクター協働へとシフトすることの緊急性 ソーシャルインパクトボンド（SIB）やパブリックプライベートパートナーシップ（PPT）など官民協働の先にある形態としての期待	強力なリーダーによる上からの強制的取り組みになる可能性が高い。
	バックボーン組織と人材がコレクティブ・インパクトの成立条件であるが，不足する組織や人材では制度として未整備である。
NPO評価や社会的評価に関する関心の高まり NPOセクターの相対的地位の向上への期待	客観的データによる評価至上主義になり，評価のためのデータ収集と分析に傾斜する。
企業の社会戦略あるいはCSVへの動きや期待	日本で欧米流のコレクティブ・インパクトの評価基準や評価項目が適用可能か疑問。 日本では自立したアドボカシー型NPOが未成熟であり，他のセクターと対等な関係を築けない。
地域活性化やまちづくりの一環として行政セクターの関心の高まり 東日本大震災以後復興目的の取り組み事例の急増	長期的取り組みになればなるほどコレクティブ・インパクトの成功事例が少ないことがネックになる。 各セクター間でのコレクティブ・インパクトの認識の違いやギャップ
協働の次のステージとしての期待	協働とコレクティブ・インパクトの違いについての混乱

出所：筆者作成

そのものをどのように評価するかという視点が必要になる。

　欧米ではNPOの活動を第三者機関が客観的に評価し外部に公開することが一般的になっていて，NPO自体もそうした第三者機関に正当に評価されるだけのデータの蓄積や公開を戦略的に行っているケースが多い。また評価項目や評価基準についてもかなり精緻化している。一方，日本ではNPO評価はまだ緒に就いたばかりであり，欧米のレベルにまでは至っていない。しかしコレクティブ・インパクトへの注目が契機になり，NPO評価や社会的評価に関する関心が高まっていく可能性は大きい。M. Kramerが指摘するように，コレクティブ・インパクトの革新性が協働と共通の測定基準構築であるとすると，コレクティブ・インパクト推進のうねりが評価という視点に光を当てるきっかけになる可能性がある。第12章でも論じることになるが，日本でもアウトプットとアウトカムの違い，発展的評価，ソーシャルインパクト・マネジメントなど

が議論されるようになっている。これからコレクティブ・インパクトをスタートする組織が，政府や財団からの助成金を獲得するためには，こうした共通の測定基準にもとづいた評価項目を念頭に申請書をまとめる必要があるし，助成金の出所である組織もまた明確な測定項目や評価項目を整備しておく必要がある。事実米国では，コレクティブ・インパクトに関する財団等からの助成金の申請シートは，Kania and Kramer（2011）の5つの条件に沿った項目を基本にすることが多く，申請団体もこの5つの条件を意識して計画することが多い。コレクティブ・インパクト実行ためのマニュアルやチェックシートに近い書籍も出版されている。日本でも，こうした動きがNPO評価やソーシャルインパクト評価へと進んでいく可能性もある。もちろん日本では一朝一夕に進むわけではないことも確かである。

　続いて，民間企業セクターの最近の動きもまたコレクティブ・インパクトの促進剤になりつつある。従来型のCSR的要素を含んだ活動を超えて，既存の事業活動のなかで社会性の高い事業を立ち上げる活動，さらに社会課題を本業を通じて解決するような事業型NPOやソーシャル・ビジネスベンチャーをつくるようなケースも増えてきつつある。これらは，CSV（Creating Shared Value）とも呼ばれるが，そのなかには社会課題の解決活動を通じて社会の仕組みや制度そのものを変えていくような取り組みにも注目が集まってきている。たとえば，複数の社会課題を掛け合わせることで新しい社会課題を着想し，骨太の事業モデルにより社会課題を解決してイノベーションを起こすようなビジネスモデルである。こうした場合，単一の企業にとどまらず，NPOや行政，大学といった複数のセクターが協働しながら，必要であれば法令も変えながら新しい社会価値を創造していく。こうしたビジネスセクターの動きもコレクティブ・インパクトの促進に一役買っていると考えられる。

　それ以外の要因としては，宮城県女川町における社会エコシステムの変容，石巻市での組織間連携による新しいまちづくりなどの東日本大震災以後の復興目的の取り組み事例が急増しているが，こうした震災復興の動きも間接的にではあるがコレクティブ・インパクトの動きの促進剤になっている。また震災復興以外にも，島根県雲南市や隠岐郡海士町，徳島県神山町，福井県池田町（第7章）など全国各地で雨後の筍のように生まれつつある地域活性化や地域

再生の動きのなかにはコレクティブ・インパクトの萌芽と見られるケースも多い[2]。

　このようにコレクティブ・インパクトへの熱い期待が注がれる一方で，消極的，さらには否定的な論調があることも事実である。コレクティブ・インパクトに対する消極的懐疑論として第1に挙げることができるのは，コレクティブ・インパクトの元々の発想が計画的でトップダウン的発想であり，現場の多様な組織が織りなす創発的動きが軽視されているという批判である。たとえば，5つの条件のなかにアジェンダの共有や評価指標の共有という条件が含まれているが，こうした目標アジェンダや評価指標は上からの押しつけで共有されるわけではない。混沌とした社会課題を問題意識として認識し，解決された先の将来像を構想し，どこまで達成できたかを評価するのは現場で活動している多様な組織でありメンバーである。そして，こうした多様な組織は共通の利害で動いているわけではなく，一枚岩のように纏まっている組織体でもない。関心の違いや利害の対立を超えて目標アジェンダが少しずつ共有されていく過程，そして共通の評価項目が次第に固まっていく過程こそがコレクティブ・インパクトの過程であるともいえる。この批判は後のコレクティブ・インパクト3.0につながったと考えられる。

　第2の批判は，日本では欧米のようなバックボーン組織が成立していないし，人材も十分育っていないという批判である。たしかに日本では欧米のようなアドボカシー型NPOが未成熟であり，活動していたとしても予算や人材やスキルの面では見劣りすることは確かである。バックボーン組織不在という現状については，日本でも真剣に議論する必要があるけれども，一口にバックボーン組織といっても多様な形態があり，その果たす機能もステージごとに変わる。第2章で既に議論しているが，バックボーン組織の形態と機能の多様性は強調しておきたい。

　第3は評価に関わる批判であり，欧米のコレクティブ・インパクトでは客観的データによる評価が至上命題になり，その評価のためのデータ収集とデータ

---

2)　たとえば全国コミュニティ財団協会「2018年度コレクティブインパクト報告書」では，2016年以降に日本で取り組まれたコレクティブインパクトの100事例が整理されている。（http://nippon.zaidan.info/jigyo/2018/0000093206/jigyo_info.html）

分析に莫大な労力を費やすことになるが，日本ではこうした欧米流のコレクティブ・インパクトの評価スタイルが適用可能か疑問であるという批判である。はじめに評価ありきのスタイルが日本に馴染みにくいことは確かであるが，これまでのような評価で良いわけでもない。第12章でも詳しく議論することになるが，評価のための評価だけが先行し，全体として何が変わり，何が改善したかを評価できないままにコレクティブ・インパクトが終了してしまうことは避ける必要がある。

第4の批判は最も根源的な批判であり，コレクティブ・インパクトと協働が何が同じで何が違うのかを明確にしないままに議論が進んでいるという現状への批判である。実際に Kania and Kramer（2011）の論文では，複雑な社会課題を部分に切り分けていくような方法は協働志向であり，要素や結果が相互に重層的に関連するような混沌とした社会課題をすべて同時に解決していく手法がコレクティブ・インパクト志向であると指摘している。彼らは，複雑な社会課題の解決には協働が有効であり，混沌とした社会課題の解決にはコレクティブ・インパクトが有効であると主張しているが，それ以上の言及は見当たらない。

協働とコレクティブ・インパクトの関連について，これまでの議論を整理すると以下のように区分することができる。第1の視点は，協働とコレクティブ・インパクトを別物と考える視点である。たとえば，J.Edmondson（2012）は，協働とコレクティブ・インパクトの違いについて大きく以下の3点を指摘している[3]。第1の違いは，社会課題の解決のために複数の組織が集まることが協働であるのに対して，コレクティブ・インパクトは混沌とした社会課題を解決しながらどれだけ実質的アウトカムを生み出したかを重視するという違いである。複数の組織が集まり，関係そのものが形成されることにポイントを置くか，それとも関係の形成が生み出すアウトカムにポイントを置くかの違いである。第2の違いは，誰かに向けて証明するためにデータを活用するのが協働であり，アウトカムを出し改善するためのデータ活用に拘るのがコレクティ

---

3) J. Edmondson, "The Difference between Collaboration and Collective Impact" (https://www.strivetogether.org/insights/the-difference-between-collaboration-and-collective-impact/)

ブ・インパクトであるという違いである。第3の違いは，考え方や思考方法を支援することにポイントを置くのが協働であり，実際に実行していることを支援するのがコレクティブ・インパクトであるという違いである。

このように考えると，複雑な社会課題を解決するために集合した複数の組織が対等な立場で社会課題解決を行い，その結果，それぞれの組織がある種の成果を生み出していくことを強調する立場が協働論なのに対して，コレクティブ・インパクトの議論は個々の組織が生み出す成果だけでなく，まさに複数の組織体が全体として生み出す成果を強調することであるといえる。協働の議論は，関係する複数の組織間での成果に偏るあまり，そうした組織の関係を超えた全体的成果についてはもともとさほど注目してこなかった側面がある。こういう意味では協働とコレクティブ・インパクトとでは重視する側面が違っているともいえる。

第2の視点は，協働という集合の一構成要素としてコレクティブ・インパクトを考えるという視点である。協働という集合のなかにコレクティブ・インパクトも内包されているという見方である。協働という用語は，「直接的な結びつきをもたない者と特定の目的のために協力する」（オックスフォード英語辞典）というのが一般的定義であるが，日本で協働が議論され始めたスタートは，行政学，情報技術論，学習心理学，組織論などでほぼ同時期の1990年代初頭である。

まず行政学がコプロダクション（coproduction）を協働と和訳したことからスタートした流れがある。V. Ostrom（1977）が，*Comparing Urban Service Delivery Systems*という著書でCo-productionという用語を用いているが，荒木昭次郎（1990）『参加と協働』で，このコプロダクションを協働という言葉に翻訳し，コプロダクションを「相互に平等な立場で協働しつつ，ある価値を持つ財やサービスを生産するための活動（組織）である」と定義した。

続いて情報技術の視点からコラボレーションを重視しようとする流れがある。たとえばM. Schrage（1990）が『マインド・ネットワーク』でコラボレーションを以下のように定義している。「共有された創造のプロセス，つまり相補う技能をもつ二人，ないしそれ以上の個々人が，それまでは誰一人として持ってもいず，また一人では到達することのできなかったであろう共有された理解を

つくり出すために相互作用を行うこと」。

　心理学から協同学習の重要性を論じる動きもあるが，コレクティブ・インパクトとの関連で最も関係が深いのは組織論から異種組織間の共同行為を重視する流れである。たとえばB. Gray（1989）は，協働（collaboration）を「特定の問題の異なる側面を認識しているさまざまな主体が，それぞれの相違点を建設的に捉え，それぞれの認識している限界を打破する解決策を探求するプロセス」と定義している。この定義からすれば，主体そのものは行政とNPOや市民活動団体との協働，企業とNPOとの協働，さらには企業やNPOや行政さらには大学組織などとの協働も含まれる。また協働自体を解決策の探求プロセスとして捉えることの重要性を強調している点も確認しておきたい。90年代以降協働についての議論が広範囲に行われてきたが，こうした議論の蓄積をコレクティブ・インパクトにも十分に活かす余地があると思われる。その意味では，我々の視点でもある協働の発展形態としてコレクティブ・インパクトを考えるという視点が本書の基本的スタンスである。

3　コレクティブ・インパクト普及定着の罠

　Kania and Kramer（2011）は，コレクティブ・インパクトの成功条件として，共通のアジェンダ（Common Agenda），共通の評価システム（Shared Measurement System），相互支援活動（Mutually Reinforcing Activities），継続的なコミュニケーション（Continuous Communication），バックボーン支援組織（Backbone Support Organization）の５つを挙げているが，日本ではまだ一部の例外を除き成功例は少ない。その理由として，既に述べたように共通のアジェンダ設定や共通評価の仕組みが上からのトップダウンで策定されることが多く下からのボトムアップ型の参加志向になっていないこと，効果的な連携や協働の過程についての知識が共有されていないこと，またバックボーン支援組織としての中間支援組織が未成熟であること，必要な資金や人材が十分に確保できないこと，などが提起されている。

　しかし，日本でコレクティブ・インパクトの考え方が普及定着しない最も大きな要因は，コレクティブ・インパクトという考え方や仕組みが日本の複雑な

社会課題解決のための救世主的存在として迎えられ，一種の打ち出の小槌のように考えられてきたことが大きいように考える。ここでは，日本においてコレクティブ・インパクトを活用しようとするときに陥りやすい陥穽について触れておきたい。

　第1の陥穽は「ノウハウ化の罠」「ステージ区分の罠」である。すなわちコレクティブ・インパクトをモデル化すること，マニュアル化すること，フレームワーク化することの危険性についてである。Kania and Kramer（2011）が指摘したコレクティブ・インパクトの5つの成功条件は，そのままコレクティブ・インパクトの理想的モデルとして考えることも可能である。もちろん5つの成功条件については，時系列に段階を踏んで実施していくと言及されていないけれども，時系列に段階を経て5つの成功条件を充足することがコレクティブ・インパクトの成功につながるという安易な発想にもつながりかねない。すなわち，最初のステージで共通のアジェンダを設定し，その次のステージで最終ゴールとして成果の見える化をするため共通の評価システムをデザインする。第3ステージとして，参加しているパートナー同士が自分の強みを活かしながら相互に補完し合うような相互支援活動が行われる。さらに第4ステージとしてパートナー組織間の継続的なコミュニケーションが行われ，第5ステージとしてそうしたパートナー組織間を調整するバックボーン支援組織が全体を調整しながら最終的成果を生み出すまで介入していくというステージ区分である。こういうステージで協働活動が行われることが大きな成果につながることになり，逆に言えば，こういうステージで行わないと途中でコレクティブ・インパクトの動きが停止してしまうことにもなるという見方である。

　確かに，こういうステージ区分は分かりやすい見方であり，モデル化としての一定の意味はあるかもしれない。しかし，コレクティブ・インパクトの5つの成功条件はあくまで一つのモデルであり，社会課題の内容や参加組織のもつ資源やスキルによって多様なバリエーションがあると考える方が自然である。2011年に提案されたKania and Kramerのモデルがドグマ化することで金科玉条のように扱われる危険性は大いにある。とりわけ日本においてはKania and Kramerのコレクティブ・インパクト・モデルが社会課題解決の救世主のように受け入れられる罠には十分注意する必要がある。

1980年代からビジネスの手法で社会課題を解決することを主張するソーシャル・ビジネスの系譜が主流になり，多くの社会課題は自らの外に存在しそれを解決することが先決であるという考えが支配的になっていった。この流れはソーシャル・ビジネスの系譜であり，社会起業家やスケールアウトという用語でソーシャル・ビジネスが他地域に横展開することで社会そのものが変化していくという考えが急速に拡まった。しかし，1990年代からは，ソーシャル・ビジネスが対象にする社会課題の多くは外に存在しているというよりも，内なる存在として社会起業家に内在しているという考えにシフトしていくことになる。そして，個人の価値観やマインドセットを変えることが重要であることを主張する研究者や実践家が増えてきている。まさに社会課題は自分の内なる課題であることを自覚するところからソーシャル・ビジネスがスタートするという発想の転換である。そしてP.SengeやO.Scharmerらの研究者は，個人のマインドセットの変化について活発な議論を展開するようになっていく。自らの価値観やマインドセットが変わる結果としてシステムが変容する過程を考え直すという視点である。モデル化されマニュアル化されたものを機械的に援用することで成果を生み出そうとする考えの罠に陥らないためには，形式知化されたモデルよりも暗黙知的な価値観やマインドセットの果たす役割を再評価する必要がある。とりわけ日本においてコレクティブ・インパクトを定着させようとする場合は，この点への留意が必要である。

　第2の陥穽はラベリングの罠である。すなわちKania and Kramerの提示した5つの条件からコレクティブ・インパクトかどうかを判別するという危険性である。Kania and Kramerの提示した5つの条件がコレクティブ・インパクトであるための必要条件と考え，5つの条件を満たしていればコレクティブ・インパクトであり，満たしていなければコレクティブ・インパクトといえないという判断を下すことの危険性である。たとえば，よくあるケースとしてバックボーン支援組織に相応しい事務局組織があり，人材面でも予算面でも十分機能していることをもってコレクティブ・インパクトの最適ケースと考える罠である。逆に人材面でも予算面でも限られたバックボーン支援組織の場合は，コレクティブ・インパクトとして成立していないという判断を下すという危険性も存在する。5つの条件をコレクティブ・インパクトであるかどうかのリトマ

ス試験紙と考える考え方は，場合によってはコレクティブ・インパクトの多様性や変化可能性を犠牲にすることにもなる。5つの条件は過去のコレクティブ・インパクトの特徴を表したものであり，段階的に5つの条件を経る必要はない。また5つの条件は確定的ではなく，他にも重要な条件が存在する可能性もある。

　第3の陥穽はアウトカムとインパクトを混同することの危険性である。すなわち短期的成果と長期的成果を混同することから生まれる罠である。元々コレクティブ・インパクトという用語は，長期にわたる社会課題解決にむけた地道な活動が最終的には大きな成果につながることを強調する意味で使用されたといってもいい。しかし短期的成果としてのアウトカムを重視するあまり，短期志向で結果志向になり，なおかつ，目に見える成果のみを重要視する傾向にある。こうした志向からマイナスの結果が生まれた場合には，負の結果に拘泥し即時的解決に走り，長期的視点で社会課題を解決するというスタンスが弱くなってしまうことに繋がる。こうしたアウトカム志向から脱却して，インパクト志向に転換していくためには，全体としての集合的インパクトをどのように測定し評価し次の段階への進化していくかについての共通認識が必要である。

■図表3-2　コレクティブ・インパクト普及定着の罠

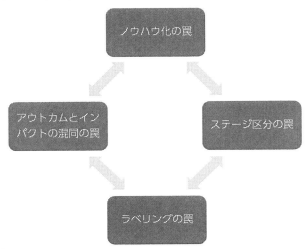

出所：筆者作成

日本でコレクティブ・インパクトを普及定着させようとするときに，こうした社会的評価についてのテーマはかなり大きな比重を占めることになる。

4　日本における萌芽的コレクティブ・インパクト

　これまで述べてきたように，2011年に*Stanford Social Innovation Review*誌に掲載された論文によって，それまで全米各地で実践的取り組みがなされてきたコレクティブ・インパクトが一つのモデルとして紹介され，それ以降ブーム的色彩をおびながら全米各地はもちろんのことオーストラリアやヨーロッパ，さらにはアジア各国に浸透していった。ただ日本での現状は，資金的支援を行う財団やバックボーン組織などのインフラが弱いという点，サポートするセクターとしての行政も過去に実践した協働モデルが少ない点，資金面での限界や縦割り組織の弊害による管轄をまたぐ問題への対応力の弱さ，企業側も社会課題について共通認識を持つことへの課題などもあり，コレクティブ・インパクトを生み出す基盤づくりが未だに求められている状況である。

　それでも全国各地でコレクティブ・インパクトの萌芽ともいえる取り組みがなされていることも事実である。たとえば北海道下川町は，人口約3,400人で高齢化率約39％の小規模過疎地域であり少子高齢化が顕著な課題先進地域といえる地域である。この町が，平成29年度の第1回ジャパンアワード受賞団体に選ばれている。町の憲法とも言われる下川町自治基本条例に，持続可能な地域社会の実現を位置づけ，森林総合産業の構築（経済），地域エネルギー自給と低炭素化（環境），超高齢化対応社会の創造（社会）に統合的に取り組んでいる。具体的には，持続可能な森林経営を中心に適正な木材や木製品の生産と供給，森林の健康や教育への活用，未利用森林資源の再エネ活用，再エネ熱供給システムを核としたコンパクトタウン等を推進している。こうした取り組みを通じて誰もが活躍の場を持ちながら良質な生活を送ることのできる持続可能な地域社会の実現を目指している。北海道下川町のケースでは，町役場，NPO法人森の生活，株式会社フプの森，下川町森林組合，など多くのセクターに所属する組織が全体としての成果を上げるために協働を行ってきた歴史がある。こうした協働の歴史をコレクティブ・インパクトの視点から整理することが十

分可能である。同様に福井県池田町や雲南市もまたコレクティブ・インパクト
の萌芽ともいえる取り組みがなされてきた。第4章以降の各章では，日本にお
ける萌芽的取り組みを発掘し，第12章以降では欧米とは違った日本流のコレク
ティブ・インパクトについての提案作業を進めたい。

参考文献

井上英之（2019）「コレクティブ・インパクト実践論」『Diamondハーバード・ビジ
　　ネス・レビュー』，44（2），14-28.

Gray, B. (1989). *Collaborating : Finding Common Ground for Multiparty Problems*,
　　Jossey-Bass.

Kania, J. and Kramer, M. (2011). Collective impact, *Stanford Social Innovation
　　Review*, Winter, 36-41.

Ridzi, F. and Doughty, M. (2017). *Does Collective Impact Work?: What Literacy
　　Coalitions tell Us*, Lexington Books.

佐々木利廣・大阪NPOセンター編著（2018）『地域協働のマネジメント』中央経済社.

山崎繭加（2017）「復興を超えた社会エコシステムの創生」『Diamondハーバード・
　　ビジネス・レビュー』，42（6），86-99.

全国コミュニティ財団協会（2018）『コレクティブインパクト事業2016−2018報告書』
　　全国コミュニティ財団協会.

Column① ─────────────────────────────

企業側からのコレクティブ・インパクトへの期待

　コレクティブ・インパクトとは，「立場の異なる組織が，組織の壁を越えてお互いの強みを出し合い社会課題の解決を目指すアプローチのこと」と定義されている。参考とすべき社会課題の解決のアプローチ手法としては，すでに歴史上特筆すべき事例が多々散見されるが，日本国内において代表事例と言われるものは上杉鷹山の「米沢藩藩政改革」の事例であろう。借金だらけの米沢藩を見事に立て直した鷹山の手法は「財政再建」，「産業育成」，「精神復興」を同時に実現した素晴らしいものであった。当時の「士農工商」の階層社会において，領主，武士，農民，商人がその立場を超えた協力の結果，藩政改革に成功した姿は，まさに今，社会が目指すコレクティブ・インパクトの輝かしい成功事例と思える。米国のケネディ大統領が来日した時，当時の日本人のなかでも知る人ぞ知る存在であった鷹山を日本で一番尊敬できる日本人として名を挙げたのは，鷹山の社会課題の解決法が現代の世界の課題解決にも立派に通じるものである事の証であった。鷹山が家督を継ぐ時に「国家は，今の藩主が作ったものではなく，代々の先祖から受け継がれてきたものだから，私物化するな。人民は自分のものではない。藩主は国民のためにある。」と述べた「伝国の辞」は，現在の民主主義に通じる考え方であり，有名な「為せば成る，為さねばならぬ何事も，成らぬは人の為さぬ成りけり」の辞は精神的自立と尊厳をもって自ら行動する近代市民社会の「個人」の概念を既に持っていたように思われる。

　一方，世界に目を向けてみると，現在世界的観光地となっているペルーのマチュピチュ遺跡の隆盛も，連続して押し寄せた社会課題解決の歴史の結果であった。そのリーダーとして活躍した中心人物として日本人「野内与吉」が登場する。野内はその遺跡の麓にあるマチュピチュ村で村のために生涯を捧げた人物である。野内は1917年海外で成功したいという夢を抱き契約移民としてペルーにわたった。しかし契約内容が日本での内容と大きく異なる差別的なものであったことから，米国，ブラジル，ボリビア等を放浪することになる。貧困のなかペルーに戻った野内は，当時ジャングルを開拓して建設中のペルー国鉄クスコ〜マチュピチュ間の建設に携わることになる。この区間の建設は熱病，

劣悪な労働環境等が原因で労働者の確保に困窮しており，労働の主体は貧しい非白人系の先住民達であった。その先住民達の貧しい生活を目の当たりにした野内は，先住民の妻とマチュピチュ村に住むこととなり，妻，子供，マチュピチュ村の人々の自主独立，生存環境の保全，発展の為にコレクティブ・インパクトを推進する羽目になる。食料を確保するため，まずイモ畑の開墾事業，次に養鶏事業を展開し食料，鶏糞のイモ畑への肥料確保に成功する。川から水を引き飲料水の確保と水力発電を作り村に電気をもたらす。環境整備のため，木を伐採していた際に温泉も掘り当てることに成功し観光事業にも着手する。1935年にはこの村で初の本格的木造建築である「ホテルノウチ」を完成させる。このホテルの１階は村の郵便局や交番として，２階は村長室や裁判所として無償で村に貸し出されていた。ペルーの世界遺産で有名なマチュピチュ遺跡，その麓の観光拠点地となるマチュピチュ村の発展は野内の存在なくしては考えられないものだったと思われる。

　現在，南米ブラジルのアマゾンでは，ハイテクを駆使して森林を守る先住民族スルイの活動が注目を集めている。ボリビアと国境を接するスルイ民族の保護区ラペターニャ村には，村の真ん中にアンテナがありWi-Fiがつながる。彼等は保護区に無断侵入する違法伐採業者を管理する為にドローンを活用している。又伝統的な狩猟の効率化と資源確保のため，ターゲットとなる動物をデータ化しており，どこに行けば獲物がいるか，子連れの獲物をターゲットから外すべきかどうか，稀少種で残すべきか等を判断して狩猟を実施している。見た目は伝統的裸族に近い風俗で生活している彼等が何故このようなことができるようになったのであろうか。それは村の好奇心旺盛な１人の若者が米国の大学に留学生として招待されたことから始まったようである。その若者がグーグルに村の活性化の話を持ち込み，グーグルの全面協力により古代先住民族文化と現代の最先端テクノロジーとの融合管理システムが完成したとのことである。先住民族の人々のカルチャーショックと伝統との葛藤を乗り越えて作り上げられたこの社会システムは，アマゾンの熱帯雨林保護の重要性が叫ばれている現在，素晴らしいコレクティブ・インパクトの実例ではないだろうか。

　CSRの初期の概念では企業は「カネ」（寄付）を出すのが主活動で，現場はNPO，諸団体，行政は法整備といった領域に留まりがちで，連携体制もネットワークも薄い繋がりでの活動が大部分であったように思われる。その後，主

扱い商品の「モノ」を前面に押し出す事により社会的価値創造の達成に貢献するCSVの概念が普及することになり，企業は積極的に社会に対して社会貢献を本業として「アピール」する段階に進んできた。更にESG投資の概念が世界の主流となり，企業が短期利益を追い求める株主資本主義に代わり，環境や従業員，顧客などの利害関係者（ステイクホルダー）に配慮して企業の長期持続を可能にするステイクホルダー資本主義が新たに提唱され，企業の社会に対する活動はさらに能動的な積極性が求められるようになっている。地球温暖化が世界の大きな問題として浮上し，地球全体の総合的発展を目指したSDGsの概念が提唱されているが，ここでも企業の関与とネットワークの構築が明確に要請されている。企業は更なる社会課題解決に向けた諸問題に本格的に取り組む必要性が高まるにつれ，社会からは経営陣や従業員の個々の参加が必須となる期待が高まっている。つまり「ヒト」も社会に提供しなければならない時代を迎えている。

　このような環境において，前例に見られる「上杉鷹山」，「野内与吉」，「スルイ族のリーダー」のようなコレクティブ・インパクトに不可欠な柔軟な思考と多様性を兼ね備えたリーダーの台頭が期待できる舞台が整いつつあると思われる。「カネ」,「モノ」のみによる従来型の支援から「ヒト」も含めた行政，NPO，諸団体との「協働」はそれぞれの組織に「マルチタイプの個人の創生」を実現する事が大きなポイントとなる。SDGsのスローガンである「誰も取り残さない」の原語「No one will be left behind」はこの地球の危機に対し各個人＝oneが立ち上がらなければならない事を明確に宣言している。今こそすべての人が手を差し伸べられるのを待つのではなく，手を差し伸べる側に立つべきだとの強い意思表示，「誰も遅れてはならない」＝behind状況にあることだと思われる。このような状況下，コレクティブ・インパクトは今後新しい時代を作る世界の大きな潮流と成りうる可能性を秘めているといえる。

企業の社会的課題解決に向けた
コレクティブ・インパクト
㈱アーバンリサーチのブランド開発

1　コレクティブ・インパクトの概要

1.1　多様な価値を育むコレクティブ・インパクト

　㈱アーバンリサーチ（以下，UR社）は，京都工芸繊維大学大学院のColour Recycle Network研究チーム（以下，CRN研究チーム），特定非営利活動法人暮らしづくりネットワーク北芝（以下，（特非）北芝）の2主体と，コレクティブ・インパクト型協働をすることで，廃棄衣料をアップサイクル[1]してつくるcommpost（コンポスト）という新しいサステナブルなブランドを創造した。

　具体的には，京都工芸繊維大学大学院のCRN研究チームが，色をベースにした新しい繊維リサイクル技術「Colour Recycle System」を開発した。素材分別が難しい廃棄繊維を，色で分けて付加価値のある素材にリサイクルすることを可能にしたのだ。この技術を用いて，UR社のデッドストック（傷や汚れで販売できずに廃棄していた衣類等）から新素材のWFRPシート（Waste Fiber Reinforced Plastic Sheet，以下，繊維シート）を開発。ファッションには欠かせないアイデンティティである"自社製品の色味"を生かした新素材の

1）　アップサイクル（upcycle）とは，リサイクルやリユースとは異なり，廃棄物（古くなったもの，不要だと思うもの）を捨てずに，もとの素材の特徴などを活かしつつ，新しいアイデアを加えることで，新しい利用価値のあるものにアップグレードして生まれ変わらせることを言う。つまり，単に素材を再利用するのではなく，素材を再利用する際に，元の製品より良い製品や価値の高い製品の製造を目指すことを意味する。

繊維シートができあがった。

　この新素材の繊維シートを用いた商品企画をするため，UR社は，（特非）北芝とデザインや縫製方法などについて時間をかけて意見交換をした。その結果，マルチパーポスバッグ（MULTIPURPOSE BAG：多用途収納バッグ）を，コンポスト・ブランド下のサステナブル商品第一弾に決定する。商品の縫製から仕上げ作業は，UR社が（特非）北芝に生産委託することで，どこかに雇用されて決められた時間に仕事をするという働き方が合わない方々（小さいお子さんがいる女性や体力にあまり自信のない高齢の方，障がいのある方など）の働く機会を生み出した。このストーリーが店頭販売スタッフにも共有されたうえで販売されていて，売り上げも好調である。

　この協働をコレクティブ・インパクト型協働と表現するのは，当初，複雑な社会課題解決にどのように取り組むか模索するなかで，多様なステイクホルダーが集まり，解を探し出すために丹念な対話を繰り広げながら協働が進んでいったからである。

1.2　UR社とコンポスト

　UR社は，「すごいをシェアする」という企業理念を掲げるアパレル会社である。1974年に，本社のある大阪府で創業された。都会的で洗練されたメンズ・レディースウェアをはじめ，ライフスタイルを鮮やかに彩るコンセプト雑貨まで，カルチャーを交えながら「都市に生きる自分らしい人々」へのライフスタイルを提案していくセレクトショップを運営している。そのブランドコンセプトは，「Design Your Life Style」であり，ホームページでは「様々な都市をリサーチ（URBAN RESEARCH）し，カジュアルテイストをベースに，世界中からデイリーウェアーやドレス，ライフスタイル雑貨までをセレクト」して，「フレキシブルに今の空気をモノやカルチャーに乗せて伝えるSPECIALITY SHOP」と謳っている。また26にも及ぶオリジナルブランドを企画・製造・販売している。

　今回，新たに加わったオリジナルブランドである「commpost（コンポスト）」の名前は「common（sense）」（共有・共同・常識・良識）と，「post」（郵便・提示・標柱）を組み合わせた造語である。ファッションの立場から

アップサイクルなどに対して新しい価値観や考え方をポストし，それを皆で共有していく，そんな想いが込められている。これからの地球環境や人の働き方・暮らし方に対して，新しい常識を示していきたい。そんな想いから誕生したサステイナブルマテリアル・プロダクトブランドがコンポストである。

　コンポストの第一弾商品であるマルチパーポスバッグは，撥水性があり，植栽の鉢カバー・ランドリーバッグ・ゴミ箱・ステーショナリー収納・キッチン周りの収納・キャンプ道具収納など多用途に使用できるバッグである。

　このマルチパーポスバッグのライフサイクルは，以下のとおりだ（**図表4－1も参照**）。

1．UR社のデッドストックを色で仕分けする。
2．CRN研究チーム（現在は㈱colourloop）が繊維を解繊し，樹脂と複合した新素材の繊維シートを作成。
3．（特非）北芝が商品製作。
4．UR社が商品販売。
5．UR社の店頭で，使わなくなった商品を顧客から回収。
6．回収されたマルチパーポスバッグは，再度リサイクルされ，循環素材として再利用。

■**図表4－1　協働後半（ビジネス展開ステージ）の構図**

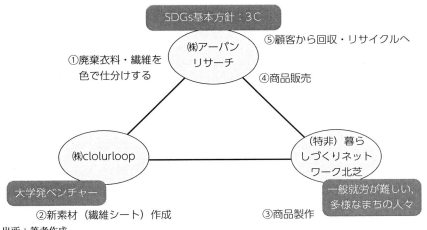

出所：筆者作成

2　コレクティブ・インパクトの目的とプロセス

2.1　コレクティブ・インパクト前半（協働創出ステージ）

　ユニバーサル・ワーク・スタディー・グループ（UWSG），これがコレクティブ・インパクト型の協働の始まりの場である。UWSGは，神戸学院大学の川本健太郎が中心となって組織化して，一般社団法人Green Down Project（以下，GDP）が立ち上げた実践型研究会であり，2017年4月から始まった。この研究会は，UR社が抱えていた社会課題を解決するための研究会であった。

　UR社が抱えていた社会課題解決を検討する研究会が開催されることになったのは，UR社がGDPのパートナー企業であったからだ。GDPとは，羽毛循環サイクル社会の推進を目指して活動している団体である。羽毛製品の適正処理および再資源化のシステムづくりのために，その趣旨に賛同した企業をネットワーク化して，そのネットワークの力で羽毛の回収と再利用への取り組みを推進している。ネットワークに参加しているパートナー企業の困り事を解決するワーキンググループをつくろうという流れのなかで，GDPの理事長の長井一浩，理事だった川本，UR社のGDP担当だった喜多泰之が，さまざまなアクターに声をかけてはじめた研究会である。

　喜多は，UR社のURBAN RESEARCH DOORSというカテゴリー・ブランドのPR・バイヤー・CSRといった仕事を担当しているなかで，「今後，サステナビリティという価値がとても大切になることをひしひしと感じていた」という。URBAN RESEARCH DOORSのコンセプトは，「今の暮らしをここちよく」という，気持ちを込めて丁寧につくられた価値あるものたちを大切に長く使うという価値観やライフスタイルを訴求するブランドであり，担当者の一人であった喜多は，そのなかで世の中や業界の社会課題と向き合うようになっていく。

　そのようななかで知り合ったGDP関係者から喜多に，UR社もGDPに参加しないかという声がかかる。2014年頃から，UR社はGDPに法人として参加してパートナー企業になり，その参加を提案した喜多がGDP担当になった。羽毛のリサイクル事業プロジェクトで，喜多は長井や川本と知り合う。

　喜多は，会社にGDP参加を提案するにあたり，執行役員であった萩原直樹に相談していた。彼らは障がい者の法定雇用率，デットストックといった社内の社会課題について話していくことになる。当時は，UR社にサステナビリティに関する専門部署がなかったので，両者はこれらの課題について，外部の専門の人々とディスカッションする場ができないかと考えるようになった。

　というのも，UR社の業績は拡大していて，新規出店による店舗網拡大で従業員が増えていったため，それに応じた法定雇用率をクリアするために，障がい者雇用を増やす必要性が生じていた。また一方で，デッドストックの廃棄というアパレル業界共有の課題にも取り組みたいという問題意識があった。このデッドストックは主に不良品や欠損品であり，売れ残り在庫ではなかったが，出さないようにしてもどうしても一部発生していたという。

　UR社の社会課題「廃棄衣料の削減と障がい者の法廷雇用率の向上」について，GDPの長井や川本に相談したことが，UWSGにつながっていく。課題解決の実践型研究会を開こうと，長井，川本，萩原，喜多が中心となってメンバーを集めて始めたのが，UWSGであった。

　当時の想いを，川本は次のように語る。「法定雇用率が決まっている障がい者雇用は，企業にとって負荷がかかるものとして，どうしてもネガティブな存在としてとらえられがちである。一方で，在庫や廃棄衣料の問題もUR社は抱えていた。この2つをどうしたらポジティブな方向性に変換できるのか。社会福祉や社会的企業を研究する者として，また企業のなかでユニバーサルな働き方を提案していきたいと考えている者として，ポジティブに転換できる路を探り実践すべきだと考えた。」

　研究会は，基本的に2部構成で組まれ，1部は話題提供，2部は実践に向けてのディスカッションで，毎回3時間以上かけて行われた。

　第1回研究会は，2017年4月に開かれた。UR社（萩原，喜多）と，障がい者福祉に関係する営利企業3社，GDP（長井），大学関係者（川本ほか）が集まり，「障がい者労働の意義と企業の役割」についての話題提供と議論が行われ，障がい者当事者の生きづらさと同時に，彼らの強みの理解が図られた。その後，UR社は，話題提供した企業による「障がい者とのコミュニケーション研修」に参加している。

5月には，第2回研究会が開催され，そこでCRN研究チームの内丸もと子が参加するようになる。内丸が参加するようになった経緯は，日本繊維機械学会の繊維リサイクル研究会で講師を務めたGDPの長井と知り合い，そのご縁からGDPの会合に参加して，UR社の喜多とも知り合ったからである。

　当時，既に内丸は，京都工芸繊維大学大学院の博士課程の研究で廃棄衣料を色で分けて新素材をつくる研究を博士論文にまとめあげ，廃棄衣料からのアップサイクルの新素材（コンポストに使われることになったものの原点）を作り上げていた。その新素材を活用してつくったサンプル商品を，長井と喜多の2人に渡している。2人は，その新素材に関心を抱き，第2回研究会からの参加を呼びかけたのである。「内丸さんと名刺交換したときのことを鮮明に覚えています。GDP会員の集まりのときに，サンプル（マグネットバーとブックカバー）と資料をいただきました」（喜多）。

　第2回研究会では，CRN研究チームの取り組みと，障がい者就労移行支援事業の実際などの話題が提供された。ここにおいて，UR社の廃棄衣料を，CRN研究チームの技術でアップサイクルして何かつくれないかというアイデアの萌芽が生まれる。

　2017年9月に第3回研究会は開催され，ゲストにフェアトレードを長年展開している会社を呼び，フェアトレードやエシカル消費の実際についての話題提供にもとづくディスカッションが行われた。フェアトレードだから，エシカルだから，というだけではなかなかモノが売れない現状も知ることになり，エシカル商品の具現化について建設的な議論が交わされている。

　2017年9月頃から，（特非）北芝の池谷啓介，尼野千絵がUWSGに参加するようになる。川本の提案で，（特非）北芝の活動を視察することになり，そこで2017年12月の第4回研究会から，（特非）北芝もUWSGのメンバーになる。当時，UR社の箕面の物流倉庫で，顧客から戻ってきたB品の廃棄問題が生じていたが，同じく箕面を拠点として活動する（特非）北芝は柔軟に行動するNPOで，このプロジェクトに適していた。この回では，SDGsへの企業の取り組み方や，（特非）北芝のコミュニティづくり，若年無業者支援や仕事づくりについて学んでいる。ここにおいて，UR社，CRN研究チーム，（特非）北芝の3者がつながり，コンポスト・プロジェクト（マルチパーポスバッグ製作）

へと展開していくことになる。

　2018年9月の研究会では，UWSGのメンバーは，皆で社会福祉法人佛子園（以下，（社福）佛子園）を視察している。（社福）佛子園は，石川県で障がい者や多様な人々が協働する地域づくりを先進して展開しており，具体的には，障がい・高齢等のデイサービスや，温泉やカフェ運営などで就労支援を展開する大規模法人である。この視察から，ケアに軸を置きながらも，誰もが参加できる場づくりについて学んでいる。また社会福祉事業と経済活動の両立の可能性を学び，これらの活動を貫くミッションの重要性を改めて認識した。「企業に福祉の捉え方，ものの見方を変えて欲しかった。面白さとか，体験してもらわないとわからない部分をみてもらいたかったし，多様な生活者の視点を持ってもらいたかった」（川本）。

　ここまでのコレクティブ・インパクト型協働の前半の構図は，**図表４－２**のようにまとめることができる。UWSGが中核組織となって，廃棄衣料・繊維と障がい者雇用のテーマを抱えていたUR社，中間就労を促進するテーマを抱えていた（特非）北芝，Colour Recycle Systemによる実用化というテーマを抱えていたCRN研究チームが同じテーブルにつき，それぞれのテーマと強みを持ち寄って協働を模索し，そのためにテーマ関連の事柄を幅広く学びながら，理念，目的，意識のすり合わせをしていった時期である。このコレクティブ・

■図表４－２　協働前半（協働創出ステージ）の構図

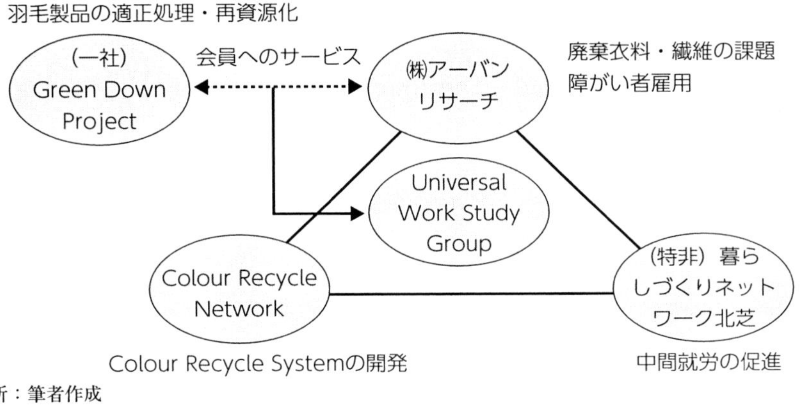

羽毛製品の適正処理・再資源化

会員へのサービス

（一社）Green Down Project

㈱アーバンリサーチ

廃棄衣料・繊維の課題
障がい者雇用

Universal Work Study Group

Colour Recycle Network

（特非）暮らしづくりネットワーク北芝

Colour Recycle Systemの開発

中間就労の促進

出所：筆者作成

インパクト型協働前期は，いわば，協働を創出するステージであったと言えよう。

2.2　コレクティブ・インパクト後半（ビジネス展開ステージ）

　協働の3主体が揃い，コンポストをつくることになってからは，コンポストの企画に向かって3者は密に連携を取り，コンポスト具現化に向けて歩調を合わせて歩んでいくことになる。この段階になると，中核組織の役目は，UWSGから，UR社へと移行していく。コンポスト・プロジェクトは，ビジネスのペースで，タスクを設けながら進められたが，その際には，対話にもとづく協働という姿勢が貫かれた。

　マルチパーポスバッグのコンセプトは，練りに練られたものだが，喜多がミラノの展示会で，リサイクル商材で持続可能性を謳う商品を確認したことが，このプロジェクトを加速させた。まず廃棄衣料の分別と，CRN研究チームの「Colour Recycle System」を用いてリサイクルするプロセスを構築するために，内丸は，UR社の倉庫に何度も通い，分別方法を検討して，社員や障がい者たちと分別を試みた。試作段階では，（特非）北芝のメンバーがアイデアを出し，相談しながら製作過程をつくりあげていった。

　マルチパーポスバッグの製作を担当する（特非）北芝は，繊維シートのチェック，マルチパーポスバッグの製作，検品所への配送，UR社の倉庫までの配送を行っている。マルチパーポスバッグの製作プロセスは，作業工程が細かく分解され，分業できるように組み立てられた。繊維シートへの下書き（線引き），ミシンでの縫製，整形作業，値札付けと，各段階の作業単価が決められた。

　作業単価については，時給単位に換算して，UR社と（特非）北芝が話し合って決定している。UR社は，（特非）北芝の製造現場に対して「無理をしないでください」というスタンスを貫き，持続可能な単価設定を両者で考えていった。なぜならば，製作は障がい者を含むコミュニティの多様な人々が担当する。一般就労しづらい人たち，すなわち，障がい者であったり，子育て中の主婦であったり，シニアであったりと，本当に多様なまちの人々が「好きなと

きに来て，好きなときにつくる」というスタイルで回していくことを，（特非）北芝は譲れない１点にしていたからだ。そして，その点について，UR社もこれまでの会議や綿密なやり取りで十分に理解していた。喜多をはじめとするUR社スタッフは，足繁く（特非）北芝に通い，製作過程の改善を図っていった。

　マルチパーポスバッグは，2018年11月中旬から販売を開始した。（特非）北芝は，毎月300個製作しているが，こんなにたくさん製作したのは初めてのことであり，UR社と相談しながらいろいろ細かく調整してきた。製作工程を効率化する話も協働で丁寧に進めた。製作現場が落ち着くのに，販売し始めてから半年ほどかかったという。

　このように，コレクティブ・インパクト型協働の後半は，UR社が中心となって，UR社，CRN研究チーム，（特非）北芝の本業として展開していった。この時期をビジネス展開ステージと呼ぶ（図表４−１参照）。

3　コレクティブ・インパクトへの想い

　廃棄衣料の削減と障がい者雇用といった，UR社が抱える２つの大きな課題解決を目指して始まったコレクティブ・インパクト型協働であるが，以下では，（特非）北芝とCRN研究チームの当時の想いについてみていきたい。

3.1　（特非）北芝の想い

　（特非）北芝は，2001年に設立された，箕面市で「暮らしづくり」を推進する特定非営利活動（NPO）法人である。地域で暮らす人たちが「出会い・つながり・元気」を求め，誰もが安心して暮らせるまちをつくっていくために，知恵を出し合う「暮らしづくり」の協働活動を進めてきている。まちづくり，暮らしづくりに関わる地域の課題解決を支援して，地域福祉を推進する多様な事業を展開するなかで，力を入れている活動の一つに就労支援活動がある。特に「中間的就労」という，一般就労と福祉的就労の間に落ちてしまっている，働きづらさを感じている人々をサポートするために，さまざまな体験メニューを開発してきた。したがって，コンポストの製作についても，これまでやって

いることの延長でできた。

　当初，尼野さんは「コンポストに関わるとは思っていなかったし，最初はコンポストが事業化するかどうか半信半疑だった」と振り返る。何か一緒にやろうということで進んでいき，たとえば，GDPの羽毛の回収を（特非）北芝でできないかとか，UR社のロジスティック（倉庫）が（特非）北芝にあるから廃棄衣料の分別作業を障がい者でできないかといった発案が出ていたなかで，コンポストにたどり着く。

　「UR社との協働ですが，その製造個数が月に何千個とか，製作に高い能力が求められるとかだったら，受けていませんでした。」と尼野さんは振り返る。中間的就労として，無理をせず，一般就労にはまらない人たちが「好きなときに来て，好きなときにつくって」という形を貫くことにプライオリティがあった。その結果，現在月産300個で落ち着いている。尼野さんは，こう語る。「UR社には，とても融通をきかせてもらっています。中間的就労として，ノルマ等で縛らない働き方を目指しているので，どんな状況なのかについてかなり丁寧に説明して，やりとりを密に行い，現場をみてもらい，この形になりました」。

　中心的に作業してくれているのは，5，6人であり，70代の女性，妊婦さん，出産直後の女性，育休中の方が集まる。それ以外に，時々来る人が40人以上いる。（特非）北芝では毎週，社会的居場所事業を行っているので，そこに来たついでに，作業していく人もいる。発達障がいや自閉症の方々も集まる。

　工場は出入り自由で，毎日使えるようにしている。働き方や管理はすべて個々人に任せていて，作業も自己申告の形で行っている。（特非）北芝では，『若者の生きづらさを小さな声で絶叫するマガジン：私たちなりの「働き方改革」』という雑誌を発行したが，その取材で得た最新のユニークな働き方をヒントに上記のような働き方にたどり着いた。

3.2　CRN研究チームの想い

　CRN研究チームの内丸は，イギリスの大学でテキスタイルを学び，京都でテキスタイルデザイナーとしてファッションやインテリア素材の企画の仕事に従事していた。そのなかで，廃棄繊維の深刻な現状を知り，京都工芸繊維大学

大学院で繊維リサイクルの研究を始めた。Colour Recycle Systemという，廃棄繊維を色で分けてアップサイクルする仕組みは，内丸の京都工芸繊維大学大学院博士課程の研究テーマそのものであった。

　内丸は，今までの繊維リサイクルでは，消費者の心に届く売れる商品はできないと感じていたという。なぜならば，従来のリサイクルでは色は雑多に混ぜられ，リサイクル素材の色が美しくなかったからである。また，廃棄繊維は半分近くが化学繊維であり，さまざまな素材が混紡・混織される場合が多い点，古着ではタグ表記などが失われ素材が判別しづらい点，繊維の素材開発が進み見た目や手触りでの素材判別が困難である点など，素材分別によるリサイクルはとても困難であった。

　色が魅力的でなく，素材分別が難しいという，2つの課題を克服する方法として，博士課程の研究として遂行されたのが，色をベースにした新しいリサイクル方法であった。繊維の色を活かした美しい色合いの魅力的な素材をつくるために，廃棄繊維を色分別するための研究をスタートし，色分別するための数値化を行った。そうして生まれたのが，Colour Recycle Systemである。

　2015年には，Colour Recycle Systemを活用した新素材の共同開発チームである，任意団体CRN研究チームを発足した。プロジェクト・リーダーには，内丸の恩師の木村照夫教授が就き，内丸，故繊維業者，押出成形加工業者，企業研究者などが参加する，新素材開発の共同研究開発チームであった。

　コンポストの商品化に向けての心意気として，内丸は喜多と意気投合していた。「リサイクル，リサイクルとはあまり言いたくない」，「新素材で面白いなと思ってもらって，よく見たらリサイクル，よく見たら障がい者がつくっている」といったように，魅力的だから買ってもらい，その他は次の驚きといった売り方を考えてきたのだ。

4　コレクティブ・インパクトでの学び

　コレクティブ・インパクト型協働プロセスのなかでは，学び合う機会が非常に多かったという。UR社の萩原は，協働プロセスを以下のように振り返る。「福祉の面では，普段生活していると感じることのない新たな視点や多種多様

な働き方について気づかされました。発売当初，予想以上に売れて生産が間に合わなくなったことがあったのですが，1つ1つ手作業というところにこだわり，持続的に互いが無理のない生産スピードになるよう心がけました。また，研究者チームは「世に出すためには100％完璧にしたい」というマインドを持っています。課題が次から次へと出てくるたびに丁寧に根気強く解決へと導いてくださいました。しかしながら，商売をする私たちは「早く出して，早く世に知ってもらいたい」という気持ちがあり，少々急かしてしまうこともありました。それぞれの分野で異なる常識（common）を持つ者同士が，共に課題に取り組み，商品を作って販売するという工程こそ，commpostならではと思います。そのため新たな課題が出てきた際にも，皆で一緒に忍耐強くコミュニケーションを取りながら模索していきました。

　皆で課題に対するアイデアを出し合い，それぞれベストプラクティスを持ち寄って円滑に進めていく。これがなかなか大変なことなのですが，一緒にやらないと見えてこないこともあります。たとえば，一般的な家庭用ミシンを使って，誰もが作りやすいように，シートの厚さや縫い方を工夫してみるといったように，垣根を越えて協働で取り組むこと，この姿勢にこそ可能性があります」（APSP, 2020）。

5　コレクティブ・インパクトの成果

　マルチパーポスバッグを2018年11月に店頭，およびオンラインで販売開始すると，好評のためにすぐに生産が追いつかない状況となる。UR社の萩原は語る。「マルチパーポスバッグは最初からデザインにこだわり，商品そのものの魅力を高めることに注力しました。また，価格についても経済性と就労困難者の雇用の継続を同時に実現できるよう，緻密に計算しています。これらに加えて当社の販売スタッフが関係者の想いをお客様にしっかりと伝えてくれたり，商品を目立つように配置してくれたりしたことも力になりました。そういうことが積み重なってよい結果につながっています」（ApparelWeb, 2019）。

　順調な売り上げを計上して，ビジネスとしてもまわり，社会福祉や廃棄問題解決へもコミットするこのコンポスト事業は，協働する各組織にどのような変

化を及ぼしたのだろうか。新素材開発を担当するCRN研究チームからは，2019年8月に株式会社colourloopが設立された。内丸が代表取締役となり，廃棄繊維の問題をビジネスの形で解決していくために，Colour Recycle Systemを活用した事業を展開している。「廃棄繊維の問題は，SDGsのNo.12，つくる責任・つかう責任にも繋がる，繊維業界そして私たち皆の社会課題でもあるので，真摯に取り組んでいき，このシステムを次の世代にもつなげたい」と，内丸は意欲を新たにしている。

　（特非）北芝では，コンポスト事業が始まって2年近くなるが，ここまで継続してできているものは多くなかったので，このコレクティブ・インパクト事業の意味合いはとても大きいとする。製作にかかわる人々にとっても，スタイリッシュな店頭やオンラインで全国販売されているのをみて，この仕事を誇らしく思い，自信につながったり，社会のなかでの意義を感じたり，良い影響を及ぼしているという（池谷さん）。マルチパーポスバッグは，箕面市のふるさと納税の返礼品にもなっていった。

　コンポストのブランドが立ち上がり，マルチパーポスバッグが販売された2018年11月に，UR社では，SDR（Sustainable Development Research）というプロジェクトチームがつくられた。サステナブルでエシカルな事業展開に向けて，15名ほどのメンバーで毎週議論をするようになり，そのなかから新しい取り組みが生まれるようになった。2019年春には，子会社として，㈱URテラスが設立される。この会社は障がい者雇用に特別の配慮をした会社である。この会社名には，ライフスタイルを提案するUR社から飛び出して，見晴らしのよいところで，希望をもって，新しいことにチャレンジできるような場所にしたい，という願いが込められている。萩原は，「障がい者の方々にこの会社のなかで活躍していただくためにも，今後，更なるイノベーションを生み出し，新しいお仕事を増やしていく必要がある」と言う。

　さらに言えば，UR社にとって，コンポスト事業への取り組みは，組織のなかで行われてきたサステナビリティな活動が，対内外的に明示化され整理される大きな転換点となった。「自社HPにSDGsのことをはじめて掲載したのは，2018年9月です。それまでは特にSDGsを意識せず，社会課題の解決を目的とした取り組みを実施してきました。特に，大きな取り組みを始めたのは，2011

年の東日本大震災後。東北コットンプロジェクトと称して，現場社員が発起人となり津波により稲作が困難になった農地で綿（コットン）を生産し，長期視点の被災地復興を目的に取り組んできました。その他にもGDPにいち早く参画し，羽毛製品の回収とリサイクルされた羽毛での商品企画に積極的に取り組むなど，SDGs宣言前からサステナブルな社会実現に向けた取り組みをさまざまに実施してきました。こうした取り組みを進めるなかで，コンポストの協働事業を通してSDGsへの理解が深まり，弊社が取り組んでいたのはまさにこれだと共感して，その後社内で協議して全社的にSDGsに取り組んでいくことになりました」（萩原，関西SDGsプラットフォームwebsiteより）。

　UR社のSDGsの基本方針は，以下の「3C」にまとめられている。アパレル企業という視点から，企業風土を活かした3つのアプローチの頭文字のCから考案された（websiteより）。

① Clothing Innovation（衣料資源の有効活用）
② Clean Earth（地球環境負荷の軽減）
③ Community Building（コミュニティの形成）

「Clothing Innovation（衣料資源の有効活用）」では，サステナブル素材の活用や生産量の適正化，アップサイクルの推進といったアパレル企業がもつ問題に取り組む。「Clean Earth（地球環境負荷の軽減）」は，従業員の環境に対する意識向上や環境問題に関するお客様との価値共感，環境にやさしいオフィスづくりに対するアプローチを意味し，環境に優しいライフスタイルを提案していく。「Community Building（コミュニティの形成）」では，地域の技術や特産品を活かしたモノづくり，異業種や自治体・NPOなど多様なビジネスパートナーシップ，人々が集まり価値を共有できる場所づくりを推進していく。Clothing Innovation，Clean Earthで創出された価値を，UR社の企業理念「すごいをシェアする」にもとづき，共有できるヒト，モノづくり，コトづくりに繋げていくとする。

　ちなみに，コンポストの取り組みをSDGsの17の目標に当てはめると以下のようになる。

（8）障がい者をはじめとした就労困難者の雇用創出
（9）衣料品をアップサイクルする技術を活かし，資源を持続的に活用する

　基盤構築

（12）生産者の責任として，デッドストックの処分を大幅に削減

（13）アップサイクル商品の循環構築により気候改善

（17）研究グループ，NPO，民間企業などが協力して付加価値を創造

　以上，コレクティブ・インパクト型協働後半（ビジネス展開ステージ）の構図を図示すると，図表4－1のように描ける。

6　コレクティブ・インパクトとしての特徴

　最後に，この協働事例を，コレクティブ・インパクトとして検討したい。

　コレクティブ・インパクトにおける5要件（図表1－4）のなかの，バックボーン組織（変革プロセスを支える器，Kania and Kramer, 2011; Cabaj and Weaver, 2016）に，この協働事例の特徴が見られる。すなわち，バックボーン組織が，協働の進展のなかで変化している点である。

　協働前半では，バックボーン組織の役割を果たしたのは，UWSGであった。場の設定（開催，テーマ設定），コーディネート，企画段階における多様な価値の付与，生産過程におけるモニタリング，多角的評価・利害関係の調整をUWSGは担ってきた。協働後半に入ると，UR社がバックボーン組織の役割を果たし，ビジネスのペースになりながらも，密な交流のなかで丁寧なすり合わせをしながら，事業化に向けて展開していった。前半において，協働理念や原則のすり合わせをきちんと図ったことで，後半においても，スムーズな協働が展開していったことがみてとれる。

　また2点目の特徴として，企業がバックボーン組織の役割を果たした点，およびその企業において，ボトムアップからこの協働が生まれた点が挙げられる。通常，バックボーン組織の役割を果たすことが多いのは非営利組織である。しかしながら，この事例においては，UR社が協働後半で，協働成果を実現させるための力強いバックボーン組織となり，前半の協働の学びを引き継ぎながら，事業の具現化に向けて推し進めていった。

　またUR社のなかにおいて，この協働は現場から始まったという意味におい

て，ボトムアップから全社的な動きへと育っていったと解釈できる。風通し良く，チャレンジ精神を評価する快活な組織文化が，このようなボトムアップからのコレクティブ・インパクトの協働を実現させたと考えられる。

　最後に，この協働のなかで各組織は大きな成長を見せた。特にUR社は，㈱URテラス，サステナビリティ推進課の創設，SDGsの全社的方針づくりへと社内のエシカルな取り組みを進めていった。エシカルとは，「地球，人，動物，地域社会，伝統文化，将来世代などを尊重（配慮）した行動」である（横山，2018）。CRN研究チームからは，㈱colourloopが誕生した。（特非）北芝にとっても，安定して長期的なUR社との取引関係のなかで，新しい働き方の場を育てることに成功している。このように，コレクティブ・インパクトの協働の中で，共進化（佐々木，2009）とも言うべき，各組織の成長が見られた。

＜インタビュー調査先＞
株式会社アーバンリサーチ（2020年8月3日，8月11日）
　　　執行役員　萩原直樹さん
　　　URBAN RESEARCH DOORS担当　喜多泰之さん（コンポスト・プロジェクト当時）
特定非営利活動法人暮らしづくりネットワーク北芝（2020年8月25日）
　　　池谷啓介さん
　　　尼野千絵さん
株式会社colourloop（2020年8月8日）
　　　代表取締役　内丸もと子さん
神戸学院大学総合リハビリテーション学部（2020年8月27日）
　　　准教授　川本健太郎さん

参考文献

ApparelWeb（2019）「インタビュー：アーバンリサーチが推し進めるサステナブル　ブランド"commpost"の実態に迫る」https://apparel-web.com/pickup/154299, 2020年8月25日閲覧。

APSP（一般社団法人ソーシャルプロダクツ普及推進協会）（2020）「ソーシャルプロダクツ・インタビュー：株式会社アーバンリサーチ"commpost（コンポスト）"」, https://www.apsp.or.jp/casestudy/commpost/, 2020年8月25日閲覧。

Cabaj, M. and Weaver, L. (2016). Collective impact 3.0: An evolving framework for community change, *Community Change Series 2016*, 1-14.（https://www.collectiveimpactforum.org/sites/default/files/Collective% 20Impact% 203.0.pdf）

株式会社アーバンリサーチ「commpost」, http://www.urban-research.co.jp/special/commpost/, 2020年8月25日閲覧。

株式会社アーバンリサーチ「アーバンリサーチのSDGs基本方針を公開。その名は"3C"」, http://www.urban-research.co.jp/news/company/2019/12/ur-sdgs-3c/, 2020年8月25日閲覧。

株式会社colourloop, https://www.colourloop.net/, 2020年8月25日閲覧。

Kania, J., and Kramer, M.（2011）. Collective impact. *Stanford Social Innovation Review*, Winter, 36–41.

関西SDGsプラットフォーム「株式会社アーバンリサーチのSDGsへの取り組み」, https://kansai-sdgs-platform.jp/research/interview/data/interview02.pdf, 2020年8月25日閲覧。

佐々木利廣ほか（2009）『組織間コラボレーション：協働が社会的価値を生み出す』ナカニシヤ出版。

特定非営利活動法人暮らしづくりネットワーク北芝, http://www.kitashiba.org/, 2020年8月25日閲覧。

横山恵子ほか（2018）『エシカル・アントレプレナーシップ：社会的企業・CSR・サスティナビリティの新展開』中央経済社。

創発を取り込んだ
コレクティブ・インパクトの発展
ビューティーキャラバン事業からりびボラ事業への展開

1　はじめに

　本章では，コレクティブ・インパクト研究のなかでも，特に，創発(emergence)を取り込むことで，どのようにコレクティブ・インパクト・イニシアチブを進展させてきたのかに分析の焦点をあてる (e.g. Kania and Kramer 2013)。Kania and Kramer (2013, p.2) は，「複雑な状況下では，事前に決められた解決策を確実に見極めることも，実行することもできないが，その代わりに，コレクティブ・インパクトにおける相互作用のルールが，個人や組織の行動に変化をもたらし，調整，発見，学習，創発の継続的な進行を生み出し，多くの場合，この進展が，画期的なイノベーションや大規模な資金調達を必要とせずに，社会的変化を大幅に加速させることができる」と指摘する。つまり，事前に社会課題の解決策が見出せていない状況において，その解決策を適応的に模索しながら，社会課題の解決に向かわせる原動力となるものが，コレクティブ・インパクトには存在するのである。本章においては，創発という観点からコレクティブ・インパクトを捉え，それを1つの現象として記述することができれば，コレクティブ・インパクトの理解にとって大きな貢献ができると考えている。

　創発とは，非常に難しい考え方ではあるが，経営学分野では，経営戦略の文脈において使用されることが多い (e.g. Mintzberg 1978; 沼上 2009)。戦略における「創発」とは，沼上 (2009, p.6) によると，「「戦略」などという格好のよい言葉と実務の実態は違う。実際には皆が目の前に現れた機会や脅威にその都度適応してきた結果，後から振り返ってみると何かパターンがあったので，

それを「戦略」と読んでいるだけなのだ。事前にこの「戦略」を描けていた人はいない。戦略は誰かが事前にトップダウンで決めるものではなく、現場のミドルたちの相互作用の結果として事後的に創発するものなのである」と説明される。本章では、コレクティブ・インパクト・イニシアチブを通じて、どのように創発を取り込み、事前に決められた解決策が見出せていない状況を乗り越えていったのかについて、コレクティブ・インパクト事例を分析することで考察したい。

　コレクティブ・インパクトにおいて、創発をどのように取り込むのかを考察するにあたり、NPO法人全国福祉理美容師養成協会（通称ふくりび、以下、ふくりび）が、バックボーン組織となっている2つのコレクティブ・インパクト・イニシアチブを取り上げる。具体的には、2008年から始まった、企業・NPO・大学が連携して、名古屋市近郊の介護施設入居者高齢者に「ハレの場」を提供する「ビューティーキャラバン事業」と、2011年3月11日に発生した東日本大震災後に、NPO・企業・行政・各種団体が連携して、被災者にヘアカット・ハンドマッサージ・足湯・エステなどの「キレイになる力」でサービスを提供する「りびボラ事業」である。本章では、第1のコレクティブ・インパクト・イニシアチブであるビューティーキャラバン事業での取り組みがあったからこそ、第2のコレクティブ・インパクト・イニシアチブであるりびボラ事業を創発的に実現させることができたと考える。特に、第2のコレクティブ・インパクトは、突発的に発生した東日本大震災という社会課題に対して、事前に解決策を見極めることができない状況のなかで、現場において適応的に解決策を模索しながら実現されたものであり、ここに、コレクティブ・インパクトを通じて、創発を取り組むことができたと分析する。

　以下、事例分析のポイントを整理したうえで、それぞれの事例を記述し、コレクティブ・インパクトを通じて、どのように創発を取り込み、事前に解決策を見出すことが難しい複雑な状況を乗り越えていったのかについて考察する。

2　事例分析のポイント

　本章で取り上げる事例は、2008年から始まったビューティーキャラバン事業

と，2011年から始まったりびボラ事業の2つである。ビューティーキャラバン事業を第1のコレクティブ・インパクト・イニシアチブとして，りびボラ事業を第2のコレクティブ・インパクト・イニシアチブとして捉え，第1のコレクティブ・インパクト・イニシアチブから，第2のコレクティブ・インパクト・イニシアチブへ，どのように進展・移行していったのかを分析する。

　まず，コレクティブ・インパクトは，Kania and Kramer（2011, p.39）で言及されているように，資金提供者協力（Funder Collaboratives），官民協働（Public-Private Partnerships），マルチステイクホルダー・イニシアティブ（Multi-Stakeholder Initiatives），ソーシャル・セクター・ネットワーク（Social Sector Networks）とは大きく異なる社会セクターでの取り組みである。社会セクターには，パートナーシップやネットワークなど，さまざまな主体が協働して社会課題の解決を目指す取り組みは数多く存在するが，コレクティブ・インパクト・イニシアチブは，明らかにそれらとは異なることが指摘されている（Kania and Kramer 2011, p.39）。多くのコラボレーションとは異なり，コレクティブ・インパクト・イニシアチブは，①共通のアジェンダ（問題とその解決に対する共通の認識），②評価システムの共有（問題解決の成果に対して共通の評価指標），③互いに強化し合う活動（ステイクホルダーがそれぞれの強みを生かして活動），④継続的なコミュニケーション（1回限りではなく継続的にコミュニケーション），⑤バックボーン組織（全体のビジョンや戦略を描く組織の存在）をともなう活動である（e.g. Kania et al. 2011, Hanleybrown et al. 2012）。この事例分析でも，ビューティーキャラバン事業とりびボラ事業の2つのコレクティブ・インパクト・イニシアチブを取り上げるが，それぞれの事業について，この5つの観点からコレクティブ・インパクトとしての要件がどのように備わっていったのかについて確認する。

　また，Kania and Kramer（2013, p.1）が指摘するように，コレクティブ・インパクトのプロセスと結果は，あらかじめ決められたものではなく，創発的なものであり，必要なリソースやイノベーションはすでに存在しているにもかかわらず，まだ認識されていないことが多い。この事例分析では，このような社会課題を解消しようとする取り組みの困難性に，どのように適応的に対応していったのかについて明らかにする。適応的な対応に関する分析は，コレク

ティブ・インパクトの5つの要件を確認するといった構造的側面というよりは，創発をどのように取り入れて，コレクティブ・インパクトを進展させていったのかというプロセス的側面に焦点を当てる[1]。

　コレクティブ・インパクトによって解消しようとする社会課題の多くは，Heifetz et al.（2004, p.25）が適応的問題（adaptive problem）として提起する「定義があまり明確ではなく，答えが事前にわからず，多くの異なるステイクホルダーが関与し，それぞれが独自の視点を持っており，ステイクホルダー間でのイノベーションと学習を必要とし，解決策が発見された場合でも，単一の主体が，他の主体にそれを課す権限を持ってはない」という特徴を持っている[2]。その点で，事前に解決策が明らかであり，適切な専門知識と組織能力を備えた主体がいれば解決できる技術的問題（technical problem）とは大きく異なる。技術的問題の解決に取り組む際には，誰に資金を提供し，どれくらいの費用がかかり，どのように対応すれば問題が解決でき，そして，どのような結果になるのかを正確に把握することが比較的可能である。具体的には，高等教育へのアクセスを向上させる（奨学金に資金を提供する），患者の治療能力を向上させる（新しい病院を建設する），フードバンクの効率を向上させる（より良い在庫管理を導入する），マラリアを撲滅する（ワクチンを引き受ける）などが技術的問題として挙げられ（Heifetz et al. 2004, p.25），このような社会課題は問題が明確で，解決策は確立された実践方法によって，十分な資金があれば，1つの組織で解決策を実施することができる。

　それに対して，適応的問題は定義があまり明確ではなく，答えが事前にわからず，多くの異なるステイクホルダーが関与する問題で，解決策が発見されたとしても，単一の主体が他の主体にそれを強要する権限を持ってはない。そのために，コレクティブ・インパクトのような複数の主体が，共通のアジェンダ

---

1) Parkhurst and Preskill（2014, p.17）は，コレクティブ・インパクトの有効性を評価するためには，イニシアチブの一時点でのスナップショットだけでなく，イニシアチブの全体像と時間の経過とともにどのように相互作用して進化していくのかを把握する必要性があることを指摘している。
2) 適応的問題に関するHeifetz et al.（2004）の議論は，コレクティブ・インパクトの文脈ではなく，財団（foundation）の役割を対象としているが，単一主体ではなく，複数のステイクホルダーによる社会課題解決を志向している点は，コレクティブ・インパクトの議論に通ずるものがある。

のもとで，バックボーン組織を中心に，共有された評価システムや継続的なコミュニケーションを通じて，相互に強みを補完し合うような活動をしつつ，ステイクホルダー自らが解決策を模索しながら見出して実施する必要がある。このように適応的に実施されるコレクティブ・インパクトのプロセスと結果を詳細に見ていくことで，2つのコレクティブ・インパクト・イニシアチブのつながりを分析するのである。

　このように，本章では，2つのコレクティブ・インパクトについて，5つの要件をともなっているかという構造的側面だけでなく，適応的問題という事前に解決策が見出すことが難しい社会課題に対して，いかにコレクティブ・インパクト・イニシアチブが実現されたのか（特に，第2のコレクティブ・インパクトについて）というプロセス的側面にも注目して，それぞれの事例を分析する。

3　第1のコレクティブ・インパクト・イニシアチブ ：ビューティーキャラバン事業

　ここでは，第1のコレクティブ・インパクト・イニシアチブとして，ふくりびがバックボーン組織となって，名古屋市近郊で活動しているビューティーキャラバン事業について取り上げる[3]。ふくりびは，介護施設などへの訪問理容（ヘアカット）をしているNPOで，名古屋市近郊の介護施設に入居する高齢者の生活の質（QOL）を高めるためのビューティーキャラバン事業を2008年から開始する。介護施設では，入浴・食事・排泄という三大介助で手一杯で，レクリエーションを楽しんだり，オシャレに気を遣ったりすることが困難である。ビューティーキャラバン事業では，このことを解決すべき社会課題と考えて，介護施設に入居する高齢者に，季節感や特別感を演出するレクリエーションや，本格的なヘアメイク・メイクアップ・ファッションコーディネートといったオシャレを提供し，そのオシャレにコーディネートされた姿をプロのカ

---

3) ビューティーキャラバン事業は，NPOと企業のパートナーシップによって社会課題を解決する事業を調査・評価・表彰する「第7回パートナーシップ大賞」（パートナーシップサポートセンター主催）の受賞事業である。筆者自身も第7回パートナーシップ大賞の調査・評価・表彰に携わった。ビューティーキャラバン事業の事例については，「第7回パートナーシップ大賞」事例集である津田（2011）をもとに記述した。

メラマンに撮影してもらうことで「ハレの場」を演出する。そして，このような事業を，ふくりびというNPOを中心に，企業（東海ゴム工業株式会社：現住友理工株式会社。以下，東海ゴム），大学（名古屋大学大学院老齢科学教室。以下，名古屋大学。金城学院大学生活環境学部環境デザイン学科。以下，金城学院大学）との協働において実現しているのである。

　ふくりびは理美容の技術を用いて「その人らしく」「美しく過ごす」ということをテーマに活動しているNPOである。名古屋大学では，高齢者のQOL向上をめぐって，さまざまな角度から研究を進めている。ふくりびと名古屋大学の両者が結びつくことで，理美容やレクリエーションに着目した高齢者のQOL向上というテーマが創出される。一方で，この事業のバックボーン組織であるふくりびの理事長と，東海ゴムの社会貢献室長は，生活の拠点が同じ地域であるという縁もあり，もともとの知り合いであり，「誰もが美しく過ごせる社会」の実現を目指す想いは，この頃から共有されていた。一緒に高齢者のQOLについてテーマを考えてきたふくりびと名古屋大学，そのテーマに賛同する東海ゴムとの間で会議が開かれ，その結果形成されたのがこのビューティーキャラバン事業なのである。その意味で，ビューティーキャラバン事業は，それぞれの組織がコミュニケーションをとりつつ，事業そのもののアジェンダが共有されていったところから始まっており，「共通のアジェンダ」という要件を満たしている。

　ビューティーキャラバン事業の企画立案・運営は，ふくりびが担当し，それを，東海ゴムが資金面から支え，送迎バスや写真・葉書などの物的資源でバックアップしている。そして，ビューティーキャラバン事業のQOL向上の測定等，科学的根拠にもとづいた効果の裏付けを名古屋大学が実施する。さらに，ビューティーキャラバン事業の本番当日，介護施設に入居する高齢者にレクリエーションやオシャレを提供し，ハレの場を演出するのに重要な役割を担っているのが，金城学院大学である。金城学院大学では，高齢や障害で衣服の着脱が困難になり，オシャレをあきらめている人達のために，服のリフォームや製作を市価よりも安価で提供する「金城学院ファッション工房」を運営している。いわゆる，ユニバーサルファッションの研究と開発を，学生とともに行ってきた研究・教育機関である。ビューティーキャラバン事業でも，金城学院大学の

学生たちが中心となって，介護施設入居高齢者のための衣装の作成・リフォーム・選定，着用快適性調査などの役割を担っている。また，ふくりびはもともと介護施設などへの訪問理容を行っているNPOであるため，ヘアメイクやメイクアップについては，ふくりびが派遣するプロの福祉理美容師が行い，ビューティーキャラバン専属のプロカメラマンが撮影を担う。このように，ビューティーキャラバン事業は，NPO・企業・大学のそれぞれの強みが相互に補完し合っており，「互いに強化し合う活動」という要件を満たしている。

　上記のように，名古屋大学が，ビューティーキャラバン事業のQOL向上の測定等，科学的根拠にもとづいた効果の裏付けを行い，金城学院大学がユニバーサルファッションとしての着用快適性調査を担っている。しかし，この事業の効果測定は，このような機能的側面だけではなく感情的側面も重視する。それは，ビューティーキャラバン事業が，一連のサービスをレクリエーションとして提供されるからである。介護施設では「自分の好みを聞いてもらえる」「自分で好みを選ぶ」ことが少なくなりがちである。しかし，このビューティーキャラバン事業では，高齢者たちが一連のサービスを受ける過程において，さまざまなスタッフから声をかけられたり，好みを聞かれたり，自分の好みを表現する機会を得ることができる。「選んだ口紅の色がとても似合っていますよ」「どんな色がお好きですか」「いい笑顔ですね」など，スタッフからさまざまな声もかけられる等，この事業の効果測定においては感情的側面も重視される。さらに，ビューティーキャラバン事業では，NPO・企業・大学との間で基本合意書が取り交わされ，事業の目的・内容・役割・責任・成果の取り扱い等，きめ細かい内容が明確に示されている。このように，ビューティーキャラバン事業では，すべての参加者が，共通の方法で成果を測定・報告し，それらを通じて学習・改善することが達成されており，「評価システムの共有」というコレクティブ・インパクトの要件を満たしている。

　また，本事業は，3年間という事業期間を区切って展開され，2008年度は3回，2009年度は8回，2009年度も8回と，介護施設において安定的に実施されてきた。そして，2011年度以降も事業を継続することとなり，2018年度には10周年を迎えている。このように，ビューティーキャラバン事業では，NPO・企業・大学との継続的な連携によって，毎年安定的に実施されており，「継続

的なコミュニケーション」というコレクティブ・インパクトの要件を満たしているといえる。

　そして，ビューティーキャラバン事業は，NPO（ふくりび）を中心として，企業（東海ゴム），大学（名古屋大学・金城学院大学）との連携のなかで実現している。ふくりびは，それぞれの組織のパイプ役でもあり，この事業の事務局としての役割を担っているというだけではない。介護施設に入居する高齢者に最も近い存在であり，高齢者がレクリエーションやオシャレを楽しむことが困難であるという社会課題にダイレクトに直面している。そのため，この事業の企画を最初から担っている存在でもある。この事業のバックボーン組織は，ふくりびであることは間違いのない事実であり，「活動を支えるバックボーン組織」という要件を満たしている。

　以上，ビューティーキャラバン事業は，コレクティブ・インパクト・イニシアチブであると結論づけることができる。そして，このビューティーキャラバン事業での経験や，そこで培われた視点やネットワークによって，次節で記述するりびボラ事業という新たなコレクティブ・インパクトを実現することができたと考える。そのため，ビューティーキャラバン事業は，第1のコレクティブ・インパクトであり，りびボラ事業という第2のコレクティブ・インパクトを創発的に実現させたという位置づけで分析を行う。

4　第2のコレクティブ・インパクト・イニシアチブ ：りびボラ事業

　ここでは，第2のコレクティブ・インパクト・イニシアチブとして，2011年の東日本大震災時に，同じくふくりびがバックボーン組織となった「りびボラ事業」に注目する[4]。りびボラ事業は，全国の理容師，美容師，エステティシャンなどが培ってきた専門技術と知識を活かして，被災された方々に対して，カットボランティアをはじめとする衛生支援やリラクゼーション支援を実施する事業である。具体的には，被災地のなかで特に衛生支援が必要な高齢者介護

---

4)　りびボラ事業は，「第8回パートナーシップ大賞」の応募事業である。受賞事業ではないが，ヒアリング調査や評価は行われ，筆者自身も調査・評価に携わった。りびボラ事業の事例については，「第8回パートナーシップ大賞」事例集である面高（2012）をもとに記述した。

施設・障害者施設などにボランティアを派遣し，ヘアカットやハンドマッサージ，足湯などのサービスを無償で提供する。このような衛生支援やリラクゼーション支援を被災者に実施するにあたり，企業は被災地へのバス運行や支援物資を提供するといった形で協力し，行政も現地の情報収集において，また障害者団体はボランティアユニフォームの制作やプロジェクト封筒のデザイン印刷といった形で支援に携わっている。このように，りびボラ事業も上記のビューティーキャラバン事業と同様に，被災者のQOLを高めるために，ふくりび，東海ゴム，ラッシュジャパンなどの企業，社会福祉法人，公益財団法人などが共同支援するコレクティブ・インパクト・イニシアチブだと考えることができる。

　しかし，りびボラ事業は，ビューティーキャラバン事業に比べて特殊な社会課題に取り組むこととなる。東日本大震災は，突発的に発生して甚大なる被害をもたらす災害事象であった。このような甚大なる被害を事前に想定して，そこからの復旧や復興をどのように行うのか，複数の組織間で事前に強みを補完し合いながら，継続的なコミュニケーションを通じて取り組んでいくことは，非常に困難なことである。そのため東日本大震災による被害からの復旧や復興という社会課題に対して，コレクティブ・インパクトとして解決策を見出していくことは，非常にハードルが高いようにみえる。東日本大震災による被害は，それに直面して，何かをしなければならないけれども，どのようにそれを解決するのかがわからないという社会課題であり，上述したような「事前に決められた解決策を確実に見極めることも，実行することもできない複雑な状況」に当てはまるといえる。このような複雑な状況において，りびボラ事業では，ビューティーキャラバン事業という第1のコレクティブ・インパクトでの経験や，それを通じて培ってきた視点やネットワークによって，解決策を模索しながらそれを見出していくという「創発」をもたらし，新たなコレクティブ・インパクト・イニシアチブを実現させたと考えることができる。それを以下で説明する。

　東日本大震災による被害を目の当たりにしたふくりびでは，その状況を何とかしなければならないという思いを持つことになった。そして，ビューティーキャラバン事業において，介護施設に入居する高齢者にレクリエーションやオ

シャレを提供することで，彼らを笑顔にしてきたように，被災者にも同様の衛生支援やリラクゼーション支援を行うことで，笑顔にできるかもしれないという可能性を見出すこととなる。キレイの力で被災者を笑顔にすることが，今後，さまざまな協力組織に対する「共通のアジェンダ」となっていくが，このアジェンダが発災直後に短期間で形成されたのは，第1のコレクティブ・インパクトであるビューティーキャラバン事業における共通したアジェンダが基盤にあったからである。

　ふくりびでは，まず，ビューティーキャラバン事業に参加した理美容師に打診して，賛同してくれる仲間が大勢いることを確認する。これは，ビューティーキャラバン事業において培ってきたネットワークがあったからこそである。そして，被災地の状況や現地のニーズについては，長年，ふくりびの訪問理美容サービスを利用してきた行政（長久手市）が確認する。それによって，サービスを提供する以前に，現地の福祉避難所をサービス提供先として確保する。これは，ビューティーキャラバン事業での経験から，ニーズのある所にピンポイントで活動する必要性を認識していた経験から出てきた考えである。また，資金面では，日本財団からの助成金を充当し，プロジェクト専用のデザイン付き封筒は名古屋の社会福祉法人から，ボランティア用のユニフォームは豊田の障害者支援センターから，ユニフォームのクリーニングは株式会社江戸屋から提供してもらうなど，物資面でも多くの協力を得て着々と準備が進んでいく。そして，現地に向かう移動手段として，ビューティーキャラバン事業でパートナーを組んだ東海ゴムから社有マイクロバスを，運転手付きで提供してもらい，NPO・行政・企業・各種団体が連携をした被災者支援が実現していく。その意味で，突発的に発生した東日本大震災による被災という社会課題に対して，短期間のうちに，それぞれの関係組織が「相互に補完し合う関係」を形成したのである。この関係組織の強みを相互に補完し合う関係が，東日本大震災が発生してすぐに形成されたことは，ビューティーキャラバン事業における相互に補完し合うという発想や，実際にこうした取り組みで成果を上げてきたことが活かされていたのである。

　そして，現地でのサービス提供先と，サービスの提供元に目処がつくと，現地で活動してもらうボランティアの募集に取り掛かる。ふくりびでは，この募

集に関して1つの目標を持っていた。ビューティーキャラバン事業における3年間の活動を通じて，「世代をつなぐ」「訪問理美容のノウハウを他地区に移転させる」「提供するサービスを拡大する」という反省点を持っていた。そこで，この募集については，ツイッター，ブログ，ウェブサイトで行い，これまで訪問理美容に関心の薄かった若い理美容師の募集に力を注ぐことにした。その結果，理美容師だけでなくエステティシャンやネイリストら250人が集まり，若い世代を中心としたボランティアの参加が実現することとなった。このように，人的な支援が確保されると，被災された高齢者介護施設・障害者施設にいる方々に対して，カットボランティアをはじめとする衛生支援やリラクゼーション支援が実施されることとなった。

　りびボラ事業では，当初，5回のプロジェクトの実施と，1回あたり20名のボランティア派遣と被災者100名に対するリラクゼーション実施という目標を掲げていたが，現地での衛生支援やリラクゼーション支援に手応えを感じていくなかで，プロジェクトの5回実施，150名のボランティア参加，1,000名のリラクゼーション実施という目標に変更することとなった。それは，第1回目（宮城県石巻市の福祉避難所黄金浜会館や社会福祉法人石巻祥心会ひたかみ園：22人派遣），第2回目（同市社会福祉法人夢見の里や黄金浜会館：18人派遣）とプロジェクトが順調に実施され，さらには，関東地区からもワタミ㈱と㈱エイチ・アイ・エスがスポンサーとして現れ，それ以降のプロジェクト実施場所に運行するための観光バスを提供してもらう算段がついたためである。また，理美容の物資提供で貢献してもらっていた㈱ラッシュジャパンからも，新たな地域（埼玉県加須市で福島県双葉町の避難住民への激励会：24人派遣）でのプロジェクトに対して依頼があり，それを受けてハンドマッサージやヘアカットを実施することになった（第4回目）。第3回目，第5回目は，陸前高田市で実施された（各40名派遣）。りびボラ事業では，5回のプロジェクトにおいて，130名のボランティアと，1,000名以上の対象者にリラクゼーションが実施されるという結果になった。

　状況が不明確ななかで，現地でのサービス提供先の受け皿に目処をつけてピンポイントでニーズに対応したり，若い世代にこのような事業を伝えていきたいといった反省点を踏まえて新たな募集の仕組みを活用することなどは，

ビューティーキャラバン事業における「評価システムの共有」を通じて学習・改善することで達成されたものである。また，りびボラ事業を遂行するなかで，状況に合わせてプロジェクトの目標（ボランティア参加者数やリラクゼーション施術対象者数などの数値目標）を変更していくことも，共有された評価システムを通じて学習・改善されていることの現れである。

　このように，りびボラ事業では，ビューティーキャラバン事業での経験や反省を活かしているだけではなく，プロジェクトを遂行するプロセスにおいても適応的にその取り組みを変更させてきた。特に，被災直後の混乱の最中に，その変更を行うことができた。その結果，参加者・受益者双方の満足を得るプロジェクトを複数回，継続して実施することができたのである。こうした変更があるにもかかわらず，継続したプロジェクトの遂行が可能になったのは，第1のコレクティブ・インパクト・イニシアチブであるビューティーキャラバン事業同様に，上記のような現地や関係組織との「継続的なコミュニケーション」があったからこその成果だといえる。

　りびボラ事業に関わったのは，最終的に9社5法人であるが，それぞれが他分野異業種の力を合わせて，被災者の笑顔を取り戻したいという共通した目的を持った協働である。しかも，東日本大震災という誰もが想像しなかった社会課題に対して，複数回，継続的にプロジェクトを遂行することができたのは，ふくりびという「バックボーン組織の存在」があったからこそである。第1のコレクティブ・インパクト・イニシアチブであるビューティーキャラバン事業においてバックボーン組織として事業を支えてきたふくりびが，これまでのノウハウやネットワークを活かして，第2のコレクティブ・インパクト・イニシアチブにおいてもバックボーン組織としての機能を果たしていたのである。

　このように，ここでは，第2のコレクティブ・インパクト・イニシアチブとしてりびボラ事業を捉え，東日本大震災の被災者の笑顔を取り戻すための取り組みが，第1のコレクティブ・インパクト・イニシアチブであるビューティーキャラバン事業で培ってきた経験，視点，ネットワークがあったからこそ実現したと考えている。そこで，以下，第1のコレクティブ・インパクト・イニシアチブから第2のコレクティブ・インパクト・イニシアチブへの流れのなかで，どのように創発が取り込まれたのかについて詳細に考察する。

5　分析：第１から第２のコレクティブ・インパクト・イニシアチブへ

　Kania and Kramer（2013, p.2）は，「コレクティブ・インパクトの５つの条件は，同時に，創発的な結果をもたらす相互作用のルールとしても機能する」と指摘する。つまり，共通のアジェンダが本物であれば，そこに意図性が生まれ，すべての参加組織が同じような目線で解決策やリソースを「見る」ことができる。共有された評価，相互に強化された活動，継続的なコミュニケーションは，参加者が新たな問題や機会について，共通のアジェンダに沿って学習し，対応することを可能にする。その間，バックボーン組織は，参加組織に働きかけて，このようなコレクティブ・インパクトの動きを支えるのである。

　このコレクティブ・インパクトにおける創発のダイナミクスが，第１のコレクティブ・インパクト・イニシアチブ（ビューティーキャラバン事業）から，第２のコレクティブ・インパクト・イニシアチブ（りびボラ事業）という流れのなかにあったと考えられる。ビューティーキャラバン事業で培ってきたコレクティブ・インパクトの相互作用のルールが，今まで経験したことのない複雑な関係性や活動の組み合わせのなかで，活動の意図性，リソース，それを活用した解決策の組み合わせを浮かび上がらせたのである。つまり，東日本大震災の被災者へのケアやリラクゼーションをどのように行うべきかという，これまで誰も経験したことのない複雑な状況や関係性のなかで，被災者を笑顔にしたいというこの活動の意図性と，ビューティーキャラバン事業で培ったノウハウ，視点，ネットワークの組み合わせに整合性を持たせて，りびボラ事業を実現へと向かわせたのである。Kania and Kramer（2013, pp.2-3）は，コレクティブ・インパクトによって，そのままでは見逃していた既存のリソースを認識し，それを活用することを着想するという現象をコレクティブ・ビジュランス（collective vigilance）として言及しているが，りびボラ事業においても，そのコレクティブなビジュランス（警戒）によって，複雑な問題に対して解決策となるリソースを認識できたのである。

　また，Kania and Kramer（2013, p.4）は，「コレクティブ・インパクトによって確立された相互作用のルールが，継続的なフィードバックループを生み

出し，新しいリソースや解決策をコレクティブに特定して採用することにつながる」現象を，コレクティブ・ラーニング（collective learning）として説明している。りびボラ事業においても，コレクティブなラーニング（学習）が行われていたことは，ビューティーキャラバン事業と比較することによって，説明することができる（**図表5−1**参照）。

　ビューティーキャラバン事業が，共通のアジェンダを，関係組織との間で，比較的，計画的に形成してきたのに対して，りびボラ事業は，短期間で適応的に形成されたといえる[5]。ビューティーキャラバン事業のアジェンダが，東日本大震災という新たな状況に直面した際に，適応的に形成されたというだけでなく，新たな関係組織が参加するにあたって，適応的に形成されたアジェンダにそれぞれの組織が共感することでアジェンダが共有されている。また，評価システムの共有に関しては，ビューティーキャラバン事業が，参加組織それぞれの活動の目的と照らして評価システムが共有化されてきたのに対して，りびボラ事業では，事業そのものの達成度が目標値として設定され，その目標もプロジェクトの進捗状況に合わせて適応的に変更されている。互いに強化し合う活動については，ビューティーキャラバン事業が，参加組織それぞれの専門性や特性が，かなり緻密かつ計画的に補強し合うように活用されているのに対して，りびボラ事業では，プロジェクトを開始するにあたって，これまでのネットワークを活用して相互補完的な関係性を形成しつつも，プロジェクトの途中から新たに参加する組織もあり，それを活かしつつ相互に補完する関係性を適応的に発展させている。また，ビューティーキャラバン事業では，すでに確立された関係性のなかで継続的なコミュニケーションが取られていたのに対して，りびボラ事業では，複雑な状況のなかで適応的にコミュニケーションを取ることで，プロジェクトの遂行を達成させていた。ビューティーキャラバン事業でも，りびボラ事業でも，ふくりびがバックボーン組織として機能していたが，りびボラ事業では，かなり適応的に創発を取り込みながらプロジェクトの実現に寄与していた。

5）　ここで「計画的」「適応的」という用語を使っているが，この表現は，行動を起こす前に行う予測的で，望まれる将来の状態を生成するための意思決定としての「計画」と，漸進的・連続的な意思決定で，反応的な解決策によって特徴づけられる「適応」とを対比させたMintzberg（1973）に倣っている。

■図表5－1　コレクティブ・インパクト・イニシアチブの比較

	ビューティーキャラバン（第1）	りびボラ（第2）
共通のアジェンダ	それぞれ関係組織が取り組んできた活動のなかで，見出された課題について時間をかけて形成。	突発的に発生する課題に対して，短期的に形成。第1のアジェンダを引き継ぐ。
評価システムの共有	参加組織それぞれの目的と照らして評価システムを共有。	事業そのものの達成度が評価対象。プロジェクトの進行に対して適応的に変更。
互いに強化し合う活動	参加組織それぞれの専門性や特性を活用し，役割を分担。	プロジェクト途中から参加する組織もあり，互いに強化し合う活動や組み合わせも適応的に発展。
継続的なコミュニケーション	確立された関係としてのコミュニケーション。	プロジェクト途中から参加する組織もあり，適応的にコミュニケーションを取りながら変化に対応。
バックボーン組織	プロジェクトを最初から担い，支援。	第1の経験・ネットワークを創発的に取り込みながらイニシアチブを支援。

　Kania and Kramer（2013, p.5）は，学習を獲得することと，それにもとづいて行動することは別のものとして，コレクティブ・アクション（collective action）についても言及している。Kania and Kramer（2013）で取り上げているコレクティブなアクション（活動）の事例では，比較的規模の大きなコレクティブ・インパクト・イニシアチブを対象としており，運営委員会，作業グループ，パートナー，それぞれのコミュニティメンバーが連鎖的協力体制（cascading collaborative structure）を形成することで，実際の活動が達成されるまでの仕組みを説明する[6]。連鎖的協力体制をとることで，それぞれの参加組織に，トップダウン的にもボトムアップ的にも情報が流れ，集権的にも分権的にも問題解決を実行することできるようになり，迅速かつ的確な対応が可能となる。

6）　連鎖的協力体制については，Hanleybrown et al.（2012, p.8）でも詳細に説明されており，彼らが調査した有効的なコレクティブ・インパクト・イニシアチブの大多数で採用されている構造である。まず監視グループとして，参加組織の代表者によって運営委員会が構成される。そして，個別問題に対して行動計画を策定する作業グループが形成され，バックボーン組織によって，その進捗状況が定期的・体系的に評価され，その結果が運営委員会に提示される。このように，イニシアチブのなかでグループを形成し，協力関係を連鎖させることで，コレクティブなアクションを実体化させる構造となる。

ビューティーキャラバン事業もりびボラ事業も，このような事例ほど大規模ではないが，ビューティーキャラバン事業からりびボラ事業への流れは，連鎖的協力体制の1つの現れとしても捉えることもできる。このような連鎖的協力体制が形成されていたからこそ，迅速かつ的確な第2のコレクティブ・インパクト・イニシアチブへの実現に至ったと考えることができる。

6　最後に：第3・第4のコレクティブ・インパクト・イニシアチブに向けて

　以上，本章では，コレクティブ・インパクト・イニシアチブにおいてどのように創発を取り込んで，その取り組みを進展させてきたのかという点に注目しながら，2つの事例のつながりを分析してきた。第1のコレクティブ・インパクト・イニシアチブであるビューティーキャラバン事業での経験，視点，ネットワークがあったからこそ，第2のコレクティブ・インパクト・イニシアチブであるりびボラ事業の実現が可能となったのである。特に，東日本大震災という突発的で甚大なる被害という社会課題に対して，事前に設定された解決策を確実に見極めることも，それを実行できるかどうかわからない状況において，新たなコレクティブ・インパクト・イニシアチブを実現できたことを明らかにしたことは，コレクティブ・インパクト研究においても，一定の貢献ができたと考えられる。

　もちろん，たまたま上手くいったという解釈もできるかもしれない。しかし，第1のコレクティブ・インパクト・イニシアチブから第2のコレクティブ・インパクト・イニシアチブへのつながりを詳細に分析することは，コレクティブ・インパクト・イニシアチブでの経験やネットワークは，それ自体が，新たに出現した複雑な状況に適応的に対応することで，別のコレクティブ・インパクト・イニシアチブに発展させることができる余地を示すことにもなる。それが必ずしも成功するとは限らないが，Edmondson and Hetcht（2014, p.6）が「質の高いコレクティブ・インパクトの特徴として，前に向かって失敗する（fail forward）ことを厭わない姿勢を持っている」と指摘するように，コレクティブ・インパクトそのものが，学習の場となり，新たな社会課題の解決を前進させることとなりうるのである。目の前の社会課題があまりに複雑で，どの

ように解決すべきかわからず，当然，解決しようとしたところで上手くいくか
どうかわからない状況のなかで，「前に向かって失敗する」ことを厭わないの
に必要なのは，やはりコレクティブ・インパクトを通じて得てきた経験やネッ
トワークかもしれない。

　実際，この2つのコレクティブ・インパクト・イニシアチブのバックボーン
組織であったふくりびは，第3，第4のコレクティブ・インパクト・イニシア
チブともいえる事業にも積極的に取り組んでいる。全国の美容師に訪問理美容
のノウハウの教える事業（リクルートホットペッパービューティーアカデミー
との協働）や，アピアランスサポート事業（がん闘病中の美容サポート）であ
る。本章では，これらの事業について，コレクティブ・インパクトの要件を満
たしているかどうかの詳細な検討はしないが，ビューティーキャラバン事業や
りびボラ事業での経験やネットワークが活かされていることは，その事業特性
をみれば明らかである。全国の美容師に訪問理美容のノウハウを教える事業は，
訪問理美容のノウハウそのものを普及させる事業であり，美容業界においても
高齢者向けのサービスに注目が集まる可能性や，美容意識の高い高齢者が世代
的に増えていくなど，時代の流れにも応えるようなインパクトを与える可能性
を有する事業である。アピアランスサポート事業は，闘病中でもキレイでいた
いという要望を持つガン患者にキレイや笑顔を提供することを目的とした事業
である。

　コレクティブ・インパクト・イニシアチブは，それ自体で，大きなインパク
トを持つことは間違いないが，それを通じて創発を取り込むことで，新たな社
会課題の解決に取り組むことができるという観点から見てみると，新たなコレ
クティブ・インパクト・イニシアチブを出現させる原動力として捉えることも
できる。もちろん，Irby and Boyle（2014）が指摘するように，複数のコレク
ティブ・インパクト・イニシアチブを調整して，その有効性や効率性を維持し
なければならないという課題が出てくる[7]。複数のイニシアチブが重複して，
ミッション，メンバー，受益者を育成している場合，競合状態を低減させ，イ

---

[7]　Irby and Boyle（2014）が提起するコレクティブ・インパクト・イニシアチブの調整
　　は，同一の社会課題に対して複数のイニシアチブが併存する場合の有効性や効率性を
　　問題とするが，同一のバックボーン組織が複数のイニシアチブを支援している場合も，
　　同様に，有効性や効率性の問題が生じると考えられる。

ニシアチブのインパクトを高めるための調整である。しかし，このような調整の問題と比べてみても，新たな社会課題に対して，それを解決するためのコレクティブ・インパクト・イニシアチブを出現させることのメリットの方が大きいことは間違いない。

参考文献

Edmondson, J. and Hecht, B. (2014). Defining Quality Collective Impact. *Collective Insights on Collective Impact,* Fall, 6-7.

Hanleybrown, F., Kania, J. and Kramer, M. (2012). Channeling Change: Making Collective Impact Work. *Stanford Social Innovation Review,* Jan.26, 1-8.

Heifetz, R. A., Kania, J. V. and Kramer, M. R. (2004). Leading Boldly. *Stanford Social Innovation Review*, Winter, 20-31.

Irby, M. and Boyle, P. (2014). Aligning Collective Impact Initiatives. *Collective Insights on Collective Impact,* Fall, 15-16.

Kania, J. and Kramer, M. (2011). Collective Impact. *Stanford Social Innovation Review,* Winter, 36-41.

Kania, J. and Kramer, M. (2013). Embracing Emergence: How Collective Impact Addresses Complexity. *Stanford Social Innovation Review,* Jan.21, 1-7.

Mintzberg, H. (1973). Strategy-Making in Three Modes. *California Management Review,* 16 (2), 44-53.

Mintzberg, H. (1978). Patterns in Strategy Formation. *Management Science,* 24 (9), 934-948.

Parkhurst, M. and Preskill, H. (2014). Learning in Action Evaluating Collective Impact. *Collective Insights on Collective Impact,* Fall, 17-19.

沼上幹（2009）『経営戦略の思考法：時間展開・相互作用・ダイナミクス』日本経済新聞出版。

面高俊文（2012）「「キレイの力で復興支援りびボラ」事業：地域の協働事業「ビューティーキャラバン」で東北被災地に笑顔を」岸田眞代編著『「第8回パートナーシップ大賞」受賞事例集：NPO×企業 協働のススメ』サンライズ出版，73-77。

津田秀和（2011）「「高齢者介護施設ビューティーキャラバン」事業：企業・NPO・大学の連携を通じて介護施設入居高齢者に「ハレの場」を」岸田眞代編著『「第7回パートナーシップ大賞」受賞事例集：NPO＆企業 協働評価：目指せ！「パートナーシップ大賞」』サンライズ出版，50-57。

第 6 章

ソーシャル・ビジネスによる
コレクティブ・インパクト
「再犯のない社会実現」を目指す㈱ヒューマンハーバー

1　はじめに

　福岡県に所在する㈱ヒューマンハーバーは「再犯のない社会実現」を目指し，服役経験者に対する支援事業を行う株式会社である。刑務所や少年院を出た人，また執行猶予中の人などで家族や公的機関などからの援助を受けられず社会生活を営むことが困難な人を保護する民間の施設としては更生保護施設などの存在が知られている。更生保護法人，社会福祉法人，NPO法人などが更生保護施設を運営することが一般的である。しかし㈱ヒューマンハーバーは更生保護施設ではなく，独自の支援プログラムを用いた出所者への支援を，「株式会社の立場からビジネスを手段として」行っている。

　㈱ヒューマンハーバーのように再犯防止を推進するには，法務局をはじめ地域の刑務所，地方自治体，また保護観察所や更生保護施設などの組織との連携は不可欠となる。同時に，既存組織の取り組みだけでは十分とは言えない現状を補うため，独自の支援体制を構築することで㈱ヒューマンハーバーは存在意義を表出している。独自の支援体制を「三位一体」と称していて，これは就労支援，教育支援，宿泊支援の3つの支援を包括的に行うことを意味している。これまで就労はハローワーク，教育は職業訓練制度，宿泊は更生保護施設というように支援は分断されていた。そこで㈱ヒューマンハーバーでは分断の問題が発生しないよう，教育支援を中心に据え，就労，教育，宿泊の三位一体での支援実行を理念に掲げている。

　本章では，はじめに再犯の現状について国の対策等の経緯を整理することで

理解し，そのうえで㈱ヒューマンハーバーの誕生の背景と経営理念について説明する。そして㈱ヒューマンハーバーの独自スタイルである三位一体の支援体制の詳細，さらに本事例の特徴といえる九州大学との「産学連携」による協働を契機とするソーシャル・ビジネスとしての事業展開について解説する。最後にコレクティブ・インパクトの5つの要素に照らし，㈱ヒューマンハーバーの活動について論じる。

2　再犯の現状と社会課題の所在

　㈱ヒューマンハーバーの活動の背景となる日本における犯罪の発生件数，再犯率および再犯防止対策の現状について整理する。これらの状況は，法務省が各年度に発行する『犯罪白書』および『再犯防止白書』において報告されている。日本における犯罪の発生が認知された刑法犯の件数は，戦後の長らくは140万件を前後して推移していた。1996年以降には増加するようになり，2002年になると285万4,061件に達するようになった。戦後最多の件数を更新する状況に対応するため，政府は2003年から犯罪対策閣僚会議を開催している。犯罪対策閣僚会議では2003年に3つの視点「1．国民が自らの安全を確保するための活動の支援」「2．犯罪の生じにくい社会環境の整備」「3．水際対策を始めとした各種犯罪対策」と，5つの重点課題「平穏な暮らしを脅かす身近な犯罪の抑止」「社会全体で取り組む少年犯罪の抑止」「国境を越える脅威への対応」「組織犯罪等からの経済，社会の防護」「治安回復のための基盤整備」を掲げた「犯罪に強い社会の実現のための行動計画─「世界一安全な国，日本」の復活を目指して─」を策定した。その後，警察官等の増員および地域防犯ボランティア団体への支援を積極的に進めることで2003年以降は減少に転じている。2017年には91万5,042件と戦後最少の数値を記録している。

　次に，㈱ヒューマンハーバーが目指す社会像である「再犯のない社会」に関する現状を把握する。『令和元年度版再犯防止白書』では，2003年から2018年までの刑法犯検挙者中の再犯者数及び再犯者率が報告されている。ここでの「再犯者」とは，刑法犯により検挙された者のなかで道路交通法違反を除く犯罪により検挙されたことがあり，再び検挙された者のことである。また「再犯

者率」は，刑法犯検挙人員に占める再犯者の割合を意味する。再犯者数は，2007年以降は減少を続けており，2018年には100,601人であるが再犯者率は上昇している。この背景には初犯者の人数が大きく減少したことも関係するが，2018年の再犯者率は48.8％に達しており，調査が開始された1972年以降において最も多い数値となっている。

　また，新受刑者における再入者数は，刑法犯検挙者中の再犯者数と同じく近年は減少する傾向が見られており，2018年は10,902人と報告されている。再入者率は，新受刑者の人数が減少傾向にあり，近年の数値は横ばいで推移しており2018年においては59.7％である。

　再犯防止に向けた政府の取り組みを整理する。2008年には再犯をどのように防止するかが重要課題として「犯罪に強い社会の実現のための行動計画2008―「世界一安全な国，日本」の復活を目指して―」を策定した。さらに，刑務所出所者等の再犯を効果的に防止するためには，長期にわたり広範な取り組みを社会全体の理解のもとで継続することが必要であることから，2012年，政府は，総合的な再犯防止対策として，「再犯防止に向けた総合対策」を犯罪対策閣僚会議で決定した。

　続く2013年12月には，「『世界一安全な日本』創造戦略」を閣議決定した。その柱の一つとして「犯罪の繰り返しを食い止める再犯防止対策の推進」を位置づけ，指導と支援の強化，住居と就労の確保による社会復帰支援の充実，そして保護司に対する支援の充実などが盛り込まれた。さらに，2014年には「宣言：犯罪に戻らない・戻さない―立ち直りをみんなで支える明るい社会へ―」を犯罪対策閣僚会議において決定した。宣言では犯罪や非行をした者を社会に再び受け入れることができる社会の実現を目指し，刑務所出所者等の仕事と居場所の確保に向けた具体策を示した。加えて2020年を目標年度として「犯罪等の事情を理解したうえで雇用している企業数を３倍」，「帰るべき場所がないまま刑務所から社会に戻る者の数を３割以上削減する」という数値目標を設定した。

3　㈱ヒューマンハーバーの設立

　㈱ヒューマンハーバーの設立の経緯，経営理念，事業の内容について説明す

る。㈱ヒューマンハーバーは，2012年12月に副島勲により設立された株式会社であり，ソーシャル・ビジネスとして経営を定款で規定している。なおソーシャル・ビジネスとしての特性についての詳細は後述する。副島勲は以前，不動産業を営みながら保護司として20年以上の活動を行っている。保護司とは，犯罪や非行に陥った人の更生支援を担い，法務大臣から委嘱を受けた非常勤の国家公務員の位置づけではあるが，基本的にはボランティアとして活動する人物のことである。また，福岡刑務所の篤志面接委員として法務省から委嘱を受け受刑者や少年院在院者等の更生のために奉仕活動を行っている。

　副島勲は保護司として数多くの元受刑者の社会復帰に関わるなかで，仕事を見つけることができず，また仕事を続けることができないため生活に行き詰まり再び犯罪に手を染めてしまう事例を多く見てきた。現在の社会では一度道を踏み外した人間が再起することは容易とはいえない状況である。住む場所が無い人が多く，優秀な能力を有しているにも関わらず教育を十分に受けることができないままとなっている出所者も多い。そうなると就労することは極めて困難となり，結果として再度の犯罪に走ることになる。犯罪と被害者とに向き合い反省することはそれぞれ個人で行うことは当然としても，更正には誰かの支えが必要であり，出所者には社会に復帰するためのリハビリテーションが必要であると考えた。そのために必要となる経済的に自立をするための就労する場所，教育を提供すること，そして宿泊する場所が重要であると認識した。そこで出所者が社会に再び出航するための母港の役割を果たしたいという願いから「ヒューマンハーバー」という名称で株式会社を設立した。

　このように㈱ヒューマンハーバーは，3つの主要事業として「就労支援」「教育支援」「宿泊施設」を株式会社のビジネスとして提供している。そのうえで，㈱ヒューマンハーバーだけでは解決することが困難な課題に共に取り組む政府や社会福祉法人，NPO法人等はもちろん，地域社会や企業などからも関心や支援，協力を持続的に集めることで，幅広い協働の関係構築を目指している。

4　三位一体の支援事業

　次に㈱ヒューマンハーバーの3つの事業「就労支援」「教育支援」「宿泊施設」の三位一体の支援について，本節ではその詳細を説明する。出所者を雇用し再犯防止のための各種活動に必要となる資金を生み出す事業は産業廃棄物中間処理業，産業廃棄物リサイクルである。教育支援は「そんとく塾」という名称で事業が行われている。そして宿泊する場所を提供する中間支援事業は「てんしん館」という。また㈱ヒューマンハーバーで支援を行った出所者の受け入れを希望する企業が100社となることを目標と掲げている。

■図表6－1　㈱ヒューマンハーバーの事業構成

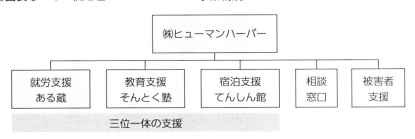

出所：㈱ヒューマンハーバー資料

4.1　産業廃棄物リサイクル事業

　㈱ヒューマンハーバーの事業の中核となるのが産業廃棄物中間処理業，産業廃棄物リサイクル事業である。株式会社として，またソーシャル・ビジネスとして事業を行う㈱ヒューマンハーバーにとっての収益事業となる。これまで出所者の就労支援において「出所者を雇用する」「再犯防止のための各種活動に資金提供する」という取り組みが企業の対応できる手段であった。しかし，雇用主側にも雇用される側にもさまざまなミスマッチが起こり，就労が定着せずトラブルが発生することも多いのも事実である。また雇用主となる企業には事務的な負担や経済的な負担が発生するため，雇用されている出所者の数は十分

に多いとは言えない。そこで㈱ヒューマンハーバーでは，独自に出所者を雇用することができる手段として産業廃棄物リサイクル事業を行っている。

　この事業の工場は福岡県粕屋郡宇美町に立地しており，「ある蔵」と名づけられている。この工場は２つの役割を担っている。１つめの役割として，㈱ヒューマンハーバーはさまざまな企業による事業活動で出る有価物のスクラップの販売や廃棄物の処理委託を受けることで，そこから収益を生み出すことができる。そうすることで「再犯を起こさせない社会づくり」のための三位一体の取り組みを，寄付や助成金に頼ることなく継続的に行うことができる。２つめの役割として，産業廃棄物の排出元企業にとっては，間接的に再犯防止活動を支援することになり，その結果社会貢献に積極的な企業として企業価値を高めることを促進させることである。

　この他にも，いくつかの収益事業を行っており，主に女性や高齢者の服役経験者に就労機会を提供する清掃事業はその一つである。業務内容はハウスクリーニング，建築美装やリフォーム，遺品整理，および生前整理，オフィス・集合住宅などの日常清掃および定期清掃，また，草刈りなど幅広く依頼を受け付けている。

4.2　教育支援事業

　教育支援事業の名称は先に記載したとおり「そんとく塾」という。㈱ヒューマンハーバーの取り組みの特徴は，被支援者のための就労事業を自前で有しソーシャル・ビジネスとして経営していることである。加えて，教育を再犯問題解決の鍵と捉え，独自の教育支援プログラムを開発し，実行に注力している。教育支援では，単に教科教育や資格取得，就労訓練だけではなく，社会人として生活していくための基礎教育，そして自己を認識し他者を思いやる人間教育を重視していることに㈱ヒューマンハーバーの独自性がある。

　㈱ヒューマンハーバーの服役経験者の再起に特化した教育支援プログラムは内容が確立しているものではない。独自に開発した教育プログラムの内容であるため，㈱ヒューマンハーバーの経営理念が強く反映された独自性のある内容となっている。類似した教育支援としては，民間事業者が主体として資金やノウハウを活用することで公共事業を行うPFI方式により運営される刑務所内の

矯正教育が国内数カ所に存在している。㈱ヒューマンハーバーが行う教育と矯正教育との違いは，「支援対象者各自の目標・夢に向けて，自らの意志で取り組む学習の支援をする」というスタンスにあるとしている。

　教育支援を行う「そんとく塾」では，高校等で多くの生徒の教育を手掛けた経験を豊富に有する教職員と，教育関係以外にも地域社会や警察関係者等に広がるネットワークを活用し，支援対象者の自立を図り再犯の防止につなげようとしている。同時に教育現場の支援を通じた非行防止に貢献することで初犯の減少を図ることにも取り組んでいる。独自のカリキュラムは再起・再挑戦の足場固めとしての「21世紀の読書き算盤・情報」である。支援対象者各自の目標や夢の実現に挑戦するために必要な社会人としての土台として，現在の社会生活に不可欠となる知識や知恵，素養を身に付けることに重点を置いたコンテンツの提供を目指し常に改良を加え続けている。

　服役経験者の知識の水準に目を向けると，義務教育の期間において十分な教育を受けることができていない場合が多く，公序良俗や遵法の意識の醸成が不足しており，社会生活を送るにあたり必要とされる意識・感覚が乏しい傾向がある。また，受けてきた教育の水準は各人の育った環境によって異なる。そこで「基礎教育」として自立するにあたり，社会で日常生活をするうえで必要な基礎的な知識学習を提供する。

　次に基本教育を基盤に「人間教育」として支援対象者一人ひとりに応じた教育プログラムを作成し，まず自信を回復させることで，自分自身を大切にすることを最初に行う。支援対象者は幼少期において虐待や学校でのいじめなどさまざまな環境に置かれており，十分な愛情にもとづいた義務教育を受けていない場合も多く，その結果として社会生活への適応が困難となる。そこで改善するために臨床心理士によるカウンセリングや，保護司をはじめ，教育関係者や社会福祉関係者，また経済界などの有識者による講義やコーチングにより支援対象者が自己に目覚め，他者を大切に思うようになるような指導を実施している。

　2つのステップに続き「資格取得，職業訓練の教育」が提供される。就労に向けた支援訓練の認定を受けるなどして，社会で再び活躍できる人材となる育成を行う。

「そんとく塾」の教育支援の枠組みは次の4種類である。社内学校「ハーバーアカデミー」は，㈱ヒューマンハーバーが社員として受け入れ，社内教育として実施するプログラムである。基本的に1年間の時間をかけて基礎教育と人間教育を行い，見出した進路に進むために必要となる資格取得や職業訓練などを行う。ここで目標とする資格や検定は幅広く設定されており，日本人向けの日本語検定や情報処理技能検定試験などから構成される。また社会人基礎力やキャリア教育もここでは提供されており，社会での就労に結びつく包括的な教育プログラムとなっている。

　次に基礎教育を中心とした私塾として「ハーバー寺子屋」がある。ここでは基礎教育と人間教育が行われ，各自の望む自立の形に向けた準備を整えることを目的としている。期間は3～6ヶ月と設定されている。自宅や身元引受人宅などの住居を確保できており，就労に向けた自立意識を高く持つ人が支援対象者となる。

　3つめに，教育現場を支援する「nino塾」である。これは，十分な経験を有する教職員OBが，悩みを抱える教職員や保護者，学校や家庭へのアドバイスを行うことで支援する仕組みである。教育現場を支援することで非行の防止，初犯の減少を目的としている。具体的には個別の教育相談，研修，講演会などの開催を通じて指導方法などの改善を行う機会を提供する。

　最後に，「そんとく塾」の塾生である支援対象者にカウンセリングを行う「マザーズブリッジ（Mother's Bridge）」である。臨床心理士，養護教諭，教育カウンセラーがカウンセリングにあたる。マザーズブリッジとは「母の懸け橋」であり，ブリッジには船や飛行機に乗り降りする際に利用するボーディングブリッジの意味も込められている。各自が各様の傷を抱えている支援対象者が，人間の港であるヒューマンハーバーに寄港することで傷を癒し，力を蓄えるためにもカウンセリングを重要視しているためこのような名称がつけられている。カウンセリングでは塾生ごとにログブックが作成されている。これにより共有すべき情報をスタッフ全員で共有し解決方法やアイディアを出し合うことができ，塾生のそれぞれが抱える問題の早期発見と改善に役立つような工夫も盛り込まれている。

4.3　宿泊支援事業

　三位一体の取り組みにおいて，次に説明する事業は宿泊支援である。「てんしん館」という名称がつけられている。㈱ヒューマンハーバーでは支援対象者の居住を安定させるための宿泊支援において2つの施設を運営している。まずは支援対象者のための社員寮である「わかくさ寮」である。入寮するための条件として，保護観察中であること，週1回の教育支援施設「そんとく塾」の受講，週4，5日は工場「ある蔵」での就労，入寮期間は1年間というルールが定められている。

　次に法務省の緊急的住居確保・自立支援対策により一時的に住居を提供する施設である自立準備ホームとして「南天神ホーム」がある。こちらに入寮するには，保護観察中であること，住居費および食費は支弁費の範囲内で助成，週2日の教育支援施設「そんとく塾」での学習，週3，4日の外部企業でのアルバイトが条件となる。自立準備ホームではあるが教育支援のプログラムが導入されており，ここにも㈱ヒューマンハーバーの特徴が表れている。

5　九州大学との協働と
　　「ユヌス・ソーシャル・ビジネス」としての経営

　㈱ヒューマンハーバーは日本で第1号となる「ユヌス・ソーシャル・ビジネス・カンパニー」である。これは九州大学ユヌス＆椎木ソーシャル・ビジネス研究センターのホームページでも確認することができる。九州大学では，2007年にグラミン・コミュニケーションズとの学術交流協定を締結しており，このグラミン・コミュニケーションズは2006年にムハマド・ユヌス博士と共にノーベル平和賞を受賞したグラミン銀行の関連組織である。この組織のディレクターでもある九州大学大学院システム情報科学研究院のアシル・アハメッド准教授の研究にもとづき学術交流協定が締結されるに至った。

　ソーシャル・ビジネスという用語は社会的企業（ソーシャル・エンタープライズ）と同義で利用されることが多いが，本来グラミン銀行の創立者であるムハマド・ユヌス博士が提唱した概念が「ソーシャル・ビジネス」であり，ソーシャル・ビジネスは次の7原則により定義される。

「ソーシャル・ビジネス7原則」

1．ソーシャル・ビジネスの経営目的は，利潤の最大化ではなく，人々や社会を脅かす貧困，教育，健康，情報アクセス，環境といった問題を解決することである。

2．財務的・経済的な持続可能性を実現する。

3．投資家は，投資額のみを回収できる。投資の元本を超える配当は行われない。

4．資本額を返済して残る利益は，会社の拡大や改善のために留保される。

5．環境に配慮する。

6．雇用者に市場賃金と標準以上の労働条件を提供する。

7．楽しむ！

　社会的企業（ソーシャル・エンタープライズ）を含む一般的なソーシャル・ビジネスと「ソーシャル・ビジネス7原則」を遵守する組織を区分するため，後者を「ユヌス・ソーシャル・ビジネス」と表現する。ユヌス・ソーシャル・ビジネスである㈱ヒューマンハーバーの法人格は株式会社であるのでNPO法人などとは異なり経営を継続させるためには収益事業を営む必要がある。しかし収益を得ることはあくまで手段であり，「再犯問題」へ取り組むことが法人の目的となる。

　㈱ヒューマンハーバーがユヌス・ソーシャル・ビジネス・カンパニーとなった経緯は，副島勲が九州大学の岡田昌治教授を訪ねたことに始まる。副島勲は，2010年に刊行されたムハマド・ユヌス博士の著書『ソーシャル・ビジネス革命』を読みユヌス・ソーシャル・ビジネスの概念に強く共感した。そこでこの書籍の監修者を務めた岡田昌治教授を訪ね，ユヌス・ソーシャル・ビジネスについて学び，ユヌス・ソーシャル・ビジネスにもとづいた経営を行うことを決意した。岡田昌治教授はアドバイザーとして㈱ヒューマンハーバーの経営への助言や，㈱ヒューマンハーバーに不足していた顧客の開拓や支援者の拡大など幅広く支援を行っている。九州大学ユヌス＆椎木ソーシャル・ビジネス研究センターからの視点では，この協働のスタイルは大学にとって以前から課されている使命の一つである「産学連携」，「産官学連携」の典型であり，大学におい

て研究されたビジネスモデルや経営の理論的なフレームワークを実社会の企業において応用する機会となっている。㈱ヒューマンハーバーにとっては，九州大学ユヌス＆椎木ソーシャル・ビジネス研究センターとの協働は事業を拡大し株式会社の経営を軌道に乗せる契機となった。九州大学ユヌス＆椎木ソーシャル・ビジネス研究センターとの協働がなければ現在の㈱ヒューマンハーバーの姿を見ることはできない。

　㈱ヒューマンハーバーが更生保護施設ではなく株式会社としての経営を選択した要因の一つは，書籍『ソーシャル・ビジネス革命』と「ソーシャル・ビジネス7原則」との出会いである。再犯問題という社会課題に対応するために，更生保護施設をはじめ社会福祉法人やNPO法人などの組織が既に存在している。それに加えて，再犯に及んでしまう要因ともなる就労，教育，宿泊の問題に対しての解決に「三位一体」という独自のアプローチを導入し，慈善事業ではなく持続的なビジネスとして展開することで再犯問題への貢献に挑戦している。これらの事業をビジネスにすることで，一部の篤志家だけではなく地域社会への理解，また，経済界に再犯問題を訴えかけることに結びついている。

　2021年4月，㈱ヒューマンハーバーは新たに一般社団法人ヒューマンハーバーそんとく塾を創設した。就労，教育，宿泊の「三位一体」支援のうち，㈱ヒューマンハーバーは就労の場を提供する就労支援と宿泊支援を引き継いでいる。一般社団法人ヒューマンハーバーそんとく塾では就労に向けた人材育成を含めた教育支援を行い，日本財団や法務省と連携しながら活動している。「再犯のない社会実現」を目指す活動が拡大する過程において組織形態の最適化を図ったといえる。

　㈱ヒューマンハーバーはユヌス・ソーシャル・ビジネスを経営に取り入れ実践を始めた最初の事例であり，その後のユヌス・ソーシャル・ビジネス・カンパニーの創出には大きな役割を果たした。その後は福岡市を中心としてユヌス・ソーシャル・ビジネスの企業の誕生が続き，2020年9月には社会起業家を支援するコミュニティである「リエートス（ReEthos）」が誕生した。ここには㈱ヒューマンハーバーも参加している。最初は福岡市において社会課題の解決を目指す企業がコミュニティに参加し，相互に学び，また，相互補完しながら協働することにより，主に地域社会に存在するさまざまな社会課題の解決に

弾みがつくことが期待される。

6　コレクティブ・インパクトに照らした特徴と課題

　本章の最後に㈱ヒューマンハーバーの活動の特徴をコレクティブ・インパクトに照らし論じる。そもそも㈱ヒューマンハーバーはコレクティブ・インパクトの5つの要素に確立した形で収まるようデザインされた事例でない。そのため5つの要素を満たしているのかどうかを判定するラベリングを行うのでなく，客観的にこの事例を分析するためのフレームワークとして5つの要素をここでは用いる。「再犯のない社会実現」を目指す㈱ヒューマンハーバーの取り組みは，国や地方自治体，既存の支援組織との提携に留まらず，大学の産学連携を有効に活用することにより目標到達へのインパクトを強めていると評することができる。

　次に，5つの要素「共通のアジェンダ」「共通の評価システム」「相互に強化しあう活動」「定期的なコミュニケーション」「活動をサポートするバックボーン組織」の順に検討する。

　㈱ヒューマンハーバーを事例とした「共通のアジェンダ」においてビジョンは明白であるといえる。一方，そこに到達するためのアプローチは確立した手法があるわけではなく，むしろ更生保護施設など既存組織が採用する手法では不足すると想定した部分を補う挑戦的なアプローチを開発し続けることで，周辺組織や大学を含めた支援者への訴求につながっている。

　「共通の評価システム」においては，㈱ヒューマンハーバーの支援を受けて就業した場合の，再犯率の低下や就業継続率について数値化し，更生保護施設など既存の事例との比較をする必要がある。人材育成には時間がかかるため，2012年に創業した㈱ヒューマンハーバーのアウトカムを可視化し基準を設けることができるようになるには相応の時間を要することを認識する必要がある。

　「相互に強化しあう活動」を参照するには，国や地方自治体のような施策の策定を行う組織，および更生保護施設のような同業種を対象とする場合，他企業や大学などの支援組織と区分して考慮する必要がある。そのうえで㈱ヒューマンハーバーというこれまでにない形態での再犯防止を推進する活動が認知さ

れることにより，それぞれの区分の組織の取り組みの強化につながっていると考えられる。

「定期的なコミュニケーション」について，国や地方自治体との実務的な情報交換は当然ではあるが通常業務として行われている。加えて，出所者を雇用する支援企業などのコミュニケーションは欠かすことはできない。特に対面でのコミュニケーションを重視しており，社会起業家を支援するコミュニティ「リエートス」などにおいてもこの方針が貫かれている。㈱ヒューマンハーバーをはじめ「リエートス」に参加する企業は，これまでに存在していないアプローチを採用した活動を行うため，その伝達やフィードバックのための対面コミュニケーションが密に取られている。

「活動をサポートするバックボーン組織」について，㈱ヒューマンハーバーを活動の主体としてとらえた場合，「バックボーン組織」は㈱ヒューマンハーバーが担うとの認識となる。㈱ヒューマンハーバーには副島勲だけではなく社員として元受刑者であったスタッフが自らの経験を活かし勤務している。産業廃棄物リサイクルから学科教育まで事業内容は広く，それぞれに専門知識と経験を有するスタッフの配置が進められている。㈱ヒューマンハーバーはまだ新しい株式会社であり，事業内容も新しいため会社組織の運営規範の整備などが追いついていない部分が見受けられるので，株式会社によるソーシャル・ビジネスとして事業を継続するためにも，㈱ヒューマンハーバーがより堅実なバックボーン組織として機能する必要がある。

「再犯のない社会実現」の恩恵は，社会に暮らす皆がメリットを享受することになる。人間であればだれしもが過ちを犯す可能性がある。再犯をふくむ犯罪の抑制をこれまでにない手段で実現を試みる㈱ヒューマンハーバーの取り組みが社会において価値を認められ，より大きなインパクトを発揮することを願いたい。

参考文献

法務省法務総合研究所（2019）.『令和元年版　犯罪白書─平成の刑事政策』昭和情報
　　プロセス。

法務省（2020）.『令和元年版　再犯防止推進白書』日経印刷。

Yunus, M. and Weber, K.（2010）. *Building Social Business: The New Kind of Capitalism that Serves Humanity's Most Pressing Needs*, PublicAffairs（千葉敏生訳『ソーシャル・ビジネス革命：世界の課題を解決する新たな経済システム』早川書房，2010年）.

副島勲，山川敦，二宮実（2014）.「株式会社ヒューマンハーバーにおける事業の現状と展望」『早稲田大学社会安全政策研究所紀要』，7, 337-383。

株式会社ヒューマンハーバー
　　http://www.humanharbor.net/

九州大学ユヌス＆椎木 ソーシャル・ビジネス研究センター
　　https://sbrc.kyushu-u.ac.jp/

福岡県再犯防止推進計画
　　https://www.pref.fukuoka.lg.jp/contents/saihan-boushi-suishin-keikaku.html

第 7 章

コレクティブ・インパクトの創出とバックボーン組織の形成過程
第3セクターを中心とした池田町の取り組み

1　はじめに

　近年，地方自治体では，新しい公共（New Public Management：NPM）の積極的な導入により，多様な手法による官民連携，民間の創意工夫や技術，資金の活用が推進されてきた。NPMの具現化については，企業に限らず，自治会や町内会などの地縁組織，社会福祉法人やNPO法人（特定非営利活動法人）をはじめとする非営利組織（Nonprofit organization：NPO），地域住民など，多様な地域資源を活用した社会課題への取り組みが全国各地で実施されている。しかしながら，地域住民の高齢化や人口減少により，自治会などの地縁組織では，組織の脆弱化や持続性に対する懸念が高まっている（Okada et al. 2017）。特に，山間部及び諸島部などの地方自治体では，活動の担い手や資金，知的創造性といった経営資源の確保は都市部以上に困難である。そのため，地域が抱える課題に対して，新たな組織を設立することにより持続的に問題解決を図ることは容易ではない。

　このような厳しい環境に直面しながらも，地域経営に関する新たな組織を設立し，その革新的な取り組みが注目される地方は存在する。ただし，その一部には，一時的な財源措置に頼るものや実質的には従来の公営企業に近い組織もあり，組織や活動の持続性については疑問が残るものも少なくない。また，社会課題の発生には，各地域の特殊性や個別性があるため，単に先進的な手法や組織モデルを形式的に導入するだけでは，地域で持続可能な手法や経営環境を形成することは難しい。この理由について，佐々木（2018：216-217）は，地

域協働を組織論によって分析する場合の主要な視点について，1）地域課題の多様性，重層性，連続性，2）地域課題の内容や解決策の異質性，3）課題の創発性，の三点を挙げている。一つ目は，現在の社会課題は多様化が進み，多様な問題が相互に重層しながら連続的に発生するため，単一の主体やセクターでは解決できない。そのため，どのように多様な主体による協働を進めるか，という視点である。二つ目は，地域課題の内容や解決策は，その地域の固有要因（人口構成，歴史，基本インフラ，伝統など）によって，適応する解決策が異なるため，ある地域での協働による課題解決策を他地域にどのように移転し，定着させるか，という視点である。そして，三つ目は，社会課題は，ある課題が別の課題を生むという創発性を有するため，単一の課題解決に取り組むだけでは，全体の課題解決には繋がらないという点である。以上の問題から，社会課題の解決については，単一組織による課題解決アプローチには限界があり，多様な主体やセクターが協働することによって，集合的な成果の創出を目指すコレクティブ・インパクトによるアプローチが求められる（佐々木 2018）。

地域における社会課題に取り組む組織の場合，地方自治体などの行政機関だけでなく，地域住民，NPO，企業，社会的企業など民間主体の参加が必要となる。なお，社会的企業について，谷本ほか（2013：3-8）は，「営利組織がビジネスの仕組みを用いて社会の課題解決に取り組む」ものであり，これらの活動には，「社会課題の解決に取り組むビジネスを通して，新しい社会的価値を創出し，経済的・社会的成果をもたらす革新」が存在するという。この社会的な革新はソーシャル・イノベーションと呼ばれ，ソーシャル・イノベーションを創出するような主体については，組織の営利性や非営利性は論点とならず，社会的価値の創出とその成果の社会的波及に焦点があてられる。

では，コレクティブ・インパクトやソーシャル・イノベーションを創出するような組織はどのように発生するのだろうか。また，そのような組織は，どのようにして持続的な経営が確保されるのだろうか。この問いに対し，本研究では，社会課題の担い手として期待が寄せられる主体を組織というセグメントで捉え，その発生と発展経緯に着目する。本章では，地方自治体，地域住民，移住者，企業，既存の地域活動組織などが連携し，官民連携によって，地域が抱える社会課題に取り組んできた地域を事例として調査した結果からソーシャ

ル・イノベーションとコレクティブ・インパクトの生じる過程を考察し，地域における社会課題への取り組みに対する示唆を得ようとするものである。

　本研究では，福井県今立郡池田町における地域活性化事業を分析対象として分析を試みる。池田町では，官民連携により設立された「まちUPいけだ」をはじめ，地域資源を活用した施設が複数開設されている。筆者は，これらの組織や施設が発生した経緯について，関係者にヒアリングを行い，いかにして各組織が生成され，持続的な運営に至ったのか，その経緯を調査した。本研究の目的は，池田町における地域経営の主体と多様な利害関係者の間に構築された関係とその経緯をソーシャル・イノベーション理論にもとづいて事例分析を行うことにより，創造的な地域経営や官民連携に取り組む地方自治体や組織の持続的経営に資する示唆を得ることにある。また，このような取り組みが，コレクティブ・インパクトの創出にどのように寄与するのか，池田町における活動の経緯から検討する。

　本章の構成は以下のとおりである。まず，次節において，調査対象である池田町の概要と池田町が抱える地域課題を示す。続いて，第3節において，調査で得られた組織の発生過程と経緯を示す。次に，第4節において，組織の発生と自立的経営に至った経緯と要因について，ソーシャル・イノベーション理論にもとづく分析を試みる。最後に，第5節において，対象事例における今後の課題と地域活性化に対する発展的考察を論じる。

2　事例分析：福井県今立郡池田町の概要と課題

2.1　池田町の人口および財政課題

　池田町は，福井県と岐阜県の県境に位置する小規模自治体である。内閣府の調査では，福井県内の周辺自治体である越前町（7.05％）や南越前町（6.51％）と比較して，池田町の人口減少率は13.36％と高い傾向にある[1]。人口構成では，池田町では，総人口に占める65歳以上人口の割合を示す高齢化率は43.07％で

---

1)　2017年4月末現在。総務省統計局「平成27年国勢調査速報」，池田町ホームページ（https://www.town.ikeda.fukui.jp/index.html）2020/12/9 last accessed 参照。

あり，全国平均値が27.7%であることを鑑みれば，人口流出と高齢化による急速な人口減少が生じている[2]。町内人口動態では，1964年の1,419世帯，総人口7,236人から，2020年11月末現在には916世帯，総人口は2,458人にまで人口減少が進んでいる（**図表7－1**）。

■図表7－1　池田町の人口動態と高齢化率の推移

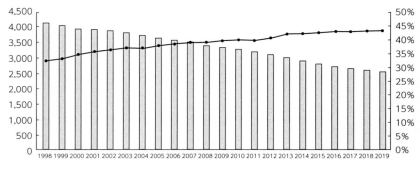

□ 左軸：人口（人）　　―●― 右軸：高齢化率（％）

出所：池田町資料より筆者作成[3]

2.2　地域によるこれまでの取り組み

　池田町の地域自治方針は，1997年に当選した杉本博文町長による地域住民を包摂した地域経営に徹している。2003年には，周辺自治体との市町村合併が検討されたが，地域による自立的な地域経営を志向する町長の意向にもとづき，市町村合併の是非について地域住民および議会との議論が行われた。これを機に，その後の地域自治方針については，市民参加や革新的な取り組みに対し，住民および行政双方による議論が実施される関係性が構築されてきた。そして，「福井県池田町人口ビジョン平成28年3月」には，以下のような地方自治方針

---

2) 2017年10月1日現在。内閣府「平成30年版高齢社会白書（全体版）」（http://www8. cao.go.jp/kourei/whitepaper/w-2018/zenbun/30 pdf_index.html）2018/10/1 last accessed 参照。

3) 2020年11月末現在。池田町「住民基本台帳人口と世帯数」（https://www.town.ikeda. fukui.jp/gyousei/1921/p001487.html）2020/12/9 last accessed参照。

が明記された。

　　「池田町の地域社会の将来展望を考えるとき，私たちは，行政組織の維持
　存続ではなく，この集落連合体「池田郷」の将来を「幸せで豊かなもの」と
　することを第一に考える。国の「地域再生」「地方創生」という時の政策の
　枠組みのみで考えるのではなく，私たち自身が自分たちの将来を自己決定す
　る自治自律の哲学のもとで考えるべきである。」（「福井県池田町人口ビジョ
　ン平成28年3月」「2．人口減少の考え方」p. 20から抜粋[4]）

　この代表例として，池田町環境向上基本計画の策定経緯とその後の実践的取
り組みが挙げられる。2003年に地域の環境保全指針として，池田町環境向上基
本計画が策定された。本計画の策定にあたっては，計画立案当初から約100人
の住民が主体的に参加したことが記録されている。本計画は，市民と行政の対
話や議論を経て作成された行動計画「かえるプロジェクト」にもとづいて実践
されており，「100人のパートナー会議」から設立された環境団体「環境パート
ナー池田」を中心に多様な主体が参加しながら実効的な取り組みへと繋がって
いった[5]。実際,「エコいけだ環境ネットワーク」[6]や池田町総合農政推進協議
会の活動組織「池田の郷水と土を守る会」[7]などの協働プラットフォームには,
地域の農業者，NPO法人，JA，非農業者，池田町と福井池田町農業協同組合
の出資により設立された一般財団法人池田町農業公社など，官民の多様な組織
が参画し，各者による実践が行われている（**図表7-2**）。また，各団体の活
動を参照していくと，農地に関する調査研究，生ゴミの堆肥化，エコポイント
制度の導入，ゴミステーションの運営，エコキャンドルイベントの実施など,

---

4)　池田町「福井県池田町人口ビジョン平成28年3月」（https://www.town.ikeda.fukui.
　　jp/gyousei/gyousei/1929/p002248_d/fil/jinko_vision.pdf）2020/12/9 last accessed
　　参照。
5)　池田町環境事業プロジェクト（http://ecoikeda.jp/01project/index.html）2018/3/2
　　last accessed 参照。
6)　エコいけだ環境ネットワーク（http://ecoikeda.jp/01 project/ 0111 shoku_utern.
　　html）2018/10/15 last accessed 参照。
7)　池田の郷（さと）水と土を守る会（http://ikedanosato.jp/soshiki, 2018/10/15 last
　　accessed）によると「平成19年度から23年度の5年間，池田町の農地や環境の保全向
　　上を，町全体でひとつの活動組織となって取り組んでいくために発足した農地・水・
　　環境保全向上対策制度の活動拠点」とされている。

地域内外の住民が参加可能な形式で個々の組織による活動が広まり，住民にも受け入れられていった経緯が伺える。

たとえば，NPO法人環境Uフレンズによる生ゴミの回収・堆肥化事業「食Uターン事業」では，住民の協力により，食品資源（生ゴミ）の回収量が増加し，回収された生ゴミから製造された堆肥を活用した特別栽培米の取り組み面積は，平成18年度の90haから平成27年度には，185haまで増加している[8]。基本計画を具現化するこれらの組織は，行政，民間，官民協働など，多様な組織形態を有するが，各々が地域内外の住民を巻き込みながら，新たな事業を発展させており，組織そのもののイノベーションに加え，活動内容にイノベーションが生じていったと考えられる。

■図表７－２　池田町環境向上基本計画およびエコいけだ環境ネットワーク参加団体の一例

団体名	事業内容
NPO法人環境Uフレンズ	生ゴミの回収・たい肥化事業「食Uターン事業」
環境パートナー池田	行動計画「かえるプロジェクト」によるエコポイント事業等の実践組織
ファームハウス・コムニタ	民間の農業体験，宿泊施設
一般財団法人池田町農業公社	農産物販売所「こっぽい屋」運営，農地保全，農村づくり等
池田町商工会	「日本農村力デザイン大学」の運営，農村力の調査・研究
一般財団法人池田屋	池田町役場関連団体

注）団体の名称，事業内容等は参照資料作成当時
出所：各団体資料より筆者作成

3　民間組織の発生過程と経緯の検証

池田町では，既存の住民だけでなく，都市部からの移住者や地域住民，地域内外の企業や公社など，多様な主体による地域経営が実践された。本章では，新たな地域活性化事業の経営主体である「株式会社まちUPいけだ」（以下，ま

---

8)　福井県農村振興課（http://www.pref.fukui.jp/doc/nouson/noutimizu/noutimizu_d/fil/torikumizirei.pdf）2018/10/15 last accessed 参照。

ちUPいけだ）の設立経緯を中心に行政およびまちUPいけだへのヒアリング調査によって明らかにされた経緯を記す。ヒアリングはそれぞれの組織において筆者による半構造形式で実施された[9]。

3.1　池田町役場

(1)　Tree Picnic Adventure IKEDA等新設施設の設置経緯

「Tree Picnic Adventure IKEDA」とは，山林や山間の地形など，自然を活用したジップラインやツリーウォークなどの体験施設である。本施設は，2016年度から官設民営による運営が行われている（事業主は第三セクターのまちUPいけだ）。町長と福井県内のテレビ局関係者の地域経営に対する意見が一致したことを発端に，組織の具体化が検討されるようになった。また，当時の池田町では，都市部の大学生が池田町訪問を機に移住し，「Tree Picnic Adventure IKEDA」の原案となる自然を活用した観光施設，宿泊施設の開設・運営に関わるようになった。

(2)　官民連携における組織運営の特徴

池田町では，民間の意見を柔軟に受け入れる行政組織の体制を整備してきた。たとえば，縦割りの行政組織内において部署横断的に地域活性化政策を行うために「特命政策課」（配属2名）という町長直轄部署を新設し，行政内部の横断的な調整機能を持たせている。まちUPいけだの創設については，既存の農業公社や商工会議所と折衝を要する領域があり，利害関係の調整機能を担った。革新的な取り組みに対して議会による迅速な設立承認が行われた背景には，町長直轄部署による組織横断的な自治体運営による調整機能が発揮されたことが寄与している[10]。

また，地域との連携については，地域住民による多様な事業が展開されているという。これは，第2節で示した環境向上基本計画などにより，住民が生ゴミの回収や農村開発など，主体的に公共サービスの運営に取り組む土壌が整備

---

9) ヒアリング調査は2017年8月15日に実施された。記載の団体名，部署名，役職等については調査当時のものである。
10) 団体名，部署名等については，特に断りがない限り，2017年から2019年にかけて筆者により収集された資料にもとづく。

されていたことによる。その他，積極的に移住者の受け入れ制度を整備した結果，池田町への移住定住者が増加しつつあることや，地域住民および企業による民間からの提案や行政と地域住民の積極的な議論を経て財源配分を決定するなど，市民による「参加型予算配分」（森 2017）が実施されたと考えられる。

3.2　株式会社まちUPいけだ

(1)　組織の成り立ちと事業概要

　まちUPいけだは，池田町が出資を行う第三セクターであり，池田町役場，住民，民間企業が連携しながら，公共サービスでは十分に対応できない領域や地域産業の創出，まちおこしに関連する事業を行ってきた。池田町では，町長と民間企業が，池田町の活性化について平時より議論してきたことが組織の発生に繋がったという。まちUPいけだは，池田町，民間企業，移住者らが連携をとりながら，地域住民に対する子育て支援や買い物施設の運営，観光事業（Tree Picnic Adventure IKEDA等の管理運営，地方創生事業の受託）など，地域における事業創出や新たな施設の設置・運営に取り組んだ（**図表７－３**，**図表７－４**）。たとえば，池田町内には，スーパーが存在せず，食料等の調達や食事を行う場所が少ないことから，まちの駅「こってコテいけだ」を開設し運営した。こってコテいけだには，地元食材を使用した食品やメニューを提供

■図表７－３　「まちUPいけだ」概要

社名	株式会社まちUPいけだ
設立	平成23年３月
資本金	１億円
出資者	池田町，福井ケーブルテレビ㈱，他３社
従業員数	40名
売上高	平成27年５月期　１億1,126万円 平成26年５月期　　9,521万円 平成25年５月期　　9,340万円
主な事業	Tree Picnic Adventure IKEDA事業 まちの駅運営事業 観光協会事業 いけだチャンネル事業

出所：まちUPいけだ（website）

する食堂と売店が併設されており，職員に地域住民を採用することによって，雇用創出にも貢献している。その後，「Wood LABO ikeda」，「おもちゃハウスこどもと木」など，新たな施設を開設し，地域住民や観光客が利用できる地産の木材を活用した創作の場や子どもの遊び場を提供している。

■図表7-4　「まちUPいけだ」の活動経緯

平成22年4月	まちUPいけだ設立準備室を設置
平成23年3月	設立総会開催
平成23年4月	まちの市場「こってコテいけだ」仮店舗での運営開始 池田町コミュニティー放送「いけだチャンネル」 制作運営業務開始 いけだ農村観光協会が設立され、その事務局業務を受託
平成24年7月	まちの市場「こってコテいけだ」現店舗での運営開始
平成26年	「まちの駅運営事業」新事業を開始 ・いけだマルシェハウス事業 　（人・もの・情報が行き交う交流交差店） ・軽トラスーバー「コテいけ号」事業 　（生活物資の移動販売）
平成28年4月	「Tree Picnic Adventure IKEDA」運営開始

出所：まちUPいけだ（website）

(2)　組織運営の特徴

　まちUPいけだでは，各部門・チームが独立採算制で事業を運営する。補助金申請などの資金調達，職員の採用を含む人事マネジメントを部署ごとで担当し，各部門の事業展開に沿って適材適所の人材配置を可能にした。そして，組織全体の方針や各部門の運営方針，事業計画について，池田町役場と組織内のメンバーが運営目標を共有することにより，組織の経営方針を確認する。たとえば，「自然体験教育チーム」が担当する「Tree Picnic Adventure IKEDA」事業では，チームの責任者が都市部の大学生インターンやボランティアスタッフを職員として採用し，職員や移住者の定住を図った。

(3) 主要事業と施設の運営

① 「Tree Picnic Adventure IKEDA」事業

まちUPいけだの主要事業の一つである。池田町の地形や山林を活用した「Tree Picnic Adventure IKEDA」では，日本最大級のジップラインや，森林にアスレチックや歩道を整備したツリーウォーク，河川を利用したラフティングなどの体験施設と宿泊施設の運営を行っている。その他，これらの施設を活用した研修事業や自然体験教室「森の学びのプログラム」なども実施している。

② まちの駅運営事業「こってコテいけだ」

町内産品の販売を行う「池田マルシェ」のほか「村の食堂」があり，地域食材を用いたメニューが提供されている。マルシェや食堂では，地元住民がスタッフとして勤務しており，就労の場を提供することも目的として設置された。なお，施設外側には，ペットボトル自動回収機「エコステーション」が設置されている。これは，池田町環境向上基本計画にもとづく取り組みの一環であり，エコステーションには，ペットボトルやあき缶の回収機が設置されている。あき缶等を投入するとポイントが得られ，地域通貨として使用するか，環境事業に寄付することができる。

③ 観光協会事業

まちUPいけだでは，複数の観光事業の受託運営も行っている。このうち，「おもちゃハウスこどもと木」は，それまでの地域外住民や観光客を対象とした観光事業から発展した地域住民を対象とする新たな取り組みの一環である。これらの施設は，地産木材を用いるまちづくり「木望の森100年プロジェクト」の拠点となっている[11]。この場所には，以前，木工作業所「木の里工房」があり，その施設を増築，改造し，設置された。また，周辺地域のこどもが日常的に利用できる木造設備や木製のおもちゃを配置した「おもちゃハウスこどもと木」は，地域の子どもや親子連れが木と触れ合うだけでなく，地域の子育て世代が集う場の提供を目的とした施設である。0歳から2歳児の幼児が利用でき

---

11) 池田町には，森林資源の活用と木材を利用した教育活動の活動拠点として「Wood LABO ikeda」があるが，2020年11月30日現在，「Wood LABO ikeda」の施設管理者は池田町役場（木望の森づくり課）である。また，「あそびハウスこどもと森」は，2020年に開設された新しい施設であり，木材を使用した室内遊具などが設置されている（木望の森100年プロジェクト（https://ikeda-kibou100.jp/）2020/9/10 last accessed 参照）。

る「赤ちゃんルーム」や木製のボールプール，ウォールクライミングなどが設置されている[12]。

4　ソーシャル・イノベーション理論にもとづく分析

　本章では，ヒアリング調査および文献収集によって得られた資料にもとづき，池田町において政府，民間組織，住民によって新たな民間組織が設立された過程と各者の取り組み，経営環境の整備に至った要因をソーシャル・イノベーション理論を援用して整理していく。なお，地域活性化におけるソーシャル・イノベーションについては，地域におけるソーシャル・イノベーションをモデル化するソーシャル・イノベーション・プロセス（谷本編 2006，中原・中村 2018）を参照した。たとえば，高橋ほか（2018）は，ソーシャル・イノベーション・プロセスを用いた事例分析により，地方自治体をイノベーションの変革主体と捉え，地方自治体が地域活性化で果たす役割を提示している。また，池田町では，まちUPいけだが発生する以前に，官民連携と住民参加による組織と活動におけるイノベーションの発生が生じたと考えられる。これらのイノベーションの生成を地域における危機感の共有，ビジョンの創造と共有，実践という「コッターの8段階モデル」（コッター，梅津訳 2002：45，中原・中村 2018：231-234）に倣ってみると，コッターの組織開発段階に沿って社会的な波及効果が構築されていくソーシャル・イノベーション・プロセスに近似していることがわかる（**図表7－5**）。この組織の発展段階が，結果として，より円滑な新組織の発生とコレクティブ・インパクトの起因となった可能性が高いことから，まちUPいけだの発生から自律的経営に至る一連の経緯をソーシャル・イノベーション・プロセスと捉えて考察を進めていく。そして，図表7－5で示した「コッターの8段階モデル」を照合しながら，どのような経緯と主体によって，組織が発生し，地域や住民を包摂しながら，組織の自律的経営が構築されたのか明らかにしていく。

---

12) 2020年11月30日現在，「おもちゃハウスこどもと木」には未就学，「あそびハウスこどもと森」には，小学生以上を対象とした遊具が設置されている（「あそびハウスこどもと森」(https://www.kodomotoki.ikeda-kibou.com/)2020/11/30 last accessed 参照)。

■図表7−5　コッターの8段階モデルと池田町のソーシャル・イノベーション・プロセス

	組織開発の段階	ソーシャル・イノベーション・プロセス	池田町における主な経緯
第1段階	危機感を高める	権限を有する変革者の登場と創造的発案	福井ケーブルテレビ（代表者），政府（町長）の危機感の一致
第2段階	変革推進のための連帯チームを築く	共感する変革者の集結	福井ケーブルテレビ（組織），政府（組織）の参加
第3段階	ビジョンと戦略を生み出す	経営ビジョンと組織デザインによる戦略の構築	住民，既存組織への共有化
第4段階	変革のためのビジョンを周知徹底する	行政による利害調整機能の発揮，地域内外から多様な人材を活用	地域住民や移住者の採用と内部化，地域住民や既存組織（議会，農業公社，商工会議所等）との利害調整
第5段階	従業員の自発を促す	経営権限の細分化	部門別の独立採算制による部門責任者を主体とした自律的経営の実践
第6段階	短期的成果を実現する	部門責任者による実践と発展，組織の高度化と早期発展	Tree Picnic Adventure IKEDA，こってコテいけだの部門経営と成長
第7段階	成果を生かしてさらなる変革を推進する	部門責任者による継続的な経営資源の調達	部門責任者による補助金や専門人材の調達，Wood LABO ikeda，おもちゃハウスこどもと木など新規事業の創設
第8段階	新しい方法を企業文化に定着させる	地域内外における新たな価値観の共有	新規移住者の定着，人口の流出抑制，施設利用者など訪問者や観光客の増加

出所：コッター，梅津訳（2002），谷本編（2006），中原・中村（2018），髙橋ほか（2018）を参考に筆者加筆

　この経緯について，筆者による調査の結果から，福井県池田町では，住民が主体となる地域運営を可能にする政策形成と関係性が構築されていったことが伺える。また，まちUPいけだにおける組織の発生とガバナンスにみるように，地域課題の解決や新たな手法の導入については，民間組織における提案を行政が受容し，計画立案に民間組織および地域住民が主体的に関与しながら，自律的な運営を果たそうとする関係性が形成されたと考えられる。日本の地域活動では，地域住民の高齢化率や若年層の人口減少によって，自治会や町内会と

いった伝統的な住民自治組織の担い手における高齢化や人材の不足が危惧され
てきたが（辻中ほか 2009, Pekkanen 2006）, 池田町では, 地域住民が行政に
依存したり, 行政や議会が民間組織や地域住民を施策上の補完的存在と捉える
関係性は本調査では確認されなかった。

　ここで重要な点は, 組織が個人の集合体であり, 組織には誕生段階から発展
段階が存在する（桑田・田尾 2010）という基本的な組織論の視点に立ち返る
ことであろう。たとえば, 特定非営利活動促進法（NPO法）は, 特定非営利
活動を行う団体に法人格を付与することによって, 市民によるボランティア活
動をはじめとする自発的な社会貢献活動を促進させる目的で制定された。
NPO法人制度では, 法人格の設立申請について所轄庁による認証制度を導入
しており, 法人格の認証要件を満たせば, 法人格を得ることができる。法人格
の申請を行うには, 個人における自発的な活動を複数の個人の活動としてその
目的を共有し, 個人の活動から組織の活動へと組織化していくという過程が生
じる。また, 法人格が得られたのちは, 活動報告書等の提出など, 法的義務を
伴いながら, 自律的な組織運営とガバナンスを実行していくことが求められる。

　これら一連の組織化経験を経ることにより, 法人格を有するNPOの場合は,
法的拘束力を伴いながら, 組織が発展していく土壌が自律的に形成される。こ
れに対し, 法人格を有しない地縁組織などのNPOの場合は, リーダーシップ
を発揮する一部のメンバーによって地域的課題に対する活動が牽引されていく
可能性はあるものの, 全国の自治会や町内会の一部が組織の高齢化や担い手の
不足に直面しているように, 単に既存の地縁組織に行政が地域自治を預託する
だけでは, 活動の継続性や活性化を望むことは難しい（今田 2014）。特に, 山
間部や諸島部に位置する小規模自治体では, 人口減少に加え, 人口流出による
急速な高齢化率も加わり, 地域住民を牽引できる人材の不足は否めない。

　しかしながら, 本調査の結果, 池田町では, 森（2017）が指摘するように
「政治家, 行政, そして市民社会の幅広いアクターが相互に対等に討議を行い
公共政策を改善していく」（森 2017：230）という政策プロセスが行政および
関係主体間において共有されており, 田尾（2011）が市民参加の環境戦略とし
て述べるように, 地域自治において住民の主体性が芽生え, 地域自治に対する
自律的運営意識や運営を可能にさせる環境が町内において醸成されてきたこと

が確認された。加えて，Tree Picnic Adventure IKEDAは，開設当時としては，日本国内で導入事例の少ない革新的な事業であった。この実現について，革新的な変化を伴う新規事業の実施に先立ち，池田町では，環境事業プロジェクトに関連する地域住民参加型組織が立ち上がり，公共政策の立案，住民主体による自律的な組織運営と関係性が既に構築されていた点にも留意する必要がある。

この背景について，2010年4月にまちUPいけだ設立準備室が設置される以前から，住民参加型による地域自治計画の策定と施策が実行されていることは特筆すべきであろう。たとえば，まちUPいけだにはエコステーションが併設されている。これについては，町内の一般住民100人が参加する「100人のパートナー会議」が，住民を行動の主体として，町内の環境保護と行動計画を検討した「100人で作った環境向上基本プラン」を2002年にすでに取り纏めている。本基本プランに基づき，2003年9月に池田町環境向上基本計画が策定された[13]。

このように，まちUPいけだの創設に先立ち，地域ではすでに公共政策の立案と実行において，地域住民による自律的な地域運営意識や市民参加意識が醸成されてきたことが，その後の革新的な変化に対する住民の受容に寄与していると考えられる。池田町の場合，Tree Picnic Adventure IKEDAや木工関連施設など，新たな事業の発生には，民間企業経営者や地域外からの移住者など変革者（イノベーター）の受け入れが組織の発生と発展要因（図表7－5，第1段階－第4段階）として挙げられる。しかし，最終的に第三セクターという民間の株式会社による運営形式が選択されるまでには，行政内における議論だけでなく，地域住民との協議や連携を経たことが本調査によって確認されている。また，池田町では，町長直轄の特命政策課（当時）の創設が積極的な民間意見の受容と行政内部の調整機能を有するなど，高橋ほか（2018）が示す地方自治体を変革主体と捉えたモデルと一致する。このように，地方自治体が変革の主体として行動することにより，行政内外の円滑な利害調整が期待される

---

13) 「100人のパートナー会議」は，平成15年3月に解散しているが，本会議から平成15年7月に環境行動実践団体「環境パートナー池田」が設立されている（池田町環境事業プロジェクト（http://ecoikeda.jp/01project/index.html）2018/3/2 last accessed 参照）。

（図表7－5，第2段階－第7段階）[14]。

　以上の考察から得られる示唆として，コレクティブ・インパクトとして集合的な成果を得るためには，1）地域自治に対する住民の主体者意識の醸成，2）住民参加による自律的な組織と経営を可能にする制度の構築，3）革新的取り組みを受容できる行政機能の整備，4）住民による課題認知と公共政策への主体的参加の促進，の4点を整備することが，多様な民間の主体を実効的に地域運営に参加させ，ソーシャル・イノベーションを有機的に誘発し，集合的な社会変革に寄与すると考えられる。

　今後の課題は，第8段階で求められるソーシャル・イノベーションをいかにして地域に波及させながら，持続させることができるかにあろう。池田町の地方創生総合戦略では，事業ごとにKPI指標など具体的な定量指標と5年後の達成目標が示されているが，佐々木（2018）が指摘するように，社会課題は重層的かつ創発的であるため，個別の事業に対する効果を計測するだけでは，本来的な社会課題の解決が達成されたのか，またその程度を評価することは難しい。今後の事業発展に伴って，その効果を示すためには，領域横断的な指標や政策評価の検討も求められるだろう。

5　おわりに

　本研究の結果，池田町では，行政主導の地方自治体経営における既存の方策にとどまらず，地域が抱える課題について，地域住民と政府が積極的に情報を共有し，住民参加型の政策立案と実行計画を策定することによって，地域経営における市民参加を高める基盤づくりが行われていたことが明らかになった。地方自治体では，地方創生交付金などを用いた地域活性化施策が活発になっているが，地域住民を中心に捉えた地域自治の視点からみれば，中央政府が一時的に地方自治体に対して財源措置や人材の配置を行うことで，一過的には地域

14）高橋ほか（2018）は，地方自治体が変革者として果たす役割を1）社会の構造的不平等に起因する社会課題に対し，地方自治体（首長）が社会課題解決を図る事業の必要性を提示すること，2）社会的事業に必要な資源の獲得に対し，地方自治体が行使し得る権限を活用して，具体的な社会的事業を構築すること，3）利害関係者の利害調整を行うアリーナとして議会等を利用し，社会的事業の正当化を行うこと，と分析している。

活性化や新規事業の発生に対する貢献が期待される。

　たとえば，総務省では，「地域おこし協力隊」によって，過疎化地域における地域活性化人材の派遣と特別交付金による財源措置を行っている。2017年3月末までに，546自治体で累計2,230名の地域おこし協力隊が任期を終了しているが，任期の上限は3年であり，任期終了後も継続して任期中と同一の市町村内に滞在する協力隊員の定住率は，全国平均で半数程度にとどまっている（総務省 2017）。政府による時限付きの外部人材の供給や財源措置は，人口流出に歯止めがかからない地域においては一考すべき手段である。ただし，総務省（2017）が実施した地域おこし協力隊参加者アンケートによれば，外部人材が単独で活動する機会は少ないことから，地域おこし協力隊員が任期中に受け入れ地域でいかに地域住民とネットワークや地縁関係を形成できるかが重要となる（柴崎・中塚 2016）。

　このように，短期的には，地域おこし協力隊や外部人材の受け入れによって，革新的な組織や事業の発生が期待されるが，本研究の結果から，中長期的には，地域住民をさまざまな形式で参加継続させることにより，外部人材や革新的取り組みを地域に根ざした活動として内部化し，持続的に発展させながら，地域住民による自律的な活動組織へと発展できるかが重要であることが示された。そして，これらの活動の継続と発展には，地方自治体が多様な主体と連携しながら，具体的な活動の場を提供し，地域経営に対する住民意識を醸成させることが求められる。

　本研究では，地域自治に対して主体性を有する住民が集合した実効性の高い組織化プロセスを経たことによって，継続性や自律性の高い組織へと発展していったことが伺えた。そして，その前提条件として，環境保全活動における町民「100人のパートナー会議」など，地域が直面する課題を行政，住民，企業といった多様な利害関係者が共有認識を得たこと，また，本質的な課題解決に向けた主体的な市民参加と地域内協働関係が醸成されたことが，新たな組織の立ち上げを飛躍的に加速させた。地域住民の急速な高齢化や人口減少に直面する地方の小規模自治体では，官民連携において，行政が地域住民や民間組織の補完的存在にとどまるのではなく，対等かつ主体的に議論を行い，政策立案に参加できる関係性の構築を念頭においた地域経営が期待される。

＜謝辞＞
　本研究は，平成29年度および平成30年度大阪商業大学研究奨励助成費の助成を受けた成果の一部である。本研究にあたり，福井県池田町役場特命政策課の皆様（当時），株式会社まちUPいけだの皆様に調査協力を頂いた。ここに記して御礼申し上げます。

　本章は，中嶋貴子（2019）「地域経営組織の発生に関する事例研究―ソーシャル・イノベーション理論に基づく分析―」『大阪商業大学論集』15（1），321-334.に一部加筆を行ったものである。なお原稿の転載については出版元の許諾を得ている。

参考文献

福井県池田町（2018）.「福井県池田町　地方創生総合戦略～「豊国の農村」まち育て戦略～（平成30年1月改定版）」福井県池田町.

今田忠著，岡本仁宏補訂（2014）.『概説市民社会論』関西学院大学出版会.

Kotter, J. P. (1996). *Leading Change.* Harvard Business Review Press（コッター，J. P. 著，梅津祐良訳『企業変革力』日経BP社，2002年）.

桑田耕太郎・田尾雅夫（2010）.『組織論 補訂版』有斐閣.

まちUPいけだ（http://www.ikeda-kibou.com/company/）2018/9/10 last accessed.

森裕亮（2017）.「ローカル・ガバナンス―地域コミュニティと行政」坂本治也編『市民社会論：理論と実証の最前線』法律文化社, 226-240.

中原淳・中村和彦（2018）.『組織開発の探求：理論に学び，実践に活かす』ダイヤモンド社.

Okada, A., Ishida, Y., Nakajima, T. and Kotagiri, Y. (2017). The state of nonprofit sector research in Japan: A literature review. *Voluntaristics Review,* 2 (3), 1-68.

Pekkanen, R. (2006). *Japan's Dual Civil Society: Members without Advocates,* Stanford University Press.

佐々木利廣（2018）.「協働からコレクティブインパクトへ」佐々木利廣編『地域協働のマネジメント』中央経済社, 215-220.

柴崎浩平・中塚雅也（2016）,「地域と継続的に関わる地域おこし協力隊出身者の特性と活用」『農林業問題研究』52（3），130-135.

総務省（2017）.「平成29年度地域おこし協力隊の定住状況等に係る調査結果」地域力創造グループ地域自立応援課.

高橋勅徳・木村隆之・石黒督朗（2018）.『ソーシャル・イノベーションを理論化する：切り拓かれる社会企業家の新たな実践』文眞堂.

谷本寛治編（2006）.『ソーシャル・エンタープライズ：社会的企業の台頭』中央経済社.

谷本寛治・大室悦賀・大平修司・土肥将敦・古村公久（2013）.『ソーシャル・イノベーションの創出と普及』NTT出版.

田尾雅夫（2011）.『市民参加の行政学』法律文化社.

辻中豊・ペッカネン，R.・山本英弘（2009）.『現代日本の自治会・町内会：第1回全国調査にみる自治力・ネットワーク・ガバナンス』木鐸社.

社会的課題解決の展開と
コレクティブ・インパクト形成
若者UPプロジェクト

1　若者UPプロジェクトとは

　若者UPプロジェクトとは，日本マイクロソフト株式会社（以下，マイクロ
ソフト社）と東京都立川市を本拠とする特定非営利活動法人（NPO）育て上
げネット（以下，育て上げネット），子ども・若者支援に取り組む支援団体，
行政等が協働し，子ども・若者に対してITスキルの学習機会を提供すること
を目的として始められた取り組みである。

2　若者UPプロジェクト立ち上げの契機

　若者UPプロジェクトは，2009年にマイクロソフト社政策渉外・法務本部社
会貢献担当部長の龍治玲奈と，育て上げネット理事長の工藤啓とが出会った時
点を端緒とする。

　当時，マイクロソフト社は「世界中のすべての人々とビジネスの持つ可能性
を最大限に引き出すための支援をする」というミッションのもと，さまざまな
活動を行っていた。このミッションは，"Unlimited Potential" という言葉を
キーワードとして表現されており，若者UPプロジェクトの「UP」という言葉
にも込められている。

　マイクロソフト社では，若者UPプロジェクト以前にも，「女性UPプロジェ
クト」など，同社のミッションに紐づく複数の協働的なプロジェクトを行って
きた。そして，先行プロジェクトの実績を引き継ぐ次なるUPプロジェクトと

して，若者向けのプロジェクト展開の可能性を模索しつつ，龍治がプロジェクトの実現に向けて関係者とコミュニケーションをとり，協働に向けた情報交換を行っていた。

　一方，工藤は，ニートやひきこもりなどの困難に直面する若者を支援するなかで，ワープロソフトや表計算ソフトといった業務用ソフトウェアに習熟していない若者が多いことに気づいていた。そして，企業の募集人材要件として「Word/Excel必須」という項目があるために，そういった若者が就職活動を行う際になかなかマッチングが図られないという問題に直面していた。育て上げネットでは，このミスマッチに対応するために，自前のパソコン研修を試験的に開始したところであった。

　このような状況であったので，両者がコンタクトしたタイミングは，お互いの問題意識が合致する絶妙な時期であったと言える。

3　若者UPプロジェクトの目的

　ファーストコンタクト後，若者UPプロジェクトの立ち上げ，運営に向けた議論が両者の間で活発に交わされた。議論のなかで両者が最初にコンセンサスを取ろうとしたのは，若者UPプロジェクトのビジョンについてであった。

　まず，"Unlimited Potential" というキーワードを基にして，「PCに触れたことのない若者がPCを触れるようにする」という，若者UPプロジェクトの基礎的なビジョンが言語化された。このビジョンからさらに，プログラムに参加した若者の成長像が議論された。この点について，工藤は下記のようにコメントしている。

　「職業訓練のように扱いに熟練するというレベルにもっていくのではなく，Word・Excelの基礎を３割ぐらい理解できていることをゴールとして設定した。」（工藤）

　工藤のこの発言の背景には，若者UPプロジェクトを取り巻く制度などの外部環境についての理解がある。

　このメッセージのなかで工藤が言及している職業訓練制度とは，厚生労働省の管轄する制度である。この制度は，就職意欲のある人を対象として，知識・技術の取得，スキルレベルの向上を図る機会を提供することを目的としている。

　もし仮に，若者UPプロジェクトが「若者が業務用ソフトウェアに熟達する」という目的を掲げた場合，この職業訓練制度と支援内容や目的が重複してしまう。その結果，支援対象者の取り合いという結果を招く可能性がある。

　一方で，プロジェクトのゴールを「3割ぐらい理解できていること」というレベルに置いた場合，職業訓練制度は競合ではなく，連携先として位置づけることができる。つまり，若者UPプロジェクトを修了した若者は，職業訓練制度を利用して自らのスキルをさらに高めることができる。

　この現実的なゴールイメージは，マイクロソフト社とのやり取りのなかで，具体的なスキル要件としてさらに精緻化されていった。マイクロソフト社がIT講習の講師向けに提供したテキストのなかでは，参加する若者が習得を目指すスキルレベルについて明確に定義されている。

■図表8－1　IT講習の内容

コース目的	Word, Excel, Powerpoint2010を使って，実務を意識してドキュメントを効率的に作成できる
コース目標	・A4用紙1枚の表があるビジネス文書を作成することができる ・クロス集計表を作成し，適切にグラフ化できる ・データベースの基本的な知識を習得し，簡単な並べ替えや抽出ができる ・さまざまな図解テクニックや特殊効果を使って，発表用の資料を作成できる

出所：Microsoft「若者UPプロジェクト」Office2010講師用ガイド

　誰もが賛同できるが曖昧なビジョンを，具体的な習得目標にまで落とし込むことで，参画プレーヤーが推進していくべき活動が明確化される。そのためには，異なるビジョンやリソースを持つプレーヤー同士がコミュニケーションを重ね，ビジョンから目標に至るまでの一連の体系を完成させていくことが重要である。

　このようなプログラム利用者のゴールイメージに加え，若者UPプロジェクトでは，プロジェクト全体の目標が以下の**図表8－2**のように定義されている。プロジェクト全体の目標が定められたことで，若者UPプロジェクトの進捗上

■図表8-2　若者UPプロジェクトの目標[1]

・ITスキル講習受講者の「就職等進路決定者の割合[2]」を30%とする
・ITスキル講習受講者数をのべ8,000人とする
・ICTを通じITスキル形成のためのリソースを社会に届ける（web access: 100,000
　ビュー）
・若者支援に取り組むアントレプレナーおよび該当組織の事業成長に寄与する
・第三者評価による成果を広く社会に発信する

出所：日本マイクロソフト株式会社ウェブサイト　https://www.microsoft.com/ja-jp/mscorp/msp/
challenge-up-youth.aspx

の現在地や，取り組むべき課題の明確化，対応方針の検討などが可能になる。

4　若者UPプロジェクトの事業プロセス

　若者UPプロジェクトは，マイクロソフト社，育て上げネット，若者支援団
体，行政という立場の異なるプレーヤーによる協働プロジェクトであるがゆえ
に，事業プロセスの設計は非常に重要であった。プロセスの設計においては，
各参加プレーヤーの強みに立脚した役割が検討された。

　まず，マイクロソフト社は同社の業務用ソフトに習熟していたことに加え，
民間企業以外の事業者との協働経験を蓄積していたことが強みであった。

　次に，育て上げネットやプロジェクトに参画した若者支援団体は，"現場"
を持っていること，つまり，ターゲットユーザーを支援対象として既に抱えて
いたことが強みであった。

　最後に，行政は若者を支援するための施設を持っていること，そして，政策
という，取り組みを制度化してより広い領域に普及させることができたことが
強みであった。

　それぞれのプレーヤーが持つこれらの強みをベースとして，若者UPプロジェ
クトの事業プロセスが設計された。即ち，マイクロソフト社はITスキル講習

---

1)　プロジェクト初年度ののべ受益者数の目標値は1,200人であり，2014／2015年度の目
　　標値が8,000人とされていることから，これらの目標はプロジェクト推進中期に策定
　　されたものと考えられる。
2)　受講者が就労／無業状態から職業訓練校等の就労に繋がる次段階に進む事を指す。

で使用するソフトウェア，ITスキル講習の講師養成，プログラムマネジメントのノウハウを提供する役割を担った。

　また，育て上げネットを含む支援団体は，マイクロソフト社のノウハウを利用して，サポートが必要な若者に対するITスキル講習を開催したり，就労を目的とした各種支援サービスを提供したりする役割を担った。

　特に育て上げネットは中間支援団体として，参画する支援団体へのサポートや各プレーヤーから寄せられる相談やリクエストへの対応，各支援団体の取り組みに関する情報の集約と分析といった業務を担った。

　そして，行政は管理下にある施設において，支援団体が若者に対してIT講習を受講できるように各種環境の調整を担当した。この取り組みは当初は施設ごとに行われたが，後には，厚生労働省の政策として，全国の若者の就労支援施設で同様の取り組みを実施できる体制が整えられた。

■図表8－3　若者UPプロジェクトの実施体制

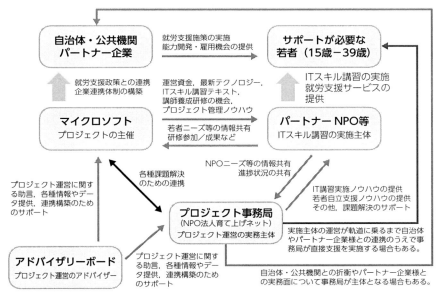

出所：日本マイクロソフト株式会社ウェブサイト

このように，若者UPプロジェクトでは参加プレーヤーの強みに立脚した事業プロセスが当初から設計されていた点が特徴的であると言える。加えて，プレーヤーの成長を事業実施プロセスのなかに盛り込む視点があった点が，もう一つの特徴として挙げられるだろう。

　具体的には，本プロジェクトで若者に提供されるITスキル講習の担い手を，支援団体のスタッフとした点が挙げられる。若者支援団体のスタッフは必ずしもITスキルに習熟しているわけではない。工藤はこの点について振り返って下記のように語っている。

　「ITスキルの講習であれば講師を外注していく道もありましたが，就労支援を専門とする支援者が，IT講師の技術を身につけ，支援視点を生かして若者に機会を提供する方がよいという結論に至りました。」

　ITスキルに習熟した人材が即戦力として参画すれば，短期的にクオリティの高いIT講習を提供することが可能である。しかしながら，その費用が民間企業の予算や，行政による一時的な助成金事業で賄われている場合，予算削減や助成金が打ち切られた時点で協力を見込めなくなる。それよりは，支援団体のスタッフが自分でIT講習を運営できるように育成した方が，若者に対して学びの機会を提供し続けられる可能性が高くなるという判断が，この判断の背景にある。

　また，社会課題に取り組む場合，その解決には長い時間を要することが多いため，プロジェクト着手時点のプレーヤーの強みだけを考慮に入れるのではなく，プレーヤーの成長や進化を計画に組み込んでいくことで，持続的に成長するための体制を強化していくことも期待できる。

　そのような意思決定を下すためには，プロジェクトの将来の不確実性と対峙しなければならないが，若者UPプロジェクトの場合には，プレーヤーの成長を見据えた判断がプロジェクト立ち上げ段階で下され，事業に組み込まれていたことで，持続的な事業の実施と拡大に寄与したと考えられる。

5　若者UPプロジェクトの成果

　このような背景・体制で開始された若者UPプロジェクトは，2010年１月から2018年３月の約８年にわたって実施されることとなった。その間，延べ約５万人の若者がプロジェクトのなかで提供されたITスキル講習を受講した。プログラムの利用者増加に伴い，プログラムを提供する場所は当初の首都圏５ヶ所から，2017年度には全国41団体が参画するまでに拡大した。

　また，受講した若者の，研修修了後３ヶ月以内の進路決定率は実施期間を通じた目標値として設定していた30％を超え，継続的な成果を挙げた。

　これらの成果が注目され，2018年からは厚生労働省の政策として引き継がれ，全国175ヶ所に設置されている若者向けの就労支援施設「サポートステーション」で提供されるプログラムとなったのである。

■図表８－４　若者UPプロジェクトの概要

若者UP とは？	2010年に日本マイクロソフト株式会社と育て上げネット他，複数の若者支援NPOの連携のもとに立ち上がった社会貢献プロジェクト。就労を目指す若者を対象としたITスキル講習を全国のサポートステーション（サポステ）で実施。**8年で約５万人が受講**。 2018年からは**厚労省の政策として引き継がれ**，全国のサポステの事業として実施されている。

若者UP の成果		2010年度	2017年度
	規模	首都圏５ヶ所	全国41団体
	受益者数	1,527人	7,203人
	進路決定率	受講終了６ヶ月で 45.7%	受講終了３ヶ月で 33.4%

出所：筆者作成

6　コレクティブ・インパクト型の取り組みとしての特徴

　若者UPプロジェクトは，多様なプレーヤーが協働して社会課題の解決を目指すコレクティブ・インパクト型のアプローチの好例と言える。

　コレクティブ・インパクト型のアプローチにおいて成果を挙げるためには，「共通のアジェンダ」「共通の評価システム」「相互に補強し合う活動」「定期的なコミュニケーション」「支柱となるサポート」の5つのポイントを満たしていることが重要とされている。若者UPプロジェクトでは，これら5つのポイントを満たす活動が行われていたことが成果を挙げることができた背景にあると考えられる。

6.1　共通のアジェンダ：多様なプレイヤーを繋ぐビジョンとアプローチ

　ここでいうアジェンダ（Agenda）という言葉には「ビジョン」と「アプローチ」の2つの概念が含まれている。社会課題を解決した先にある未来像をプレーヤー間で共有するだけでなく，そのビジョンに達する方法まで共有されていることが重要である。

　若者UPプロジェクトでは，「世界中のすべての人々とビジネスの持つ可能性を最大限に引き出すための支援をする」というミッションのもとで支援の可能性を模索するマイクロソフト社と，現場のニーズを長期の活動を通じて理解していた育て上げネットとがやり取りを重ねることで，「各種業務用ソフトウェアを3割ぐらいの水準で理解できること」という多くのプレーヤーが参画可能なビジョンと，支援機関の拠点において支援スタッフが講師となって学習機会を提供するというアプローチを創り上げていった。

　各プレーヤーが共通のアジェンダを持つことで，その後のプロジェクト運営における足並みが揃い，円滑な実行が可能となった。また，アプローチ方法が共有されているため，設定した目標に対する達成状況や成果といったプロジェクトにおける活動をデータ化し，共有することが容易になるといったメリットがもたらされた。

6.2　共有された評価システム：成果を測定するための尺度を揃える

コレクティブ・インパクト型のアプローチにより成果を挙げるためには，「共有された評価システム」が重要である。この評価システムは，成果の評価方法と報告方法を含む。「共有された評価システム」が確立されていない場合，定められた「共通のアジェンダ」は画餅に帰す可能性があるため，プレーヤー間の意見を調整し，アジェンダに紐づいた指標を設定することが重要である。

若者UPプロジェクトでは，「進路決定率」のほか，複数のKPIを設定して活動の経過と成果を可視化したことに加え，SROI（Social Return of Investment）の考え方にもとづいたインパクトの数値化と，その成果の情報発信まで設計したことで事業実施の円滑化に努めた。

プロジェクト参加メンバーが評価システムを共有することで，若者UPプロジェクトで掲げられたビジョンに対する達成状況や，達成までに必要なアクションが明確になる。また，各プレーヤーの取り組みが適切かどうか，改善の余地の有無などについても検討することが可能になる。

6.3　プレーヤー間のシナジー：多様性を活用する

「相互に補強し合う活動」とは，参画するプレーヤーが強み領域に特化しつつも，他のプレーヤーの活動と足並みが揃っており，かつ，他のプレーヤーの活動をサポートするような活動のことである。

そのような活動を展開するためには，「複数のプレーヤーによる異なる活動が，どんなタイミングで，どのように実施され，どのように他のプレーヤーの活動に繋がっていくのか」ということを織り込んだアクションプランを事前に計画しておくことが重要である。また，アクションプランを策定する前提として，参画するプレーヤーが，自身の強みとする活動領域について認識していることも重要である。

若者UPプロジェクトでは，マイクロソフト社がソフトウェアの提供および講師育成用のマニュアル作成といった環境整備を行い，育て上げネット他の支援団体が当事者に対する支援を担う，行政は事業実施に関わる環境を整備する，というそれぞれのプレーヤーの強みに立脚した役割分担が明確であったため，

個々のプレーヤーの活動の総和以上の成果を生み出すことができたと考えられる。

6.4 継続的なコミュニケーション：信頼関係を醸す

　「継続的なコミュニケーション」という言葉には，「中長期的な期間において関わり合いが続くこと」だけでなく，「頻繁かつ構造化された（議論の内容について予め配慮がなされた）コミュニケーション」という意味も含まれている。

　若者UPプロジェクトでは，意思決定を行うトップ・マネジメント層のコミュニケーションだけでなく，現場の実務担当者レベルでのやり取りも頻繁に行われていた。そのため，事業の方向性から実際の実務までプレーヤー間で認識のずれを最小限にとどめながら事業を進めていくことができた。

■図表8-5　事業推進時のコミュニケーション構造

【組織TOP，裁量権者によるコミュニケーション】
・プロジェクトのビジョン・目的の確認
・目的に対する現状の確認
・課題と対応方針の検討

取り組み状況，現場からの
フィードバック等の報告   課題と対応
方針の伝達

【現場・実務担当者によるコミュニケーション】
・ビジョン・目的の確認
・課題のアクションへの落とし込み
・活動推進状況の共有と取りまとめ

出所：筆者作成

　緊密なコミュニケーションは，メンバー間の信頼関係を構築し，プレーヤー間の学びや気づきを促進する。それがプロジェクトの推進力を高めることにつながる。前述の「共有された評価システム」を機能させていくためにも，このようなコミュニケーションは重要であると考えられる。

6.5　活動に特化した「支柱」となるサポート：縁の下の力持ち（事務局）の重要性

　コレクティブ・インパクト型のプロジェクトを推進していくうえで，"Backbone support organization" が重要である。一言でいえば，事務局に該当する組織である。事務局組織は，プロジェクトに必要な資金や物資といった外部リソースの収集，参画プレーヤーの活動支援，共通の評価システムにもとづいた取り組みの評価と取りまとめ，メンバー以外の主体とのコミュニケーション窓口になるなど，多岐に渡る活動を担う重要な存在である。

　若者UPプロジェクトでは，事務局スタッフがバッググラウンド業務を支援するとともに，各地の支援組織を訪問してハンズオン支援するなど，多様な支援を提供した。また，事業初期には育て上げネットのスタッフが事務局機能を担っていたが，活動範囲が広域化・大規模化するに従い，事務局機能の一部を全国の支援機関と分担して，事業成長に応じて柔軟に対応することで，事業進捗を下支えした。

■図表8−6　若者UPプロジェクトにおける事務局の体制強化

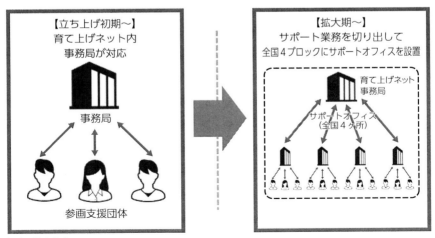

出所：筆者作成

取組みの ポイント	✔異なる専門性・強みを持ったNPOと民間事業者の連携による相乗効果 ✔現場に即した実施スキーム（若者向け教材の開発，支援スタッフの講師化） ✔実施規模拡大に随時対応していった"成長し続けるチーム"

　サポートオフィスの設置により，育て上げネットの相談対応への負担を軽減して，その他の業務へ割けるリソースを確保することができた。また，支援団体は，活動エリアに対する理解がある支援団体が相談に対応してくれたり，場合によっては，自団体のところにサポートオフィスの担当者が来てくれたりするという安心感を得ることができた。

　このように，適応的に事務局の体制と役割分担を変更することができたことが，若者UPプロジェクトの実施規模が拡大しても，活動を推進し続けることができた要因の一つであると考えられる。

　このように，若者UPプロジェクトでは，コレクティブ・インパクト型の取り組みで成果を挙げるために必要な５つのポイントを満たす活動が行われていたと言える。とりわけ，若者UPプロジェクトにおいては，民間企業，NPO等の支援団体，行政組織の強みや特徴に立脚した役割分担，中長期的に現場が活動し続けるためのスキーム構築，時間が経過するなかで拡大する取り組み規模に応じたチームの成長，といった点が成果を挙げ続けるうえで重要であったと思われる。

参考文献

マーク R. クラマー，CSVはエコシステム内で達成する「コレクティブ・インパクト」を実現する５つの要素，*Harvard Business Review*, 2019, 第44巻第２号, p.30-37.

John Kania.; Mark Kramer., Collective Impact, *Stanford Social Innovation Review*, 2011, Winter 2011

若者UPプロジェクト，若者UPポータルサイト，http://www.wakamono-up.jp/top. html

コミュニティITスキルプログラム「ITの活用による若者就労支援プロジェクト（若者

UPプロジェクト）Youth UP Project」, https://www.microsoft.com/ja-jp/mscorp/msp/challenge-up-youth.aspx

株式会社 公共経営・社会戦略研究所, 2013, マイクロソフトコミュニティITスキルプログラム「若者UPプロジェクト」（2011年度）に係る評価調査報告書《概要版》, http://koshaken.pmssi.co.jp/upfile/MS_IT_UP_outline2011.pdf

株式会社 公共経営・社会戦略研究所, 2014, マイクロソフトコミュニティITスキルプログラム「若者UPプロジェクト」（第4年次：2013年度）（ITを活用した若者支援プロジェクト）SROIによる第三者評価報告書, http://koshaken.pmssi.co.jp/upfile/MSYR4.pdf

第 9 章

企業によるコレクティブ・インパクトの実践
一般社団法人住むーぶ全国協議会

1 高齢者向け引越サービスの誕生

　一般社団法人住むーぶ全国協議会はどのようなきっかけで設立するに至ったのか。それは日本の中小企業が抱えるさまざまな問題への挑戦から始まった。1997（平成9）年に日本国内では金融機関による貸し渋り，貸し剥がしの影響を中小企業は受け，倒産件数が2万件近くあった1998（平成10）年，私は，大学卒業後勤務していた大和銀行（現りそな銀行）で富裕層向けに遺言信託や，財産運用などの業務をしていたが，同年退職し父が経営するセイコー運輸（現㈱くらすむーぶ）に転職した。奇しくも立場が逆になり，中小企業経営者の一員となった。

　自社の経営を見つめ直す際「自社の強みは何か？」「世間はどのような状況か？」との経営分析をすると，法人企業数は毎年減っていく世の中で，法人の緊急輸送のみを業務にすることはいかに好ましくないことであるかに気づくこととなった。2000（平成12）年の日本では今後の高齢社会を見据え，介護保険制度が誕生した。当時の高齢化率は，総務省の国勢調査によれば17.4％だったが，今後世界で類を見ないスピードで上昇していくことをニュースや文献などで知り，これを好機と捉え，自社で法人取引以外の事業領域にチャレンジしたいと思っていた私は高齢者に目を向け始めた。

　他社とのサービスを差別化するうえで，ビジネスネームや知的財産の重要性を意識し，2004（平成16）年同社の引越サービス名を「住むーぶ」（「住んでいる場所を移す」の意味）とし，商標権を取得し大手引越事業者とは異なる軸で，

時代を見据えた本当に必要なサービスとは何かを追求した。そして日本初のヘルパーのいる引越屋さん「シルバー住むーぶ」を誕生させた。

2　全国の中小運送事業者にサービス拡がる

　2005（平成17）年から，株式会社くらすむーぶがある大阪市住之江区や隣の住吉区を中心に介護事業所，とりわけ居宅介護支援事業所や地域包括支援センターを中心に営業活動を行い，高齢者が在宅から施設に入居する際，必要なものとそうでないものを区別し，必要なものを施設に搬入したり保管をし，必要でないものを廃棄業者に引き取ってもらう「シルバー住むーぶ」を本格的に稼働させた。代表の私は，2004（平成16）年に介護ヘルパー2級（現在介護職員初任者研修）を取得したが，その研修のなかで，高齢者の引越の際の荷造りは介護ヘルパーが生活援助として行うことが原則できないことを学んだ。

　2007（平成19）年，同社が加盟する全日本トラック協会が，中小トラック運送事業者が創意工夫を行い，収益向上を図った事業に対して，助成を行い，その事業内容について会員事業者に広く周知を行い，トラック運送業界全体が活性化され魅力的な業界となることを目的として「中小トラック運送事業の収益向上のためのインセンティブ施策助成事業」を実施した。この助成事業に同社の高齢者向け引越サービスが採択され，全国の中小運送事業者にサービス内容が知れ渡った。その結果，高齢社会に対して自社の引越サービスを変えたいと思う事業者や，サービス自体に関心を持つ事業者から，2008（平成20）年以降問合せが相次いだ。その結果，2011（平成23）年，全国の中小運送事業者8社（大阪，東京，埼玉，滋賀，奈良，神奈川，岡山，兵庫）が志を一つにし，一般社団法人住むーぶ全国協議会の前身，「全国住むーぶ会」を結成した。

3　行政との関係の構築と壁

　全国住むーぶ会は2011（平成23）年以降，加盟企業が少しずつ増えてきた結果，20社を突破し全国を3つのエリア（東日本，中日本，西日本ブロック）に分け，活動を密に行うようになった。活動内容は年に2回のブロックごとの研

修を兼ねた交流会と年に１回の総会で，各社の活動内容を共有し，自社の立ち位置を知ることになる。その活動を続けていくと，異口同音に言われたことが，各地の行政機関，たとえば役所の保健福祉課や高齢福祉課，地域包括支援センターや社会福祉協議会から問合せが増えてくるようになってくるものの，一方で営業活動がしにくい。行政側も利益誘導につながる営業活動に対しては抵抗を示すため，実績面でも限界や壁を感じるようになってきた。

　営業活動ではなく，情報提供というカタチで，高齢社会白書の内容をご紹介したり，実務のなかでの傾向や特徴などを報告し，関係を築いていく企業が増えてくることになる。ちなみに高齢社会白書とは，高齢社会対策基本法にもとづき，1996（平成８）年から毎年政府が国会に提出している年次報告書であり，高齢化の状況や政府が講じた高齢社会対策の実施の状況，また，高齢化の状況を考慮して講じようとする施策について明らかにしているものである。

4　政府の施策を理解し誕生したサービス

　高齢社会白書に毎年目を通していると，数字が更新されているデータが多いが，とりわけ高齢者関係給付費がうなぎ登りに増加している。政府としてもこのまま手を打たないわけがなく，介護保険第一号被保険者の介護保険使用を抑制する施策を打つ。その方向性としては「在宅介護」を推奨し，健康寿命を１歳でも長く伸ばすことが求められている。

　そのような背景を受けて，弊社では整理収納専門資格を取得し，介護認定要因の上位にある「骨折転倒」を予防するための片付けサービス「すむーぶエバー」を誕生させた。片付けの効果を出すには継続性が重要で，高齢者本人に継続性を求めるのは困難であるため，クーポン制にした定期的な訪問サービスとした。もちろん介護保険適用外のサービスなので，国の財政には影響はない。

5　一般社団法人住むーぶ全国協議会の誕生

　2017（平成29）年６月の全国住むーぶ会の総会で，２年後の2019（平成31）年に現在の組織を改め，非営利組織を設立することが決まり，組織内で議論を

始めた。折しも私が，京都産業大学佐々木先生とのご縁で，民都大阪フィランソロピー会議のメンバーに招集され，コレクティブ・インパクトについて学ぶ機会を得た。具体的には2018（平成30）年8月以降，一般社団法人の設立を念頭に組織設立の目的，ビジョン，活動内容等を議論した。まず，組織理念は「ご高齢者が生活スタイルを変えることなく，引越サービスを中心に安心して生活できる住環境を提供し，日本の物流事業者として業界の発展に貢献します」ということに決まった。

　また，2025（令和7）年にありたいビジョンをイメージした。組織規模としては，現状の26社を50社まで増やし，全国の受注実績を10,000件まで増やすことを確認した（**図表9－1**）。

　活動内容としては，高齢者の住環境に関わる社会問題への取り組みである，①会員向け啓発事業としての，サービスの企画・標準化活動，教育活動，調査研究活動，②社会貢献事業としての，情報発信活動，問題解決支援活動という5つの枠組みで活動を行っていった。とりわけ②の社会貢献事業として，前述にある実績をデータ化し，地域行政に要望や提言活動を行い，行政との関係性を強固なものにするという方向性で一致した。その結果，加盟各社の地方の健康寿命を伸ばし，住みよい町づくりに貢献することを目指した（**図表9－2**）。同時に中小運送事業者には，働き方改革のうち，時間外労働時間を年間960時間以内に抑える目標がある。2023（令和5）年まで猶予があるものの，協議会内全体で見たら，現状で一カ月100時間越えの時間外労働時間の企業も多くあ

■図表9－1　協議会の変遷

2000年	介護保険制度導入【高齢化率17.4%】
2003年	「住むーぶ」（商標登録）ブランドを立ち上げる
2005年	ヘルパーのいる引越屋さん「シルバー住むーぶ」大阪営業所スタート
2007年	第2回全日本トラック協会インセンティブ施設助成事業認定
2011年	全国住むーぶ会発足　加盟企業7社（実績216件）【高齢化率23.1%】
2015年	加盟企業20社突破　3ブロック（東日本，中日本，西日本）誕生
2018年	実績1,000件突破（1038件）【高齢化率27.7%】
2019年	一般社団法人住むーぶ全国協議会設立（加盟26社）

出所：筆者作成

り，協議会が推進する高齢者関連業務の遂行を通して，収益モデルを確立し，労働環境改善を目指す必要もあることも急務である。

■図表9−2　住むーぶ全国協議会の事業内容

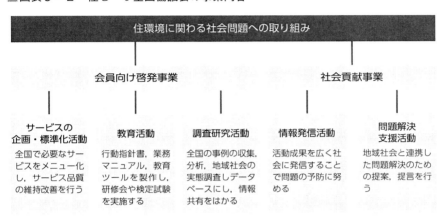

出所：筆者作成

6　今後の期待

　住むーぶ全国協議会には，整理収納専門資格取得講座を開催するための講師を務めるスタッフが現在1名おり，資格取得講座を随時開催し，基礎知識を習得した後に，講座受講者を対象に，協議会独自のセミナー講師養成講座を実施し，各地で一般住民向け，および介護従事者向けに内容の異なるセミナーを実施している。2022（令和4）年3月までに，協議会内で整理収納専門資格取得講座を30名以上に受講してもらい，そのなかから5社以上がセミナー講師養成講座を30名以上に終了し，各地で行政と連携したセミナーを開催していくことを視野に入れている。

　さらに，住むーぶ全国協議会加盟の中小運送事業者の大半が「引越優良事業者」認定を全日本トラック協会から受けており，この全ト協が開催する引越管理者講習の内容に，住むーぶ全国協議会主催のセミナーを盛り込み，組織理念にある業界の発展に貢献したい。

これらのセミナーで知識やニーズを蓄積した後，2023（令和５）年４月以降，①介護認定前の高齢者の自宅で困っていること，②介護認定者に対する介護従事者が現場で困っていること，③災害時に困らない片付け方法等を体系的に理解したうえで，独自の検定試験を開発することにつなげたい。上記のセミナー活動と検定試験を収益事業とし，活動のすそ野を広げていき，かつ人材育成を積極的に行っていきたい。

7　協議会として活動をしていくうえで理解している外部環境

　総務省が毎年発表している令和元年版高齢社会白書によると，協議会として活動していくうえで理解している外部環境は，以下の８点である。第１に，介護保険制度がスタートした2000（平成12）年，17.4％だった高齢化率は，2019（令和元）年には28.4％まで上昇している。高齢化率14％に達するまでの所要年数を国際的に比較すると，フランスが115年，スウェーデンが85年，アメリカが72年，比較的短い英国が46年，ドイツが40年に対し，日本は24年と異例の早さである。

　第２に，65歳以上がいる世帯で，2017（平成29）年現在，世帯数は2,378万７千世帯と，全世帯（5,042万５千世帯）の47.2％を占め，かつそのなかの26.4％は単独世帯であることから，全世帯のうちの12.4％（約630万世帯）が65歳以上かつ単独世帯であり，独居高齢者と介護という問題が浮き彫りとなっている。

　第３に，65〜74歳と75歳以上の介護保険被保険者について見ると，それぞれ要支援，要介護の認定を受けた人の割合を見ると，65〜74歳で要支援の認定を受けた人は1.4％，要介護の認定を受けた人が2.9％と合計4.3％であるのに対して，75歳以上では要支援の認定を受けた人は8.8％，要介護の認定を受けた人は23.3％と合計31.6％となっており，75歳以上になると要介護の認定を受ける人の割合が約８倍に大きく上昇している。

　第４に，要介護者について，介護が必要になった主な原因について見ると，「認知症」が18.7％と最も多く，次いで「脳血管疾患（脳卒中）」15.1％，「高齢による衰弱」13.8％，「骨折・転倒」12.5％である。

　第5に，65歳以上の者が骨折や転倒を多く起こす場所として，住宅などの屋内事故が多く，最も多い事故時の場所は「居室」で45.0％，次いで「階段」18.7％，「台所・食堂」17.0％である。

　第6に，60歳以上の男女に「日常生活を送るうえで，介護が必要になった場合にどこで介護を受けたいか」について尋ねたところ，男女とも「自宅で介護して欲しい」人が最も多いが，男性は42.2％，女性は30.2％と，男性の方が自宅での介護を希望する割合が高い。自宅以外では，「介護老人福祉施設に入所したい」（男性18.3％，女性19.1％），「病院などの医療機関に入院したい」（男性16.7％，女性23.1％），「介護老人保健施設を利用したい」（男性11.3％，女性11.2％）で，在宅介護の重要性が伺える結果である。

　第7に，60歳以上の男女に「治る見込みがない病気になった場合，最期はどこで迎えたいか」について尋ねたところ，「自宅」が51.0％で最も多く，次いで「病院などの医療施設」が31.4％である。

　最後に，現行の介護保険制度では，在宅介護において身体介護と生活援助の2種類があるが，時間単価に差があり，介護事業者は身体介護に比重を置いた介護計画を組む傾向がある。

　これらの結果を踏まえて，住むーぶ全国協議会では数年前より，自宅の片付けサービスに力を置き，加盟企業内の社員さんのスキルアップに努めている。

8　大阪への波及効果

　我々が提供する片付けセミナーや検定試験等を通して，実際に片付けをした人は，時間的効果，経済的効果，精神的効果を享受することができる。そのことで自分らしい生活を送り，より健康寿命を伸ばす効果が期待できる。また介護従事者にとっても，片付けに特化した研修を受講すると，お客様が自分らしく生活できるので，高齢者へのサービス提供を通じてディーセントワークとして捉えることができ，仕事に誇りと責任が生まれ，介護業界の発展に貢献できる。さらに引越従事者にとっても，介護従事者同様の効果が期待でき，それは運送事業者の業界の発展に寄与する効果となる。ちなみに，大阪府の健康寿命は，男性が71.50歳，女性が74.46歳と，全国的に見ても決していい結果ではな

いが，大阪から団体の活動を通して，草の根的に高齢者の居宅の片付けをし，また啓蒙することで健康寿命が全国平均レベルまで改善されると確信している。それに応じて空き家の減少も期待でき，それらの結果，高齢者関係給付費の高騰に歯止めがかかることが期待できる。

9　コレクティブ・インパクトの5要素からみた住むーぶ全国協議会の課題

　住むーぶ全国協議会が活動を行う際，目指すべきものは組織理念であり，ビジョンの実現である。組織理念には，高齢者の住環境の改善と業界の発展の二つで，前者実現のために住むーぶ全国協議会に加盟する中小運送事業者と各地の行政機関が健康寿命の延伸を目指し，住環境改善のための施策を打つことである。後者は，全日本トラック協会をはじめとする業界の関連団体と共に，業界の発展を目指し高齢社会にふさわしい引越サービスを提供できる人材の育成のための施策を打つことである。立場の異なる組織が，組織の壁を越えて，社会課題の解決を目指すアプローチとして取り組んでいきたい。

　活動を継続していけば，フィランソロピー会議で学んだバックボーン組織の存在が重要となってくる。その際，異なる組織同士が同じ目的のもとでビジョンを共有し活動を行い，その活動を検証し改善計画を立てるPDCAサイクルが重要である。とりわけ，定量的および定性的な目標管理の検証が最も重要と思われる。このあたりは我々がビジネスのシーンで行う手法を生かしてリーダーシップをとりながらも，行政サイドの得意とする冷静なデータ解析力で情勢の細かい分析を行う必要があると考えている。

　コレクティブ・インパクトを生み出す5つの要素から協議会の目指すべき到達点，組織の課題を検討した（**図表9－3**）。最終的な目的は，加盟各社の地域の健康寿命延伸で，要介護認定者が減少し，自立できる高齢者が増えることである。その実現のため，協議会ができることとしては，専用アプリで蓄積したデータを分析して浮き彫りになった諸問題について行政機関と定期的にコミュニケーションをとることである。健康寿命延伸の解決策の一つとして，骨折転倒しないための片付けの推奨があるが，片付けの啓蒙は行政機関と連携して，地域住民向けに定期的に行うことが望ましい。本部がある大阪市住之江区

では，区役所と社会福祉協議会，地域包括支援センターと株式会社くらすむーぶが連携して，終活セミナーを開催し，そのなかで片付けセミナーを開催している。また，介護従事者向け，特にケアマネジャーや介護ヘルパー向けに，在宅介護を推奨している現在，骨折転倒しにくい自宅にするためのコツやテクニックをお伝えするセミナーも定期的に実施している。介護事業者にとって，片付けやお買い物などの生活援助の分野は，身体介護の分野と比較して介護報酬が安く，短時間で抑えたい。セミナーを受講して頂くことで，少しでも介護事業所の収益アップに貢献できれば，高齢者にとって本当に必要なサービスを提供できると考える。また対内的には，サービスレベルの均一化のため，すでにある検定試験を改訂し，数年後には引越事業者等の従事者が受講できるだけでなく，一般住民の方も受講できる検定試験を実施したいと考えている。協議会の活動を継続して行うためには，資金面も充実させる必要がある。立ち上げ時は加盟各社の会費のみで運営したが，設立の翌年，独立行政法人福祉医療機構の助成金事業に認定され，活動に厚みを増すことができた。将来的に対外的な検定試験の実施等で収益事業を確立することができれば，協議会内に専属社員を雇用し，事務作業面での充実を図りたい。

■図表9－3　住むーぶ全国協議会で共有された行動指針

	立上げ段階	進捗段階/継続段階	システム変化【インパクト】
共通のアジェンダ	・加盟各社の健康寿命を知り，行政機関（役所・社協・地域包括等）や居宅介護支援事業所等と情報共有する機会をつくる【対外】 ・加盟各社の実績を専用アプリに登録し，データを蓄積【対内】 ・加盟各社の導入研修等とは別に，協議会内ブロック（東日本・中日本・西日本）勉強会を通じて，各社社員のスキルアップを図る【対内】	・骨折転倒予防につながる「片付けセミナー」を行政機関と連携し開催【対外】 ・介護従事者の在宅介護での片付けスキルの向上【対外】 ・協議会全体で専用アプリの蓄積データを分析し，一部の行政機関とコミュニケーションをとり始める【対内】 ・介護資格と整理収納アドバイザー認定取得で専門的知識の習得【対内】	・健康寿命延伸で要介護認定者が減少し，自立できる高齢者が増加【対外】 ・骨折転倒で介護認定を受ける高齢者の減少【対外】 ・加盟各社で専用アプリの蓄積データを分析し，行政機関と定期的にコミュニケーションをとっている【対外】 ・加盟各社で介護従事者向けに片付けセミナー開催等で高齢者にやさしい地域づくりに貢献【対内】
バックボーン組織	・一般社団法人設立（従来は任意団体）【対外・対内】 ・加盟各社の会員のみで運営【対内】	・加盟各社の会費（正会員・準会員）だけでなく，寄付による資金援助がある【対外・対内】 ・独立行政法人福祉医療機構等の助成金認定【対外・対内】	・対外的検定試験導入等で収益事業を確立している【対外・対内】 ・協議会内に専属社員を雇用【対内】
継続的なコミュニケーション	・加盟各社の提供できる高齢者向けサービスメニューを行政機関や居宅介護支援事業所に理解してもらうための訪問活動の実施【対外】 ・加盟各社は，協議会内の各種活動を通じて社員同士・経営者同士の交流がある【対内】	・加盟各社の地域行政機関と地域の諸問題を共有する機会で，互いができることを出し合い相互支援する信頼関係を構築【対外】 ・協議会内でスキルアップ研修会を行ったり，加盟各社同士が現場で一緒に仕事をすることで，サービスレベルの均一化を図っている【対内】	・協議会内の専用アプリで蓄積したデータを基に，傾向や諸問題を分析した報告書が，行政機関や居宅介護支援事業所とのコミュニケーションツールとなっている【対外】 ・業界のスキルアップを図るため，引越認証研修等のカリキュラムに組み込まれ，対外的検定試験が生かされている【対外】

相互支援活動			・協議会内加盟各社が介護保険適用外のサービスを介護プランの一環として認知されており，問題を抱える高齢者の解決だけでなく，健康寿命延伸に貢献【対外】 ・協議会内で新入社員研修等を相互に行うことができるサービスレベルに到達している【対内】
共通の評価システム	・高齢社会白書をもとに，協議会総会で発表する情勢分析を行い，加盟各社の理解促進に努める【対外・対内】 ・本部（㈱くらすむーぶ）内にある，社内検定（高齢者引越検定）を加盟各社のドローアップ研修時に紹介している（実施は任意）【対内】	・専用アプリの蓄積データから協議会内の受注特性を把握し，地域ごとの特性を把握している【対外・対内】 ・取得すべき資格を体系的に把握し，協議会内のマイスター制度を導入している【対内】	・高齢社会白書や行政機関が保有するデータ等と，協議会の専用アプリの分析結果をもとに，地域ごとの高齢社会の実態の把握ができており，その対策を講じている【対外】 ・実務に携わる加盟各社の社員のサービスレベルの均一化が図れている（対外的検定試験導入）【対外・対内】

出所：筆者作成

第 | 10 | 章

NPOによる
コレクティブ・インパクトの実践
「ゆりかごタクシー」母から娘たちへの贈り物

1　はじめに

　私の活動は2020年4月で20年目を迎えた。活動を始めた時は出産を終えた女性が気軽に育児や自分の身体のことを相談する場所が見つからず「どうしていいかわからない」という声を多く聞いた頃である。出産後少しでも早く，できるだけ身近なところで，継続的に出会う機会を作りたいという思いで任意団体マイママ・セラピーを立ち上げた。私の住む町は県庁所在地にありながらドーナツ化現象を起こしていた。事業というほどでもない小さなサークル活動を展開し始めたところ，市内の各地から毎回20組を超える人が集まってきた。

　産後の女性を支援するために準備した媒体は「ベビーマッサージ」というファッション的な要素を持つ内容であったが，ここに集まるほとんどの人は，産後特有の育児に対する不安を抱える人たちばかりであった。活動は徐々に広がり始め，2007年には対象にした数が1,400組，メールでの相談が1,100件を超えた。一番最初から参加する人も，やめることなく2年，3年，4年と継続をしてクラス進級する形で残っていった。このときに，一つの疑問を抱いたことがある。なぜ，彼女たちはここへ参加するのか。そしてなぜ，卒業というタイミングを選ばないのか。この疑問を解決するために，集めてきた「私の不安」を分析した。

2　救いたいと思う人がいつもそこにいるから

　ここに集まる女性はすべてが娘のようにかわいいと思える存在だった。出会いのなかでは，たくさんの声を聴き，さまざまな形で支援を創り出し提供していくことができた。

　出産をした女性が抱える不安を分析した結果「育児に対する未経験の不安」そして「女性としての未来に見通しが持てない不安」という2つの要素があることがわかった。私は，この「未来に見通しが持てない不安」について解決する必要があると考え，この課題を解決するための事業を中心として新しいプログラムを作成し講座の開催を始めた。結果はすぐに出た。一人で悩み，自分の思いや未来の構築が自分自身でできるようになることで，彼女たちは変化していった。「子どもをどうやって育てていいかわからない」こと，「育児との両立で悩んでいた」こと，「子どもを殺してしまうかもしれないと泣いていた」こと，「私は引きこもりですと訴えていた」ことも，すべてが自分自身のなかに答えがあることをつかんだ彼女たちは笑顔で卒業していくようになっていった。

　このプログラムを求め参加をする人はさらに増えていき，不定期に会場を借りて講座を開催するよりも「活動拠点が欲しい」「そこでみんなのお母さんになろう」，そう思い立った2011年4月，商店街の中にマイママhouseという「お母さんのための保健室」「ママたちの第2の実家」を活動拠点として設けた。年間利用者数3,500人。シャッター街化している商店街に赤ちゃんのにぎやかな声が聞こえるようになり，お昼ご飯を商店街で購入することで商店街活性化の一部を担う役割も果たすことができ，商店街のなかでのコミュニティ形成が進んでいった。

2.1　「ゆりかごタクシー」はなぜ必要だったのか

　「ゆりかごタクシー」。この事業は1件のお産をきっかけとして動きだした実践事例である。一人の保健師が地域で活動を展開するなかで「何とかして救いたい」という思いが多くの人の心を動かし，妊産婦支援として県域事業にまでなっていった経緯について時系列でまとめてみる。

　開所から1年たった冬。一人の女性が妊娠をした。手段としての社会的仕組みはなかった。「もし一人の時に陣痛が始まったらどうやって病院へ行くのだろうか？」「タクシーは陣痛の始まった妊産婦を乗せてくれるのだろうか？」純粋な疑問に始まり，「なんなら自分でタクシー会社を作ろうか？」という単純な発想さえも頭には浮かんできた。

　民間の母子支援活動を展開するなかで，産後のケアを受けたり，キャリアを構築したりするためにマイママ・セラピーにはたくさんの女性が集まっていた。彼女たちの力を借りて私たちは出産をした100人の女性にアンケートと聞き取り調査を行った。と同時にタクシードライバーにも協力をしてもらいアンケート調査を行った。

　アンケートの結果から，女性からは「陣痛・破水が始まっているにもかかわらず，4人もの人が自分で運転をして医療機関へ行っていた」「慣れないタクシードライバーに連れて行ってもらうのは不安」「車内を汚してしまったらどうしよう」という不安の声があがり，ドライバーからは「妊産婦は慣れていないから怖い」「何かあったらどうしたらいいかわからない」「いつ生まれるかわからない」「車内を汚されたらどうしよう」と共通点が見出せる不安の声が聞けた。課題は「慣れていないから怖い」「汚したら・汚されたらどうしよう」の2つであり，この課題が解決できればタクシー乗車は確実に可能となると考えた。

　妊婦健診においては4割が自分が運転する車で受診をしていたり，家族が運転する車や徒歩，電車で移動をしていたりするという状況にあるなかで私たちは「出産時」という生命誕生の特別な状況をどのように捉えてこの事業を進めるのかを考えなくてはならなかった。

　妊産婦が安心して利用できるタクシーを何とかして運行してもらい，「少しでも多くの妊産婦を応援したい。」一部の地域でだけではなく，できるだけ広域へ。一つの組織ではなく，体制強化のために力を合わせて。救急車の適正利用で必要な人が利用できる体制に向けて。そのような思いが日々大きくなっていった。

　1．陣痛・破水の始まった妊産婦を安全に医療機関へ送り届けること。
　2．妊娠期からケアが必要な対象者に継続的な支援をするための情報収集の

手段とすること。
　　3．妊産婦の救急車適正利用を目指す。
　これらを目的に民間事業者・NPO・行政の力を合わせ，妊産婦を支援する
方法を導き出した。

2.2　発信のはじまり

　目の前に「救いたい女性が存在したこと」から始まったゆりかごタクシーで
あるが，単純な発想と思いつきを行動に移すまでに時間はかからなかった。滋
賀県内で大きく事業を展開するタクシー事業所の代表にお話を伺うため足を運
んだ。「陣痛・破水の始まった妊産婦は安心して乗車させてもらえるのだろう
か？」と，聞いてみた。「一つの会社で事業として取り組むには難しいが，個
人として依頼があればそれは断ることなく乗車をしてもらえるように配慮す
る」という返事だった。タクシー業界の状況や企業経営の話についてやり取り
をしながら「一つの会社ではできないことも，大きな企業体組織として取り組
むことができれば可能になるのではないか」という提案が代表から出された。
同時に，助産師をしている同級生に「陣痛・破水の始まった妊産婦をタクシー
で医療機関へ送り届けることは可能なの？」「もし可能なら，手助けをしてほ
しい」と1通のメールを送った。「協力できる。先生にも話をしてつなぐから
打合せしよう」と返事がすぐに返ってきた。しかし，不安がなかったわけでは
ない。産婦人科医がどこまで許容してくれるのか。医療機関はどう受け止める
のか。これをタクシー事業者へどのように提案をするのか。こうした思いが頭
のなかをかけめぐったが，「救いたい命」を目の前にして気持ちが前を向いて
いたことが行動の原動力となっていた。

2.3　発信内容のなかに想いのたけを詰め込んで

　妊産婦とタクシー事業者のデータを活かし，私たちは「新規のビジネスモデ
ル」として滋賀県タクシー協会へ提案することにした。小さなNPO法人が大
きな企業体組織にどこまで応じてもらえるのかはこの時点では不明だった。精
一杯伝えること。使命感とはこのように特別なときにあふれ出るのだろうか。
　提案をするその日がやってきた。滋賀県内のタクシー事業数社の集まりで各

社の社長が研修会を開催していた。講師は近畿運輸局滋賀運輸支局課長。講座
終了と同時に説明時間をもらい，「妊産婦が安心して医療機関へ行く方法とし
てタクシーの利用をさせてほしい」こと。「新規の利用者確保と同時に妊産婦
とその家族を応援してほしい」こと。「大きなビジネスチャンスまではいかな
いかもしれないが救われる人がいる」こと，さらには集めてきたデータから
「解決しなければいけないことは2つに絞られているため，これを解決するた
めに力を貸してほしい」ことを訴えた。

　一瞬の間をおいて返ってきた反応は速かった。近畿運輸局滋賀運輸支局課長
が「ちょっと待った」と。

　駄目だ。通じない。そんな思いが頭をよぎった。

　一息おいてから「この案件，チームを作って組織化しないか」

　私はこの返答に対して異議を申し立てた。「NPO外しをするつもりですか」
思わずこの言葉が飛び出した。

　「ちがう。NPOとタクシー協会と近畿運輸局滋賀運輸支局が力を合わせて一
つの事業にしようという意味であることを理解してほしい」

　それでもなお，「行政が入ると事業化が遅れる。急いでいるんです」とくい
下がり，今から思えば失礼な発言をしていたと反省する状況場面がこの日は起
こっていたが，ここを突破しなければ解決する手立てが閉ざされる不安を隠す
ことができなかった。

　後から聞いた話では，この日の提案を反対した事業者は一社もなかったとの
ことだった。

3　事業遂行に必要な主要組織とメンバーの集結をめざして

　タクシーが「妊産婦にやさしい乗り物」であるために協力を求める行動を始
めた。事務局として近畿運輸局滋賀運輸支局，滋賀県タクシー協会，マイマ
マ・セラピーからそれぞれ2人。速やかに事業遂行するためにまずはこの事務
局だけで再度，事業構築に向け「妊産婦にやさしい乗り物の運行」を成功させ
ることについて意思確認を行った。

　6人で行政（滋賀県・大津市）・大津市民病院（医局・総務部・看護局）・滋

賀県医師会産科医会（会長・副会長）・滋賀県看護協会（会長・専務・助産師
職能委員）・消防本部・滋賀県警本部へ，それぞれアンケートの結果説明から
この事業展開についてどのように進めていくのかを丁寧に説明することに時間
を費やした。この説明が事業の成功のカギを握っていることは間違いなく，す
べての部局で「こんな大切な事業，今までなかったことのほうが不思議ですね。
ぜひ協力したい」と言っていただき，反対する人が一人もいなかったことが奇
跡のように感じられた。

■図表10－1　ゆりかごタクシーの組織図

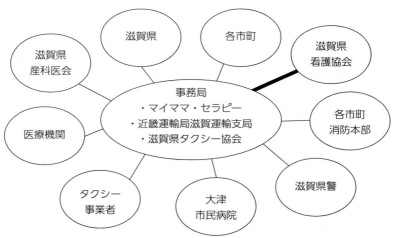

出所：筆者作成

第1ステップ
【2013年6月4日第1回目検討委員会開催】
　それぞれの理解を得たうえで，滋賀県産科医会会長を委員長に・大津市民病
院の産科医師・助産師科長・滋賀県看護協会理事・県（医師・保健師）・市町
（保健師）・大津市消防本部の協力のもと組織委員会を設置。滋賀県の協力を得
て第1回目の検討委員会が行われた。
　会長からは「そもそもこの会議を通して決まったことが本当に妊産婦に必要

とされるのか確認する作業から始めてほしい」との提案がなされた。この件について，大津市の保健師が「協力する」と手を挙げてくれ第2回目までに調査結果をまとめるよう会長から指示が出た。

　2回目のアンケート結果を待つまでに議事は進行。2012年秋を目標に「妊産婦にやさしい乗り物」の運行を目指すことになり乗務員研修の実施に向けて話し合いは進んでいった。

第2ステップ
【2013年7月16日第2回目検討委員会】

　第1回目検討委員会での宿題として出ていた結果報告から，大津市の協力を得て，母子健康手帳交付時にアンケートを取ってもらうことになった。質問事項は以下のとおりであった。

【質問事項】

　子育てをされているお母様から，妊婦健診や出産時の移動手段に困ったという声をよく聞きます。そこで，県タクシー協会と妊婦健診や出産の際に安心してタクシーを利用できる制度を検討しています。今後，この「ゆりかごタクシー」が運行されれば，利用されますか？

【結果】

　ゆりかごタクシーへのニーズの高さと期待が明らかになった。具体的には，妊婦健診受診時よりも出産時の方が，ゆりかごタクシーの利用ニーズが高いという結果になった。この結果を経て，利用手順・乗務員に対する研修資料などの運行実施体制と協議連絡体制，支援内容，フォローアップ体制など協働に向けた関係者の役割についてのイメージ化を行った。この日初めて「妊産婦にやさしい乗り物」の名称として「ゆりかごタクシー」の提案をしたところ笑顔のなかで全員に賛同してもらうことができた。同時に「ゆりかごタクシー」の商標登録出願を提出した[1]。

---

1)　ゆりかごタクシー®は登録商標です。2018年厚生労働省家庭局長優良賞，2019年国土交通大臣賞を受賞。

第3ステップ

【2013年7月30日第3回目検討委員会（最終回）】

　妊産婦のタクシー利用に関する検討結果をまとめ，運行開始に向けたスケジュールを確認した。予算が全くなく誰にも謝金がなかったため，会議はできるだけ簡潔に重要事項を決め短期間に実行に移せるようにした。

4　運行開始から拡大に向けて

　7月に第3回検討委員会を終了させ，運行までの2か月間で実践に向けて具体的な準備を行った。

第1ステップ

【ドライバーとオペレーターの研修】

　7月と8月の2か月間で産科医師による研修資料をもとに，滋賀県看護協会の助産師7名が講師として出動し8回の研修会を開催した。滋賀県タクシー協会に登録する事業者に勤務するドライバーとオペレーターが順次参加した。オペレーターが受講する理由は，陣痛・破水時の対応をチームで行動することでドライバーが運転に集中し安全に運行するためである。緊急時は妊産婦の状況を判断したドライバーの要請を受けてオペレーターが救急車への手配などを行うのである。

第2ステップ

【運行事業者の認定と指定】

　認定研修を受講したタクシー事業者のうち，「配車オペレーターの50％以上，乗務員5名以上」の基準を満たした事業者を「ゆりかごタクシー運行事業者」としてマイママ・セラピーが認定。認定された事業者に対しては，「妊産婦さんのタクシー利用に関する検討委員会」が認定事業者の運行およびPR等に協力する。広報・啓発は各市町保健センターで交付される母子健康手帳と同時に，医療機関でのポスター設置・医師会・看護協会・運輸局等発行の新聞などを周知のために利用させてもらう。

■図表10－2　ゆりかごタクシー利用手順

ゆりかごタクシー利用手順
妊産婦は，滋賀県タクシー協会のホームページにアクセスをして事前登録 タクシーの利用
受信をうけた滋賀県タクシー協会または選択されたタクシー会社の事務的処理
仮登録受付　→　社内における登録手続き　→　妊産婦へ「登録確認」連絡　→　本登録完了
配車の申し込み　→　妊産婦は配車手順に従ってタクシー会社へ連絡　→　出産予定の産院へ連絡の上，指示を待つ　→　「タクシーで来院可能」の指示で登録会社へ連絡
タクシー配車オペレーターは3項目確認 出産利用ですか？ 産院から「タクシーで来院してください」の指示が出ていますか？　（連絡していない方は先に産院へ許可を得る） 付き添いの方および同乗される方はいますか？
身体の状況を妊産婦と乗務員の双方で確認の後，産院まで乗車 輸送完了　　病院到着・出産へ

出所：筆者作成

　3回の検討委員会を経て，合意形成された「ゆりかごタクシー」は6月4日の会議開始からわずか4か月で滋賀県南部地域を中心として一地域のモデルとして動き出した。

　2013年10月10日の滋賀県庁前でのセレモニー後，妊産婦を乗せて大津市民病院まで運行した。市民病院では院長をはじめ，看護局，総務が出迎え大きなスタートを切った。

第3ステップ
【滋賀県北部地域への拡大に向けて】

　2014年，滋賀県北部運行に向けて彦根市で同じく3回の検討委員会を開催した。北部での課題は終電とともにタクシーが止まり空白の4時間が生まれることで，24時間体制でのゆりかごタクシー運行が不可能というものであった。しかし，検討委員会のなかで彦根市消防本部の方が手を挙げて「そのために私たちがこの組織の委員として入っている」と心強い宣言をしたことから，2014年10月10日から北部での運行開始となった。当日は彦根市のキャラクターのひこにゃんも応援に駆けつけてくれるなどにぎやかな式典となった。2013年に運行

■図表10-3　ゆりかごタクシー運行開始から拡大への推移

第1回	・開催日：2014年5月23日（金） ・検討会を発足，湖南地区の運行状況や湖東地区の現状等について意見交換
第2回	・開催日：2014年8月26日（火） ・湖東地区における課題，協働に向けた関係者の役割等について協議 ・運行開始に向けたスケジュール等の決定
第3回	・開催日：2014年10月10日（金） ・湖東地区の検討結果のとりまとめ，運行開始の確認

出所：筆者作成

開始の大津市から彦根への拡大に向けては，当時の滋賀県知事から彦根市長へ打診があり，彦根でもぜひ運行させてほしいという気持ちを受け止めてくれたことが大きな成果につながった。

第4ステップ
【そして，滋賀県全域運行に向けて走り出す】

　滋賀県南部地域・北部地域での運行が順調になったことから2015年10月10日滋賀県全域へ拡大，ようやくすべての地域で「ゆりかごタクシー」が走り出すこととなった。

5　社会に認知された仕組みをめざして

　数々のタイミングのなかで歯車がきれいにかみ合うように動き，「提案を拒否する理由が思い当たらない」とそれぞれの組織から積極的な協力が得られた。ここでは「妊産婦を救いたい」「出産を応援したい」という思いが協力者のなかで最初から共有されていた。その共有された思いがネットワークのつながり

を強靱なものへと変化させた。

　滋賀県タクシー協会・近畿運輸局滋賀運輸支局・認定特定非営利活動法人マイママ・セラピーのそれぞれの組織がトライアングルを形成し，事業を支え続けることができている。そこに滋賀県看護協会の助産師たちが絶大なスキルを発揮し，受講者の心に食い込んでいった[2]。2020年には7年目に入り登録者数が4割を超えてきた。事業者の受講者数が500人を超え，滋賀県タクシー協会に登録するタクシー事業者でゆりかごタクシーが利用できるようになっている。当初からタクシー協会はユニバーサルデザインを目指しており，社会のなかでやさしい乗り物として「タクシー」の利用者数を増やしたいという思いにも合致していた。

■図表10−4　ゆりかごタクシー運行までの工程表

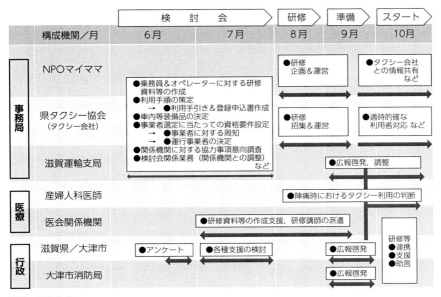

出所：筆者作成

---

2)　なお正式名称については，以下のとおりである。認定特定非営利活動法人マイママ・セラピー，（一般社団法人）滋賀県タクシー協会，（公益社団法人）滋賀県看護協会，近畿運輸局滋賀運輸支局，地方独立行政法人市立大津市民病院。

6 未来へ向けて「滋賀三方良し」のモデルとして発展を

【利用者のメリット】

　安心して出産ができる環境を提供できるモデルとなり，県下・市町の行政や医療機関が応援協力体制をとってくれることで妊産婦も安心して登録ができるようになっている。また，里帰り分娩にも対応ができるなど安心して滋賀で産める環境ができた。今後は登録をした妊産婦が困っているときや不安のあるときには助産師の力を借りて産前からのケアにも取り組んでいけるよう準備を進めている。

【タクシー事業者へのメリット】

　妊産婦が安心して利用できる環境設定のための研修会では，ドライバーとして，オペレーターとしてのスキルを確実に上げていることがうかがえる。継続的な研修会の中で，「ゆりかごタクシー」の質が担保されることが事業継続には重要であり，公共交通機関の一つとしてタクシー利用者を増やすことにもつながる。研修を通して「ゆりかごタクシー」の認定事業者としての自信につながることを期待している。

【社会へのメリット】

　異業種のさまざまな組織が，「救いたい命がある」ことを共有し，何度も検討委員会を重ね，ネットワークを構築し信頼関係を創り上げてきた。こうしてでき上がった産物の意味は大きなものとなった。本事業における資金は立ち上げ時にマイママ・セラピーは淡海ネットワークセンターから，滋賀県タクシー協会は滋賀県から一部負担金の補助を受けた。その後は自立して事業が運営されている。7年の活動のなかで，消防本部から妊産婦の救急車適正利用につながっていることの報告を受けた。

　こうしたゆりかごタクシーのモデルは，コレクティブ・インパクトの視点からはどのように考えることができるだろうか。コレクティブ・インパクト2.0とコレクティブ・インパクト3.0の枠組みをもとに考えると，**図表10－5**のよ

■図表10－5　コレクティブ・インパクトの視点から見たゆりかごタクシー

CI2.0	ゆりかごタクシーから見るコレクティブ・インパクト	CI3.0
共通のアジェンダ	・基本には「命を守る」こと ・継続的な話し合いの中でそれぞれの感情に変化をきたすことがあるが，ゴールは一致している。 ・それぞれの役割を果たすために，専門性に応じた異なるアジェンダが出るがそれを強みとしてつながりが強化する。	命の尊厳
評価システムの共有	・数的評価は当初から必要としない事業もある。 ・プロセスを重んじながら事業化したものは無駄にはならない。 ・社会的価値を持てることに対して共有ができる。	資源の活用
互いに強化しあう活動	・始まりは異業種。コミュニケーションを継続する中で持ち場が明確となり専門性が発揮され，強靭なパワーを導き出すことが実証される。	自立と意思
継続的なコミュニケーション	・異業種の集まりの中で，専門性を理解するための時間は重要である。コミュニケーションは方法でもあり，時間軸でもある。 ・理解しようとするオープンな心と俯瞰的な視野拡大の場となる。 ・一致団結して取り組み実践されることになった事業がそれぞれの専門性の活かせる場となることが意図的に会議の中に取り込まれる。	視野の拡大
活動を支えるバックボーン	・中心となる組織は一つではなく，またそれぞれの力も異なる。 ・専門性が異なることでプラスに働くことができる。 ・事業の「顔」となる者を支えるためにエネルギーを送り続けるバックボーンが別に存在する。	変革の仕掛け人

出所：筆者作成

うに整理することができる。特に現場からの創発的な動きがタクシー業界という企業を動かし，行政を動かし，そして市民とりわけ出産を控えた妊産婦の意識や行動を変えることになり，そのモデルが他地域も移転定着していく過程はまさに日本的コレクティブ・インパクトへの挑戦といえる。

7　おわりに

タクシー事業所代表の「組織化することで行動を共にできる」という言葉と

同時に，最初にメールで相談した助産師をしている同級生の応援の言葉が，私の心に熱いエネルギーを注ぎ込み，勢いをつける原動力となった。あの時「それは難しい課題だね。できないよ」といわれていたら，ここまでのモチベーションを上げてアクティブな動きをとれていたかどうかわからない。

　いつしか，この事業の始まりである「妊産婦さんを救いたい」という思いは多くの人の心のなかに派生しながら，もしかすると異なった感情に変化しつつもそれが中心へ向かいながら強靭なパワーへとつながっていった可能性がある。わずか4か月でモデルとなる事業を成し遂げることができたのは，異業種のそれぞれの強みを生かすことができたことと，一つの方向へ行動をともにできた仲間の存在が大きい。

　マイママ・セラピーを事業の「顔」として「ゆりかごタクシー」のイメージを創り上げ，底上げの円陣を組んでくれたのは滋賀県タクシー協会であり，近畿運輸局滋賀運輸支局であり，滋賀県看護協会であり，私たちはこの大きな組織に今も見守られていることは事実である。

　最初から最後まで「救いたい人がいる」その人が存在していること。その思いに共感し，助けてくださった皆様に心から感謝申し上げます。

第 11 章

企業の社会貢献による
コレクティブ・インパクトの実践
南大阪子育て支援ネットワーク

1　はじめに

　子育ては，母親の役割と一般的にとらえられ，一方で，ひとり親世帯の割合も急激に増加しているなか，子育て当事者は閉塞的になり，ますます孤立を深めている。そこで，子育てを社会共同の営みとし，家庭の中に閉じこめないことが重要であると考え，南大阪子育て支援ネットワークでは，コレクティブ・インパクトの手法を用いて子育てを取り巻くさまざまな課題の解決に挑んでいる。

　私たちは，同じ地域に住む多種多様な人々とともにコミュニティを形成し，一緒に子育てできる環境をつくり，課題共有から課題にもとづく事業の実施を通じて，セクターを越えた民の力で，社会的なインパクトを生み出し，誰もが子育てしながら暮らしやすい「地域全体で子育てを支える」共同社会の実現を目指している。

2　南大阪子育て支援ネットワークの概要

　南大阪子育て支援ネットワーク（以下，支援ネットワーク）は，大阪ガスが旗振り役となり，NPOを含め5団体が「地域みんなで『共同子育て』」を啓発するネットワークとして2013年4月に発足した。支援ネットワークは大阪ガスのほか以下の4団体で構成されている。

157

■図表11−1　南大阪子育て支援ネットワークの体制概念図

出所：筆者作成

■ NPO法人 SAKAI子育てトライアングル

　1995年，大阪府堺市に，子育て・子育て支援のネットワークづくりに取り組んでいる子育て中のママが集まり，さまざまな人や機関とつながって発足した。現在も，子育て当事者の力を大切にして，子育ての不安を少しでも和らげる「つながり」をつくり，人権を大切にした子育ちを支え合うものが「みんなで子育て」であるという考えのもと活動している。子育てしやすい社会は良い社会であるという想いを掲げた社会づくりを目指している。2014年からは，堺市の運営補助金事業として「堺kosodateつむぎ広場」「美原kosodateつむぎ広場」を運営している。

■ NPO法人 えーる

　2010年から，大阪府貝塚市を拠点に，「こどもがかがやくまちづくり」をスローガンに顔が見える関係づくりを大切にしながら，子育て支援，子どもの育ちを応援する活動を行っている。子どもが輝くまちを作るためには，誰もが輝けるまちを作る必要があるという想いでまちづくり事業にも取り組んでいる。活動拠点である「コミュニティースペースえーる」は2020年に子ども・子育て交流事業の委託を貝塚市から受け，「つげさん広場」として運営している。

■ NPO法人 やんちゃまファミリーwith

　2007年，「ちいきに元気な大人を増やし子育てしやすい社会をつくる！」を目的に大阪府松原市を中心に，子育て・親育ちの支援，地域住民によるおたがいさんの助け合いや協力，保護者のニーズの実現を目指して設立され，さまざまな事業を展開している。地域や人とのつながりが生まれる "場" の提供や，赤ちゃんから高齢者まで必要な支援が必要な人に届く仕組みづくりなど，子どもたちの健全育成をはじめとした安心・安全の地域づくりも目指している。2016年から松原市子育て支援拠点事業を受託して子育て支援センターNIKO（ニコ）ひろばを運営している。

■ NPO法人 SEIN

　2004年，大阪府堺市に市民活動支援やコミュニティカフェの運営を目的に設立した。現在は，南大阪エリアにおいて，小学校区単位の小規模地域から複数の地方自治体をまたぐ広域なものまで，多様な地域組織と人をつなぎながら，住民参加のまちづくりを実現するためにさまざまな活動を展開している。高齢化が進む泉北ニュータウンでは，団地再生や集会所を活用した居場所づくりを目指す「茶山台としょかん」や茶山台団地の空き家を活用した「丘の上の惣菜屋さん『やまわけキッチン』[1)]」の運営に携わる。

　また「未来を創る子どもと一緒に新しい暮らしづくり」の実現に向けて「一般財団法人 泉北のまちと暮らしを考える財団」[2)] の設立を担った。

---

1) 高齢者等の買い物支援・孤食の防止などを目的に，泉北ニュータウン（堺市南区）にある茶山台団地の一室を活用した地域に開かれた惣菜屋。惣菜の持ち帰りの他にイートインスペースもあり，ご飯を食べながら会話が弾むコミュニティスペースとしても活用されている。2018年11月オープン以来，地域の多くの人々の居場所となっている。
2) 市民の力で地域の課題解決を実現していくために，大阪南部泉北周辺地域での新しい資金循環を行う機関として2020年に設立。主に30・40代が中心に活動した泉北ニュータウンまちびらき50周年事業を機にニュータウン型のコミュニティ財団として発足し「NPO法人 SEIN」の事務局長宝楽陸寛が代表理事を務める。

3　コレクティブ・インパクトで共同子育てを進める社会的背景

3.1　児童虐待の状況

　18歳未満の子どもが親などから虐待を受けたとして児童相談所が対応した件数は2019年度，全国で19万3,780件[3] にのぼり，過去最多を更新したことが発表された。厚生労働省は「児童相談所の体制強化などを着実に行い，子どもの命を守ることを最優先に取り組んでいきたい」としている。しかし新型コロナウイルスの感染の収束が見通せない日々が続くなか，やり場のないストレスを子どもにぶつけてしまうという声も聞かれるなど，事態の深刻化が懸念されている。

　コロナ禍では，外出の自粛などで第三者からは家庭のなかの様子がより見えにくくなり，地域での子育て家庭の孤立が一層進んでいることが推測される。今後，これまで以上に子育て当事者の不安が高まり精神的なバランスを崩して深刻な虐待が表面化するおそれがあるという声も聞かれる。家庭という密室を少しでも風通し良くするには，子育て当事者の孤立を防ぐ必要があり，子育て支援者をはじめとする第三者や地域で子どもの見守り体制を強化することが急務である。

3.2　女性の就労支援の状況

　2005年，厚生労働省は「各種対策を講じて，労働市場への参加が進むことで，労働力人口は現状のまま推移した場合と比べて，2015年で約300万人，2030年で約510万人上回る。これに加えて労働生産性の向上を図れば現在以上の経済成長率を維持することは可能」と発表している[4]。そこで，注目されたのが，高齢者と女性の労働力であり，特に仕事と家庭の両立支援を実現することで，女性の労働市場への参加が多く求められている。その両立を支えるために保育サービスが整備されたものの，一方で子育て当事者が地域との接点を持つ機会がなくなり，子育て家庭が抱える問題が社会から見えにくくなったことが考え

3）　厚生労働省2019年度全国の児童相談所調べ
4）　子育て当事者「コミュニケーション白書」より引用

られる。

3.3　「子育て」を地域の真ん中に置いて見えてくる課題

(1)　子育て当事者の多様化を起因とする「社会的孤立」の深刻化

　子育て当事者が置かれている環境は，ライフステージや家族形態，ライフスタイルやコミュニケーションの方法などさまざまな点で多様化してきた。社会におけるダイバーシティが進んだことで，「自分らしい生き方」が認められるようになり，子育て当事者を取り巻く環境も大きく変化してきたといえる。ただし，子育て当事者が「自分らしい生き方」を持っていなければ，自分の価値観を社会にオープンにすることは難しい。

　一方，ICTの進化により他者とのコミュニケーションツールも多様化している。「自分らしい生き方」を見いだせていない人は，SNSの影響を受け心理的なプレッシャーが強くなる傾向にある。他者が日常生活の一部分を切り取り豊かで充実した日常をSNSで発信することで，受け手はその情報を知り自分の現状と比較するようになる。このように，気軽に他者とのコミュニケーションができるといったSNSの特性が，逆に子育て当事者を心理的に苦しめ，孤立を深刻化させている面がある。

(2)　地域資源はすぐそこにあるのに地域から子育て当事者が孤立する現実

　子どものそれぞれの成長段階に合わせて社会にはいくつかの地域資源が用意されている。しかしながら，たとえば，出産し育児休暇を経て，就労のために子どもを保育園に預けると，主に平日の日中のみ利用できる子育てひろばやサロンを訪れる機会は少なく，子育て当事者は地域とつながるきっかけがないまま子どもが小学生となる。その後，子どもに習いごとをさせたり，学童保育に行かせたりすると，子どもの放課後や休日の過ごし方の選択肢は広くなるものの，学校以外の地域資源は子ども会などに限られる。

　一方，地域の高齢化により子ども会の担い手が不足しているため活動自体も少なくなっており，本来地域に根付いていた資源とつながる機会がますます減少している。

　このような状況から，子育て当事者には，地域のなかでのコミュニティが形

成されずその関係性も希薄であるため「地域からの孤立」が深まっている。

(3)　ICTの普及による子育て当事者が抱える問題

　2019年度，支援ネットワークでは，「理想のSNS時代の子育て」というテーマで，子育て当事者や支援者が参加してママたちのリアルな声を聴くトークイベントを開催した。

　そのイベントの多くの参加者は，インターネットやSNSなどについて「世界とつながる」ことが可能となり自分自身の視野が広がることや「災害の時にも役に立つ」というメリットを挙げていた。一方，スマートフォンに過度に依存していると感じていたり，無料通話アプリのLINE利用によりトラブルに巻き込まれたりする経験もあると答えた。

　さらに，子どものスマートフォンやSNS利用においては，便利と危険が隣り合わせであるといった不安の声も上がっていた。

　このように，情報端末の利用については社会的に共通のルールがなく，子育て当事者自身の経験値や価値観にもとづいた各家庭のルールに委ねられることが多いという現状がある。「インターネットトラブル事例集（2020年度版）」によると，SNSなどのコミュニティサイトを通じた児童の犯罪被害は過去最多にのぼっており，子育て当事者のみならず情報端末や移動通信サービスとの関わり方を一人ひとりが考えることは急務の課題といえる。

(4)　自治体が抱える課題

　自治体において少子高齢社会における医療，年金，福祉などの社会保障費の増大による自治体経営の環境が厳しさを増すなか，これまでと同様の行政サービスの提供を維持するためには，税収の増加を図るため「子育て世代の定住促進」が喫緊の課題となっている。

4　南大阪子育て支援ネットワークの設立と活動のプロセス

4.1　共通のアジェンダの設定に向けて

　大阪ガスが設立を働きかけた当初の目的は，当社グループとの接点が希薄で
あった子育て若年層とのネットワーク化であった。当社グループは，これまで
子育て当事者である若年層のお客さまとの関係づくりが難しく，そのため，子
育て層と接点を持ち子育て支援を事業としているNPOとの関係構築を目指す
ことで，その協働の先に子育て世代とのコミュニケーションを育むことを期待
できたからである。

　一方，子育て支援を行う団体は市町村に１つは存在するが，市域を越えての
課題解決方法を共有する機会は乏しく，それぞれの団体で子どもに向き合う手
段は同じでも，団体が根底で抱えている課題は違うことが多い。そのため，
「共同子育て」を共通の目標としながら，運営課題を共有し，自組織の改善を

■図表11－2　共通のアジェンダ「地域みんなで『共同子育て』」

出所：筆者作成

通じて，それぞれの地域の子育て当事者へのアプローチに活かすことが求められていた。

　支援ネットワークでは，共通のアジェンダを設定するべく，組織を発足した当時から，構成する4団体と何度も会議を行い，「目的は何なのか」「何を目指していくのか」という合意形成に約2年間をかけた。全団体が集まって「なぜこの課題が発生しているのか」という現状把握からスタートした。子育てを取り巻く環境のなかで起きていることや見えていないことについて，各NPOが日々の活動を通じて肌感覚として感じていることやデータを持ち寄ってさまざまな課題についての共通理解をつくり，「こういうところを目指そう！」というアジェンダを共有した。

　当社は，課題解決を助成金という形で団体に委託するのではなく，子育て当事者支援を行う主体として関わるため，利益を生むための活動や仕組みづくりに終始するのではなく，構成団体とともに，まず地域の共通課題である「子育て」を中心において議論を深めていった。このプロセスを十分に経た結果，「地域みんなで『共同子育て』」が支援ネットワークの共通のアジェンダとなった。支援ネットワークの活動が迷走するときがあっても，この共有できるアジェンダを定義したことで，いつもこのアジェンダに立ち返り活動を軌道修正できた。これが本ネットワークが持続的に活動を続けることができている強みである。

4.2　共有された評価・計測システム

　アジェンダの設定後，子育て当事者の声を定量的につかむため，各NPOと接点のある地域の子育て当事者にアンケートを実施した。各NPOは子育て支援を主な事業としているが，活動エリアが異なるため，ビジネスでは競合相手とはならず，逆に他のNPOとの協働を通してそれぞれの事業に関する知見を深め，各NPOの基盤強化につながるというシナジー効果を生みだしている。

　支援ネットワーク設立時には，子育て支援事業のなかでも「子育て支援ひろば」事業を行っている団体は，「NPO法人 SAKAI子育てトライアングル」のみであった。その後，支援ネットワークの活動を続けていくなかで，「NPO法人 えーる」や「NPO法人 やんちゃまファミリーwith」が「子育てひろば」事

業の運営をスタートさせている。このように，コレクティブ・インパクトを目指した活動を展開していくなかでNPOの事業の多角化が実現している。

　評価的な数値目標の設定については現在も議論を行っている。一方で，子育てしやすい地域の成果指標を設定することが正しいのかという点も議論している。特に，「共同子育て」の実現を目指して活動することで起こる「変化とは何か？」を，円卓会議という会議方法で，多様な主体と意見交換をしながら，継続して議論を深めている。

4.3　相互に強化しあう取り組み

　各NPOは，日頃各地域の子育て当事者に寄り添い，地域のニーズに沿った事業を行っている。そのため，設立当初は各NPOの事業が優先され，支援ネットワークの会議が開催できないこともあった。しかし，支援ネットワークの運営が止まりかけると，設立時から目指している「地域みんなで『共同子育て』」という共通のアジェンダに立ち返り，そのためには，「それぞれのNPOが何をやるべきか」「セクターを越えて一緒にやっていこう」という機運が少しずつ醸成されていった。

　各NPOが日頃独自に活動するなかでさまざまな課題が生まれ，その課題を持ち寄ることで，その解決策に向けた検討や議論が深まるという好循環ができた。通常の活動は個別ではあるが，この支援ネットワークで連携してアプローチしていくことで，より大きなインパクトを打ち出すことができるようになった。

4.4　継続的なコミュニケーション

　支援ネットワークでは，徹底して「『子育て当事者』の声を聴く・社会に届ける」ということにこだわってきた。子育てを取り巻く課題を解決していくためには，行政などが子育て支援の施策策定のために参考とする一定の限られた声やニーズだけではなく，リアルな声をできるだけ掘り起こして顕在化するような働きかけを行ってきた。そのため，共同子育ての啓発イベントや子育て当事者自身のエンパワメント力を検証する「南大阪子育てトークカフェ」を開催し，さらにさまざまな専門家との議論を深める場として「公開円卓会議」も実施して，必要に応じて行政へのアドバイス業務なども行ってきた。

このように，社会のなかで子育てに関わる担い手を増やすために，子育て世代のみならず，支援団体や有識者とも積極的な双方向のコミュニケーションや情報交換の場を継続的に企画して，社会的なインパクトを打ち出すことを常に意識してきた。その成果として円卓会議での議論を通じた「子育て当事者『コミュニケーション白書』〜子育てに正解はない〜」の発行につながった。

■図表11−3　継続的コミュニケーションの例

2019年	1月	〈アンケート〉SNS時代の子育て（146人回答）
2019年	1月31日 3月12日 4月13日	〈南大阪子育てトークカフェ〉堺　　【テーマ　SNS時代の子育て】 〈南大阪子育てトークカフェ〉貝塚 〈南大阪子育てトークカフェ〉松原
2019年	12月	〈アンケート〉　子育て時代の暮らし（113人回答）
2020年	2月〜	新型コロナウイルスが全世界に広がる
2020年	3月	〈白書報告会〉中止
2020年	8月	〈オンライン〉コロナ禍における活動共有会開催
2020年	12月	子育て当事者「コミュニケーション白書」〜子育てに正解はない〜発行

出所：「子育て当事者『コミュニケーション白書』」

4.5　取り組みを支える組織

「信頼のつながりがあるコミュニティ」をつくり，中長期的に向き合う共通のアジェンダを実現すること。これが支援ネットワークを設立する際に最も重要視した考え方である。

このためには，企業とNPOが対等の立場であり，支援ネットワークを構成するNPO全てが横並びのビジネスパートナーでなければならないと考えた。

当社も企業内ボランティア活動として取り組んでいる「Daigasグループ "小さな灯" 運動」[5]の基金を活用して社会課題の解決に取り組むNPOや社会福祉団体などとこれまで関係構築を行ってきた。しかし，寄付などの活動資金の提

---

5)　Daigasグループの企業ボランティア活動として，1981年（国際障害者年）に始まり，私たちは「良き企業市民」としての一層の自覚と行動が求められていると考え取り組んでいる。Daigasグループは，従業員による "小さな灯" 運動を起点として，「地域社会と共に」「歴史・文化・まち」「スポーツ・健康」「安心・安全」「食」の5つの分野を中心に，地域の価値創造（地域共創）活動を行っている。
詳しくはDaigasグループの社会貢献活動で検索。

供という関係性は，経済的な支援がなくなればその時点で団体との関係は希薄
となり，それまで構築してきた関係性は途絶え持続的な活動につながらないと
いう反省があった。また，事業の委託と受託という関係では，企業はスポン
サー的な立場になりがちだった。一方，NPOはその事業を請負うという位置
づけから主従の関係にならざるをえないということが多かった。

　このような課題から，支援ネットワークは経済的な支援を受けて活動するも
のではなく，企業としても同じ目的や共通のビジョンに向かって自ら汗を流し，
ともに活動をする組織体であるという姿勢を持つことが必要であると考えてき
た。

　また，セクターを越えたネットワークを円滑に組織化するためには，コー
ディネーターの重要性を実感していた。当社とNPOを橋渡しする中間組織体
が必要となり，この役割を「NPO法人 SEIN」に担ってもらった。

　支援ネットワーク設立のためのNPOの選定や，当社と子育て事業を行う
NPO 3 団体とのそれぞれの立場を理解したコーディネートがあって支援ネッ

■図表11－4　中間支援組織「NPO法人 SEIN」の役割機能

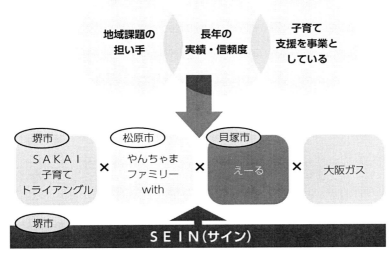

出所：筆者作成

トワークの設立が実現したといえる。設立当初から事務局機能を継続的に担い，各NPOの代表者の考え方を摺り合わせ，当社とともに支援ネットワークの方針の骨組みを検討するなど，持続的な活動の実現は「NPO法人 SEIN」の参画なくして成り立たなかったといえる。特に，各NPOは，それぞれの事業の主体者として活動の優先順位や社会課題への視点が違うことが多く，その際には対話は欠かせない。対話をファシリテートし，NPOを支援する中間支援組織として「NPO法人 SEIN」が，企業とNPOおよびNPO相互をつなぎ，支援ネットワークのコーディネートの役割を果たすバックボーン組織として機能している。

5　コレクティブ・インパクトをなぜ目指していくのか

　本来，一人ひとりの子育ては多様であり，自治体が提供する画一的な子育てサービスの提供や施策だけでは十分ではない。そのため企業，NPO，地域などセクターを越えて共通のゴールを掲げ，「共同子育て」の実現に向けたロードマップ策定や社会に問いかけることが求められている。

　一方，子育て当事者の「しんどさ」「孤立」などと向き合い，その声に耳を傾けながら，複合的に絡み合った課題を一つずつ解決してその人らしい「生き方」が実現できるプラットフォームが身近な地域に存在しているとはいいがたい。

　また，公的な子育て支援策などは実態として，「届けたい人に届いていない」という情報の分断が起こっている。そのため支援からこぼれ落ちる子育て当事者がまだまだ多く，子育てを取り巻く問題はより深刻化・複雑化しているといえる。

　だからこそ，さまざまなセクターがそれぞれの領域を越えて関わり，いつでも誰でもアクセスできるプラットフォームが今こそ必要である。子育ては自己責任だといわれやすいが，さまざまな公的な援助や選択肢，生き方があることを子育て当事者に十分に伝えられているのかを検証しなければならない。子育て当事者が「自らは相談しにくい」という状況のままではなく，地域のなかで「いつでも信頼して相談できる人が身近にいる」という「場」の整備や環境の

拡充を行っていくことが急務となっている。これがセクターを越えて生まれるコレクティブ・インパクトの効果である。

　「自治体の子育て支援施設や相談窓口は時間帯が限られており，また，担当者との面会や電話は心理的なハードルが高く行くことが難しい。そのため育児の不安や生活のストレスを全てひとりで抱え込んでいた。限界になる前に支援団体に思いをはきだせたので，自分を取り戻すことができ，家族とも向き合えるようになった」と話す母親の声が現実を物語る。

　コロナ禍で私たちが経験したことのない閉塞感が長期化し，これまでは自分のなかで解決できていたストレスを抱え込み続ける子育て当事者が増えていくことも想定される。家庭が子どもや子育て当事者にとって必ずしも安心・安全な場所ではないということを理解して，地域での居場所やつながることができる相談先として，支援ネットワークがすぐそばにあり，子育て当事者が助けを求められるという組織を目指していきたい。

6　おわりに

　支援ネットワークを構成している子育て支援NPOは，子育て当事者と日々出会う「子育て支援ひろば」を運営していることが強みである。各NPOは子育て当事者とそこでリアルに会い，話しつながることで，社会からの孤立を防ぐために寄り添う活動を続けてきた。同様なひろば事業は全国に広がっている。一方，子育て世代が「つながる」手段は多様で，学生時代からのポケベルに始まり，現在は携帯電話やスマートフォンがある。また，SNSなどで発信することで「つながる」ことができると感じる機会もあるなど，コミュニケーションの手段も多様化している。

　しかし，その手段が多様にあることで100%孤立を防げるということはなく，逆にその孤立が生みだす虐待などの問題は減っておらず，さらにSNSとの付き合い方を間違えると一層孤独を生みだすことにもなる。

　2020年11月，支援ネットワークでは「子育て当事者『コミュニケーション白書』〜子育てに正解はない〜」を制作した。「子育て世代は，SNSというコミュニケーションツールがあることで，どのようなメリットとデメリットを感

じているのか。コミュニケーション以外にもどのような課題を抱えているのか」を調査し，子育て当事者に寄り添い，一緒に「共同子育て」に取り組んでいくためには，既存の子育てひろばでどういった取り組みが必要かを提案することを目的に発行した。子育て当事者のリアルな声を集めた「コミュニケーション白書」をもとに，多様な環境のなかで孤立を感じている子育て当事者や子育て支援NPOの基盤強化を目指し，当事者目線での子育てサポートのあり方を問い直していきたいと考えている。

　このように，これまでの支援ネットワークの取り組みを通して以下のように提言する。

■　「子育てに正解はない！」が理解される社会を創る
■　対話を重ね誰もが豊かに生きることができる社会を創る

　これまでの活動を通して，子育て当事者や支援者のリアルな声から「子育てには正解はない」ということが改めてわかった。この考え方を子育て支援者や行政，関係機関と共有し，子育てを「良い・悪い」で判断するのではなく，どんな子育ても「否定されない」という安心を感じることができる社会を醸成していかなければならない。

　そして，その時代の生活背景を理解し，誰もが豊かに暮らせるためには，「どんな支援が必要なのか」「どう支え合えばいいのか」いわば「おせっかいの輪」を地域のなかでどう作っていくのかについてさまざまな立場の人たちが関わり対話を重ね，ともに考えていく。それこそが「地域みんなで『共同子育て』」であるということを今後も発信していきたい。

　一方，2030年の達成に向けて企業に取り組みが求められている「持続可能な開発目標（SDGs：Sustainable Development Goals）」への貢献に対して，企業もセクターを越えたパートナーシップが求められている。当社グループは地域に根差す企業だからこそ，事業を通して地域の課題解決へも貢献し，顔が見える活動によりお客さまに選び続けていただける企業をこれからも目指していく。

参考文献

南大阪子育て支援ネットワーク「子育て当事者『コミュニケーション白書』」2020年
　　発行

総務省総合通信基盤局「インターネットトラブル事例集（2020年度版）」

Column② ―――――――――――――――――――――――――――――――――

NPO側からのコレクティブ・インパクトへの期待

　NPOがコレクティブ・インパクトに期待することは2つあると考えられる。まず，1つ目はNPOの多くがよりよい社会をつくることをミッションとして活動しており，社会全体を大きく変えていくためには多様な個人や組織の協力なくして達成することはできないということである。そこで，コレクティブ・インパクトの仕組みを活かして，いち早く理想とする社会を実現していくことは自然な流れと考える。次に2つ目として，NPOのマネジメント力を高める必要性である。その理由としてNPOの多くがマネジメントで必要となる資源が乏しいことが挙げられる。内閣府の「平成29年度　特定非営利活動法人に関する実態調査」では，経営の課題として「人材の確保や教育」が66.9％と最も高い割合を占めており，続いて「収入源の多様化」（54.2％），「後継者の不足」（38.8％）となっている。やはり，人材不足と資金不足がNPOの運営に大きく影響している。実際，近年NPO法人の認証数の増加率が鈍化傾向にあることは，NPOの経営の難しさを表しているのではないだろうか。このように脆弱な組織体制であるNPOにとって多くの組織から経営資源を獲得して，自らが社会変化の源流を創り出していくことはとても有意義でかつ重要だと考えられる。しかし残念ながらすべてのNPOがコレクティブ・インパクトからの経営視点を持っているとは言い難い。そこで俯瞰的な視野で社会を見渡し，多様なセクターとの関係をコーディネートする機能を持つ，組織の存在が必要である。コレクティブ・インパクトにおいても，つなぎ手としてのバックボーン組織の存在が重要であると指摘されており，これまで日本においてその役割を果たす可能性があるのがNPOを支援する中間支援組織と考えられてきた。2011年の内閣府の「新しい公共支援事業の実施に関するガイドライン」では，中間支援組織を「市民，NPO，企業，行政等の間にたって様々な活動を支援する組織であり，市民等の主体で設立された，NPO等へのコンサルテーションや情報提供などの支援や資源の仲介，政策提言等を行う組織を言う。中間支援組織自らがNPO等である場合もある。」と定義している。この定義から類推するにコレクティブ・インパクトにおけるバックボーン組織を担う資質がある組織である

と考える。しかし，近年NPOを支援する中間支援組織の組織力が低下している。その要因としては中間支援組織の大半の資金源を占めている行政からの委託事業や補助事業に多くの労力が取られ，政策提言やファンドレイジングといった中間支援組織が自立して活動するという本来のミッションを見失っているように思われる。これではコレクティブ・インパクトにおけるバックボーン組織としての役割を果たすことはできない。特にコレクティブ・インパクトで重要とされる評価機能を発揮するには，組織の独立性を維持するために行政から一定の距離を保っておくことが必要とされる。2018年に法律が制定され活用が始まった休眠預金は，中間支援組織を含めたNPOの独立性を高める資金として期待されていたが，2020年10月現在で20団体を対象として総額28億円に留まっており，年間総額1,200億円発生すると言われているその額面から考えるとまだまだ社会を大きく変えるインパクトに至っていないと言わざるを得ない。また，助成を受ける団体のなかに中間支援組織が応募していることはいささか残念な結果である。むしろ，中間支援組織はもっと積極的に草の根で活動しているNPOに目配りをして，その資金調達を含めた運営支援をすべきである。

　これまでのNPO支援ではNPOそのものへ資源提供やNPOの社会的認知度の向上が大きな課題とされてきており，それを促進するための中間支援組織も一定の役割を果たしてきた時代であった。しかし，敢えて誤解覚悟で言うのであればNPOには社会を変える力を徐々に失いつつあるのではないだろうか。そのことを示す事例として近年急速に広がり始めたSDGsに関連する動きが挙げられる。2025年に開催される大阪・関西万博もSDGsの達成が主要な目標の1つとして掲げられている。SDGsの普及に呼応するように企業の社会貢献への取り組みが加速度を増している。実際に企業のCSR報告書にSDGsの記載が増加しているに留まらず，広告内での表示や社員がSDGsのバッチを身につける等，企業活動内外にSDGsという考え方が浸透し企業が社会課題解決の担い手としてその存在感を増しつつある。一方地方部においては，自治会の法人化や地域おこし協力隊の増加等，これまでにない新たな地域活動が創出されてきている。このような企業活動や地域活動の延長線上にNPOという存在が意識されなくなってきたことを，企業や地域の人々から漏れ聞こえるようになってきた。今や企業や地域の活動は，その枠を越えて社会が大きく動かそうとしており，これがコレクティブ・インパクトの胎動といえるかもしれない。その一方

で，NPOがコレクティブ・インパクトの一翼を担う存在にはなり得ないのではないかと考える。

そこで，私はコレクティブ・インパクトの推進役として新たに大学の力を活用すべきであると提案したい。アメリカのコレクティブ・インパクトにおいてはその推進に大学が大きく貢献しており，またNPOを広義の意味でとらえれば大学もNPOの一部とも考えられる。大学が地域に貢献する存在であることが，2006年に教育基本法，そして2007年には学校教育法が改正されたことで明確になった。教育基本法第7条では以下のとおり定められている。「大学は，学術の中心として，高い教養と専門的能力を培うとともに，深く真理を探究して新たな知見を創造し，これらの成果を広く社会に提供することにより，社会の発展に寄与するものとする」。一方，学校教育法第83条は以下のとおりである。「1，大学は，学術の中心として，広く知識を授けるとともに，深く専門の学芸を教授研究し，知的，道徳的及び応用的能力を展開させることを目的とする。2，大学は，その目的を実現するための教育研究を行い，その成果を広く社会に提供することにより，社会の発展に寄与するものとする」。この改正により，従来の「研究」「教育」に加え「社会貢献」が大学の使命に据えられたことになる。

これからの日本社会にコレクティブ・インパクトの考えは多くの示唆を与えてくれるものである。ただ，残念ながら日本においてNPOの多くの組織がそれを担うマネジメント力を有していない。さらには分断されているNPOとそれをつなぐ中間支援組織の組織力低下によってNPOに対する社会の必要性は低下しつつあると考える。ここでコレクティブ・インパクトを改めて日本流に捉えなおし，NPOおよび中間支援組織が奮起すると同時に，大学がコレクティブ・インパクトの担い手としてリーダーシップを発揮することによってNPOはじめ多くの組織によい影響を与え，次世代につながる持続可能な社会の実現が可能になることを願ってやまない。

第 | 12 | 章

コレクティブ・インパクトにおける評価

　本章では，「コレクティブ・インパクトに対する評価」について記述するが，ここで記述するのは，個々のプロジェクトごとのKPIをどう設定するかという事ではない。あくまでコレクティブ・インパクトという特有の挙動を評価するにあたり，留意しておくべきことを記述するものである。

　私は地方自治体で5年間地区自治会・市民活動団体の活性化や，行政・市民活動団体・企業・大学などによる協働のまちづくりの推進に関わってきた。本書を執筆するきっかけになった「民都・大阪」フィランソロピー会議人材分科会（以下，「人材分科会」という。）のメンバーとして参画したのは，ある種，流行り言葉的に伝搬していった「協働」という手法を，実行的に，かつ施策としてどのように効果的に行っていくのか，考える必要があると感じていたからに他ならない。

　今や，どこのまちを見ても「協働」という概念を掲げていない自治体などないのではないだろうか。しかし，具体的に何をしているのか，そしてどのような効果があり，成果があるのかを可視化できている自治体は極めて少ない。

　人材分科会で議論した「コレクティブ・インパクト」は「協働」を，特に複数のステイクホルダーの参画によって行う際，効果的に進めるための仕組みである。また，「協働」で取り扱うテーマよりもより複雑化・複合化しているものに対して有効であると考えられている。複数のステイクホルダーがそれぞれ特有の資源・ノウハウを持っている場合，より幅広い多面的なアプローチが期待できる。ただし，各自の活動の動機や達成したいミッションが異なるため，必ず意識や理解にギャップが生じる。それでも無理に連携を続けていくと，衝突が生じたり，もしくはそれを避けるためにコミュニケーションを行わなく

なったりして，組織体が形骸化する。他自治体の職員と意見交換をすると，そんなケースは全国のどこでも起こっているのだと感じる。本書で示すコレクティブ・インパクトとは，全てのステイクホルダーにとって，共通の指標を設定し，取り組みの効果を各自が感じ，評価することで，さらに，それを各自の取り組みに活かし，修正・発展させていくようなムーブメントであり，組織体の形骸化を阻止できうるものである。

本章の役割としては，コレクティブ・インパクトの評価について言及することであるが，まずは前述したステイクホルダーごとの「活動動機の違い」について述べる。

1 各ステイクホルダーの活動動機の多様性

地方自治体で協働推進に携わるなかで，最初に取り組んだのは，市民活動の活性化であった。市と市民活動団体が協働するうえで，対等な関係性を築くにはお互いに自立していることが前提である。しかし，多くの市民活動団体が高齢化を主な原因として弱体化していっている。メンバー数を増やし，役割分担をできるようにするといった組織基盤の再構築が必要であった。私は，市民活動団体のメンバーを増やすには，市民活動に関心を持つ人の母数を増やす必要があると考えた。しかし，「市民活動」という言葉は，一般には「なんとなく意味は分かる気もするが，具体的には何かわからない不明瞭なもの」であり，多くの人にとっては興味の持てないものであった。そこで，まずは市民活動を行っている人に，市民活動を始めた動機や経緯をヒアリングし，人が市民活動を行うに至るまでの流れを分析した。

地区自治会をはじめとするエリア型，古くから活動する福祉系のボランティアや，より社会課題解決に目を向けたテーマ型の市民活動，さらに事業性を持たせたCB/SB等，多くの活動をしている人々と関わりを持ちながら議論を交わした。現在は，公民連携のワンストップ部署を自治体内で立ち上げ，多くの企業や大学とも連携に向けて議論を行っている。そのなかで印象的だったのが，それぞれの活動動機が非常に多様性に富んでいることである。コレクティブ・インパクトの評価方法を考えるうえで非常に重要な視点になるので，以下，そ

の多様な活動動機について，その一部を紹介する。

(1)　市民活動団体の活動動機

　コレクティブ・インパクトのステイクホルダーとして参画しうる主体のなか
で，最も活動動機に多様性が認められるものが市民活動団体である。ヒアリン
グを行うなかで把握できたものを以下に列記する。

① 　目の前の誰かを助けたい

　ある福祉系市民活動団体では，自分の身内が視覚障がいを患い，点字の勉強
を始めたところ，点訳された書物が少なく，視覚障がい者にとって情報収集が
いかに難しい社会であるかということに気づき，市の広報や小説・絵本などの
点訳を行っている。ある特定の1人を助けたいという動機から，社会課題を発
見したことが，活動につながっている。

② 　人とのつながり・付き合い

　自治会などの地区活動においては，人のつながりに起因するケースが多い。
システマチックに輪番制で役員が選出される場合もあるが，「あの人に頼まれ
たから」「あの人に誘われたから」というのが活動動機になっている。これは，
ポジティブにもネガティブにも作用しうる。日本特有の人情味や責任感により，
その役割を全うする場合もあれば，人間関係による窮屈さや負担を感じる場合
もある。また，周囲を巻き込むことに長けている人材がおり，「この人の誘い
なら楽しいに違いない」と思わせることができれば，この活動動機はポジティ
ブなものになり得る。

③ 　社会貢献意欲

　テーマ型の市民活動で多くみられるのが，社会貢献意欲を活動動機とするも
のである。何事もなく過ぎていく日常に対し，社会に対する自身の立ち位置を
見つめなおし，社会により関わりを持ちたい，働きかけをしたい，社会貢献し
たいという気持ちが生じて活動動機となるケースがある。

④ 　自己実現・好奇心

　イベントを通じて，まちの活性化に取り組む市民活動では，こんなものを創
造したいという欲求から活動が始まるケースが多い。イベントを企画し，制作
することで，想像していたものが実現されるという過程に充実感を感じ，自己

実現につながるのである。

⑤ コミュニティ・自己承認欲求

　自身の属している既存のありふれたコミュニティと異なり，自分の信念や哲学・感性などを共有できる，友達というより仲間を求めて活動をしているケースがある。活動の場自体が自身のコミュニティとなっており，仲間に認められることで，自己承認欲求が満たされたり，安心感が得られることがある。

⑥ 必要性の発見

　「ただただ，必要であると感じるから取り組む」というケースもある。たとえば，男女共同参画は社会にとって必要な考え方であり，誰しもが意識すべき事であるが充分に理解されていない。だから男女共同参画の講座を開き，啓発に取り組む。確かに，言われてみれば，この活動動機が一番シンプルであり，原点ともいうべきものであろう。

　ここまで述べたように，特に市民活動においては最も活動動機が多様である。さらにいえば，市民活動団体内のメンバーごとにそれぞれ活動動機は異なると言っていい。理想的な組織体制を構築できている市民活動団体は，メンバー間で異なる活動動機を持っていても互いの考えを擦り合わせて，組織としてのミッションを掲げている。ただ，後述の他のステイクホルダーに比べて，ミッションの達成以上に，各々の活動動機が満たされているかということにこだわっている人が多いというのが市民活動の特色の一つではないか。

⑵ 企業の活動動機

　CSR・CSVを行う企業と連携に向け，議論するなかで一番耳にしたものは，「社会課題に対し，自社は何ができるのか考えている」ということである。この言葉のなかには，大きく分けて2つの視点が存在すると考えられる。

① 社会課題・ニーズ把握による新規ビジネスの立ち上げ

　1つ目は，社会課題およびニーズを的確に把握し，市場を予測したうえで，新規ビジネスを立ち上げることである。行政施策の多くは民間企業にとっては収益の上がらない，もしくは発生しないものが多い。そのため，そういった市場がまわらないようなものについては行政が取り組んでいるわけであるが，新たなビジネスモデルが構築されることで市場が作られるケースもある。たとえ

ば，体の不自由な人の食事の用意や核家族の乳幼児の一時託児なども，昨今ではシルバー人材や主婦，学生などの空き時間を活用するシェアリングシステムの構築によりサービスとして成り立っている。社会課題がビジネスの進化によって解決され，同時に企業の新たな収益となっている。社会課題は新たなビジネスの宝庫として捉えることもできるのだ。

② 企業の在り方の再定義

2つ目は，社会に対する企業の在り方を再定義するということである。元来，社会課題に対する十分なニーズが存在し，それを解決できるサービスを提供することで収益を上げて存在してきたのが企業であるが，収益を優先するあまり，社会に貢献するという考えが薄れていた。しかし，2003年以降，CSRという用語が浸透してきたことからも見えるように，企業としての社会的責任が再認識されている。また，近年ではマイケル・ポーターが提唱したCSV（共通価値の創造）も注目されており，経済効果と社会価値の創出の両立を目指す企業も多く現れている。自社のバリュー・チェーンを見直して選ばれる企業とするためには，生産地などの地域課題や製造に伴う，もしくは関連する社会課題を解決することが非常に重要になる。このような考え方を企業のミッションとして組み込み，多くの企業が取り組んでいる。

一例として，ある石材店の社長の話がある。地域の共同墓地は，地域の一部の住民たちにより共同で設置されたものであるが，過疎化やコミュニティの衰退，生活様式の変化などにより，管理組合が弱体化しているとのことであった。さらに，昔と違って墓参りに訪れる人も減り，それぞれの墓石も管理が行き届いていない。そこで，墓石を売るだけでなく，共同墓地の管理の役割を石材店が担うようになっていくのではないか，そうすることで地域に選ばれる石材店になるのではないかと。また，財産整理などの終活相談も請け負い，人との関わりを増やしていくことが重要なのだとのことであった。まさにCSVの考え方といえるのではないか。

このように，企業においては，活動動機にもとづき，ミッションが設定されているというよりも，新たなビジネスの創造，もしくは企業の社会に対する在り方を見直すことを目的として，ミッションが設定されているケースが多く見られる。

(3) **大学の活動動機**

　大学にとっての活動動機は大きく分けて３つある。

① **研究**

　社会課題はいくつもの課題が複雑に絡み合っている場合が多い。社会学，工学，経済学，農学，…各学問からのアプローチが必要となる。また，それを解決する組織体や受益者も多様性に富んでおり，組織論，心理学，統計学などさまざまな学問から考察・分析することができる。そのため，社会課題を研究テーマとして考察しがいのあるものと感じれば，大学としての活動動機になりうる。

② **社会・地域に対する貢献**

　国立大学の３類型化などを契機に社会や地域に対する大学の貢献が非常に重要視されている。少子化に伴って大学の生き残り競争が激化することが予想されるなか，大学の社会的評価を高めるために，社会・地域貢献に取り組むことは１つの活動動機になる。

③ **学生の教育**

　学生への教育としては，座学だけでは社会の実態をつかむことは不可能である。社会課題に直に触れ，現場で何が起きているかを体感することで本当の理解につながる。また，現場ではテストの回答のように正解が１つではないし，何より回答そのもの以上に回答に辿り着くための過程が重要であることが多い。社会人になった際に座学以上に貴重な経験となるため，大学は学生に社会課題に取り組ませる。また，そういった特色のある授業があることで学生にも支持される大学になることができる。

(4) **行政の活動動機**

　行政の活動動機は上記のものと異なり，非常に単純である。日本国憲法に規定されるとおり，公務員は全体の奉仕者であるから表面化している，もしくは潜在的ではあるが現段階で取り組む必要が認められる社会課題，地域課題に対して取り組む。市民および社会に対する福祉の向上そのものがミッションである。

(5)　中間支援組織の活動動機

　中間支援組織は，ステイクホルダーを仲介し，ときには協働をコーディネートする。そうすることで，社会課題を解決するというミッションを持っており，コレクティブ・インパクトへの参画動機も理解が容易い。

　ただし，中間支援組織とは，一法人，一団体として必ずしも存在すべきものではなく，ときには，参画しているステイクホルダーがそういった存在にも随時なりうるものである。あくまで，ステイクホルダー同士の仲介役となり，協働をコーディネートする能力があれば，個人でもよく，また，実事例においては本人が気づかないうちに中間支援の役割を果たしているケースも多い。コレクティブ・インパクトにおいて，ある特定の中間支援組織が存在しているというより，各ステイクホルダーが，その時々に中間支援組織になりうる，いわば中間支援がクラウド化している方が有機的に協働することができるだろう。

■図表12−1　各ステイクホルダーの活動動機の多様性

ステイクホルダー	活動動機の例
市民活動団体	◇目の前の誰かを助けたい ◇人とのつながり・付き合い ◇社会貢献意欲 ◇自己実現・好奇心 ◇コミュニティ・自己承認欲求 ◇必要性の発見
企業	◇社会課題・ニーズ把握による新規ビジネスの立ち上げ ◇企業の在り方の再定義
大学	◇研究 ◇社会・地域に対する貢献 ◇学生の教育
行政	◇存在意義そのもの
中間支援組織	◇有機的な協働の実現

出所：筆者作成

2　日本におけるコレクティブ・インパクト

　これまで，ステイクホルダーの活動動機やミッションの多様性について記述

してきた。人材分科会で議論したなかの気づきとして，実際の事例としては，システマチックに組織体制を設計し，ステイクホルダーを選定したのちにコレクティブ・インパクトが発生するのではなく，スモールスタートで徐々に参画者が増えていく事例が多く存在することが分かった。

　参画者が増えていく要因として，ヒアリングを行った結果，プロジェクトへの共感や人のつながりによるものが多数を占めた。これらは日本特有の人情味を大事にする気質に起因するものではないかと考えられる。「お世話になった人に誘われたから」，「この人と一緒に取り組めば楽しいと思うから」「自分の近くにも同じ問題で困っている人がいるから」など，ステイクホルダーごとに，これまでに述べたような多様な活動動機があり，プロジェクトに対し，それぞれの共感の仕方がある。それによって，ステイクホルダーが増えていくという流れが日本においては自然である。

　そう考えると，第1章でも論じられているように，日本においてコレクティブ・インパクトを論じるにあたっては，CI2.0で定義されている5つの要素よりはCI3.0で定義されている5つの要素の方が適している（第1章図表1－4参照）。

　たとえば，共感によってステイクホルダーが増えるというのは，まさにコレクティブ・インパクトで扱うテーマが「コミュニティの願い」になっているからであるし，それを叶えるために，多種多様なステイクホルダーが参画してくるというのは，「全ての関係者の参画」にあたる。コレクティブ・インパクトは固定化された手法というよりは，そういったムーブメントであると考えることができる。

3　何のために評価するか

　日本において，ある複雑化・複合化した社会問題に対して，その時々の解決方法をその時々の参画者で生み出し，成果として表していくムーブメントこそが日本におけるコレクティブ・インパクトであるとするならば，何をもって，評価する意義とすべきか。

　前述したとおり，活動動機やミッションの多様性を認めたうえで，CI3.0と

いうムーブメントをいかに生み出していくかという視点に立てば，「評価」を「目標に対する現在地の確認」と定義するだけではなく，「各ステイクホルダーのコレクティブ・インパクトへの参画意欲の維持・向上」に活用するという視点も必要である。

　評価を通じて，全ステイクホルダーがプロジェクトのミッションだけでなく，自身のミッションについても達成に向かっている，あるいは，活動動機が満たされていると感じることでそれぞれの取り組みの意欲が向上する。要するに，客観的で数量的な評価基準だけでなく，各ステイクホルダーによる主観的で質的な評価基準も盛り込む必要がある。むしろそれこそが，CI3.0の一つの要素である「全ての関係者の参画」を実現するためには重要なものである。コレクティブ・インパクトというムーブメントを生み出せているか，また，生み出し続けられているかというのが評価をする意義ではないか。

4　どんな評価指標が必要か

　これまで述べたことを踏まえて，コレクティブ・インパクトという特有のムーブメントの評価に際し，設定すべき評価指標について記述する。以下，コレクティブ・インパクトの組織体制に対する評価指標と，目標に向けての現在地を確認するための評価指標という2つの視点に分けて述べる。

4.1　コレクティブ・インパクトの組織体制に対する評価指標

　まず，コレクティブ・インパクトの組織体制に対する評価指標について記述する。組織を考えるうえで，(1)バックボーン組織や事務局として行うべき評価の指標と，(2)ステイクホルダー全体で行うべき評価の指標が存在する。

(1)　バックボーン組織や事務局として行うべき評価の指標

　ここで記述するのは，評価指標というよりは組織を成り立たせるうえで，俯瞰的に全体を見られるバックボーン組織や事務局が裏方として確認しておくべきことである。まず，第1にリーダーが存在しているか。特に，知らず知らずのうちに助けたくなる，一緒に取り組みたくなるようなリーダーの存在が重要

である。次に，それを支え，各ステイクホルダー間の調整を行ったり，全体の方向性を前進に向かわせるためにフォローしたりするような，優秀なバイプレイヤーが存在しているか。そして，自身のミッションを他のステイクホルダーに押し付けたり，建設的議論を阻害したりする参加者がいないか。また，全体を俯瞰的に捉え，効果が最大になるようにマッチング，コーディネートを行うような存在がいるか。バックボーン組織や事務局としてはこれらのことを評価し，随時確認しておく必要がある。

(2)　ステイクホルダー全体で行うべき評価の指標

　組織全体として各ステイクホルダーが評価を行うことで，各々のプロジェクトへの満足度や関わり方について，見つめなおすことができる。コレクティブ・インパクトというムーブメントを起こすうえでは，以下の指標に対する評価を各々が行うことが，継続的に有機的に実施するために非常に重要になる。

① 各ステイクホルダーの自立性，協調性，親和性

　コレクティブ・インパクトでは，各ステイクホルダーの活動が他のステイクホルダーに依存しておらず，自立しているかどうかが重要である。これは，連携してはいけないということではなく，人的負担や事務的負担など他者に強いていないかということである。協働においてもいえることであるが，対等な立場で互いに自立していること，また，そういった意識を持つことが，プロジェクトを継続するうえで非常に重要となる。

　一方，自立しているものの互いに一切干渉しないというのでは，プロジェクトに参画する意味がない。互いの活動や存在を認めながらも協調しあい，自身の活動の形に囚われすぎることなく，より有機的な連携になるようにお互いの活動をアップデートし，親和性を高めていくことができているかという指標が必要である。

② 各ステイクホルダーの考えを共有しあう仕組みがあるか，建設的な意見交換になっているか

　それぞれの活動による客観的で数的な実績は共有できても，他のステイクホルダーがどのような活動動機を持ち，プロジェクトに対しどう感じているかは話し合わないと知ることができない。コレクティブ・インパクトには，そう

いった各ステイクホルダーの考えを共有し合う場や仕組みを設けることが必要
である。また，共有する場や仕組みにおいて，建設的な意見がなされているか
どうかについても意識するべきである。ありがちなのが，社会課題の解決が非
常に困難なため，議論がぐるぐる回ってしまい，前に進まないということだ。
組織体として決めた大まかな方向性やロードマップに則って，現段階でそれぞ
れがどのように考え，感じているかを共有し，次のステップへ向けて建設的に
議論することが重要である。組織体として決めた大まかな方向性やロードマッ
プを根本から覆すような議論であれば，深みにはまってしまい，議論が前に進
まなくなる。多様な主体が参画する場合は各自その点を自身で評価し，意識す
る必要がある。

③　参画に対してどれくらい満足しているか，充実感を得ているか。また，各
　　ステイクホルダー内の構成員は満足しているか，充実感を得ているか

　活動動機が多様であることや，各ステイクホルダー内の各メンバー同士でも
活動動機が異なるため，継続的な参画が行われるためには，プロジェクトへの
参画に対して，各自どれくらい満足し，充実感を得ているかということを評価
することが必要である。

　また，満足度・充実度を評価することで組織体が形骸化する危険性を事前に
感知することもでき，瓦解する前に事務局などが満足度・充実度が低いステイ
クホルダーに対してヒアリングを行い，問題点を把握することができる。

④　ステイクホルダーの組織ミッションに沿っている取り組みになっているか

　活動動機が多様なように，ミッションもステイクホルダーごとに多様である。
コレクティブ・インパクトは共通のミッションを持つ，もしくは全ステイクホ
ルダーによりミッションを決定する組織体であるので少し意外に思うかもしれ
ないが，実際には多様性は存在しうる。大目標としては同じなのだが，中目標
や，小目標はお互いに異なるのである。

　それぞれのミッションの最大公約数的な部分がコレクティブ・インパクトの
ミッションになるというイメージだ。そのため，各ステイクホルダーとしては，
自身の活動のミッションとコレクティブ・インパクト全体のミッションを照ら
し合わせ，あくまで一致する部分に関して取り組んでいくというくらいの姿勢
のほうが継続できる。また，各ステイクホルダーもミッションの多様性を意識

し，自身のミッションを他のステイクホルダーに押し付けていないか評価することで意識づけを行う方が良いだろう。

⑤　プロジェクト達成に必要なノウハウ，資源を有するステイクホルダーが参画しているか

　コレクティブ・インパクトで取り扱う社会課題は，複雑化しており多面的なアプローチが必要なものが多い。そのため，多様なノウハウ・資源を有するステイクホルダーの参画が必要である。よくある同類種の市民活動団体同士の連絡会のようなものではなく，異種の活動やノウハウ・資源を持つステイクホルダーの参画が必要である。また，それらのノウハウ・資源がしっかり掛け合わさって相乗効果を生み出されているかという視点も評価には重要である。

■図表12－2　ステイクホルダー全体で行うべき評価

チェック	項　　　目
	ステイクホルダーの自立性・協調性・親和性
	ステイクホルダー間の考えを共有しあう仕組み
	ステイクホルダーの参画に対する満足・充実度
	ステイクホルダーのミッションとプロジェクトのミッションとの乖離
	プロジェクト達成に必要なノウハウ・資源を有するステイクホルダーの参画

出所：筆者作成

4.2　目標に向けての現時点での成果に対する評価指標

　続いて，目標に向けての現時点での成果に対する評価指標についてだが，目標自体がプロジェクトごとで異なるため，具体的な評価指標を示すことができないので，一般的なKPI設定と異なる点についてのみ記述する。それは，各ステイクホルダーの参画意欲を維持継続，あるいは向上させるという視点に立って指標を設定する必要があるということである。

　たとえば，子どもの貧困をテーマに設定し，ステイクホルダーに子ども食堂を実施する団体が参画しているとする。子ども食堂の参加数を指標として設定し，その人数が増加していないという評価をされれば，その団体としてはどう感じるだろうか。参加した子どもが居心地よかったと感じたか，もしくはそこ

にいた大人と仲良くなり，普段から相談をできる関係性が構築できたかといった点を重視しているにも関わらず，参加人数という指標が増加してないというデータを取り上げて評価されたのでは，評価されること自体に不満を抱いてもおかしくない。また，もっと大きい枠組みで捉えれば，子どもの貧困率を計測し，評価したとして，子ども食堂の実施と子どもの貧困率の減少が数値として，分かりやすく結びつくわけではないので，評価された方も実感しにくい。

　つまり，目標に向けての現時点での成果に対する評価指標は，プロジェクトのミッション達成につながるロジカルな指標とともに，各ステイクホルダーの活動意欲が湧いてくるような指標を設定すべきなのである。また，そういった指標の設定は，第三者によってではなく，各ステイクホルダー自身が設定すべきものである。

5　まとめ

　コレクティブ・インパクトという特有のムーブメントを評価する意義と，どのような評価指標を設定し，評価を行うべきか述べてきた。特に，日本においては，各ステイクホルダーの活動動機に多様性が見られ，コレクティブ・インパクトを継続的・効果的に実践していくためには，客観的で数量的な評価基準だけでなく，各ステイクホルダーによる主観的で質的な評価基準も評価には盛り込む必要がある。

　また，ステイクホルダー自身が評価指標の設定や，評価の過程に関わることで，それぞれのコレクティブ・インパクトへの関わり方を見つめなおし，自身の活動意欲を向上させ，他のステイクホルダーとの連携や，組織全体に対する自立性・親和性を確保するということが重要になる。

　実際の現場では多くの場合，人間関係によって，上手く連携がとれるかどうか変わってくる。全体としてのミッションが明確であっても，多くの軋轢が生じる可能性があり，上手く事が進むかどうかは中間支援組織がどれだけ上手く調整できるか，また，各ステイクホルダーが自身も一員であるという意識を持っていられるかにかかっている。

第 13 章

コレクティブ・インパクトのための組織

1　はじめに

　コレクティブ・インパクトとは，文字どおりの「集合的なインパクト」という現象や効果のことなのか，それとも企業のための新しい手法やツールのことなのかは必ずしも明確ではない。もしかすると，これまでの多くのマネジメント関連のコンセプトやツールと同様に，コンサルティング・ファームによって作り出され，広められていった，いわばキャッチーなマネジメント用語のひとつなのかもしれない。

　そのような印象は，コレクティブ・インパクトという言葉が『ハーバード・ビジネス・レビュー』や『スタンフォード・ソーシャルイノベーション・レビュー』といったビジネス・スクールによって刊行されるジャーナルを舞台にして登場したということや，誰よりもこれに熱心に取り組もうとしているのが企業であるという状況によると思われる。

　しかし，いうまでもなくコレクティブ・インパクトは企業だけのものではない。むしろ，これまで行政や非営利組織が取り組んできた社会課題の解決のための活動や，そのための方法のひとつとして試みられてきたパートナーシップの世界に，これまでは傍観者かせいぜい応援者でしかなかった企業が，ようやく主体の一角となって関わりはじめたというのが実際のところだろう。

　もうひとつ，このコレクティブ・インパクトという用語がキャッチーなマネジメント用語の印象を与えてしまう理由が，それが具体的な手法としての体系を今のところは示せていないということと，組織やパートナーシップに関する

これまでの研究がほとんど参照されていないということにある。CSVにしても
コレクティブ・インパクトにしても、「そういう状態になることが望ましい」
という理想の姿が示されているだけで、本当にそれが望ましいことなのかどう
かの議論も、それを実現するための指針の裏づけとなる論理や検証も十分なさ
れていない。いくつかの華々しい成功事例だけが示され、それがコレクティ
ブ・インパクトというイノベーションによってもたらされたと説明される。経
営学や組織論をはじめとする諸研究分野で積上げられてきた概念や理論に触れ
ることなく、あたかも新しい時代の新しい革新的な方法がコレクティブ・イン
パクトであるという表象となっているのである。しかし、これまでにも社会的
インパクトをもたらした諸組織の集合的活動は数多く見られたし、その分析も
行われてきた。

　しかし、たとえ実際の内容が新しいものでないとしても、そうした表象に
よってこれまでとは違う局面が現れるとしたら、その意義は認められるべきだ
ろう。実際、CSV、コレクティブ・インパクト、あるいはSDGsという言葉に
よって、社会課題解決への取り組みのコミュニティのなかに、企業やこれまでな
らビジネスの世界で活躍していた人材が加わるようになっている。Schumpeter
が言うようにイノベーションとは「新しい結合」であり、ビジネスにおいては
技術の革新だけではなく、それを製品化し、バリュー・チェーンをはじめとし
た諸システムとして統合化されたときにイノベーションとして認知されるので
ある。

　コレクティブ・インパクトについては、まだまだ学術的に吟味されていると
は言い難いが、ここではこのようにその意義をいったん認めたうえで、新結合
に至るプロセスに関して、これまでの組織論等の知見を接続させる。とりわけ、
コレクティブ・インパクトの議論のなかでバックボーンとされる組織について
検討する。

2　多様な主体の集合の動態

　Collective Impact Forumによる「コレクティブ・インパクトとは何か」では、
コレクティブ・インパクト論の出発点となったKania and Kramer（2011）を

受け継いで，次のようにコレクティブ・インパクト全体を説明している[1]。

「共通のアジェンダから始まる」
問題をみんなで定義し，それを解決するための共有ビジョンを作るために集まる。

「共通の尺度を作る」
同じ方法によって進捗を確認することで継続的な改善を可能にする。

「相互に活動を強化する」
最終的な結果を最大化するための集団的な取り組みを調整する。

「継続的なコミュニケーションを促進する」
すべての参加者間の信頼と関係を築く。

「強いバックボーンを持つ」
グループの作業のオーケストレーションに専念するチームを持つ。

　コレクティブ・インパクトを説明する際にもっともポピュラーになっているこの5つの特徴を見ると，社会課題に向き合う活動に関するこれまでの議論と比べて，ある種の欠落ないしはスキップされている点があることに気づく。それは，課題がどのようにして知覚され，そしてそれがコレクティブ・インパクトによって解決を図られる対象として認識，共有化されるかについてのプロセスの説明である。コレクティブ・インパクトの説明は，「共通のアジェンダ」や「共有ビジョン」を作るところからスタートしているが，それには問題がすでに多くのアクターによって知覚されており，そしてそれが取り組むべき課題として認識されていなければならない。つまり，コレクティブ・インパクトの取り組みは，課題の存在自体は所与とされているのである。

---

1)　Collective Impact Forum のホームページ内 "WHAT IS COLLECTIVE IMPACT"
　　https://www.collectiveimpactforum.org/（2020.9.30.確認）

課題の存在を所与とすることの問題点は，まず第1に，その課題を事前に認識しているアクターしかコレクティブ・インパクトに参加しないというロジックになってしまうことであり，第2に，コレクティブ・インパクトの発生が課題の存在に依存するというロジックになることである。つまり，1970年代以降の組織論の概念でいえば，コレクティブ・インパクトの議論は環境決定論になっているということである。

　コレクティブ・インパクトの議論では，多様な主体が取り組むべき社会課題はすでに存在しており，またそれが諸主体に認識されている。したがって，やるべきことがらはその課題の共通化，取り組むべき活動の具体化，アジェンダ設定，評価基準の設定，フィードバックや修正のシステムの設定ということになる。

　これは経営学でいえばPDCAサイクルなどに代表される管理過程学派のロジックである。つまり，そこでは最終のゴール（利益）とそのための手段（事業）が所与で，それを改善しながら効率的に進めるためのロジックが整理されているのである。管理過程学派は経営管理論ではオーソドックス学派ともよばれるもので，実際のビジネスの世界での基本的なロジックになっており，その具体的手続き（経営管理手法）は実践を通じて磨き上げられてきた。そういう意味では，コレクティブ・インパクトが社会課題への取り組みの活動を加速させたのは，ビジネスの世界から見て理解しやすいロジックになっているために，企業の参加を促し，その諸資源や手法を持ち込めたからであろう。

　たしかに，いったんこのようなマネジメント・サイクルに入ってしまえば，ものごとは進みやすく，またそれは企業にとっては理解しやすい世界観となるだろう。しかし，社会問題の存在やそれを課題と見なすことを与件とするのはナイーブすぎるものだろう。たとえば，社会運動の世界では社会問題の表出や，それを課題としてイシュー化することこそが団体によっては運動の目的でさえある。社会問題ははじめから存在するというよりは，誰かがそれを社会問題として気づき，そしてそれを多くの人びとに知らせ，課題として認識させる活動に成功したからこそ，世間一般の人びとの前に社会問題として現れるのである。さらにそれを解決すべき対象として多くの主体の合意を得るには正当性を確保する必要もある。

3　アドボカシー，フレーミング

　市民活動団体やNGOなどの非営利組織は，まだ世間ではあまり知られていない問題，あるいは意図的にネグレクトされてきた問題の存在を人びとに知らしめ，その解決に人びとの関心が向かうようにさまざまな活動を行う。それらの活動はアドボカシー（advocacy）とよばれる。「唱道」という訳語が与えられるように，人びとの先に立って思想や信条を説くもので，まだ問題が人びとに認知されていないからこその活動である。

　コレクティブ・インパクトの起点は，本来であればこのような「問題」の構築であり，それを踏まえての「課題」の設定であるはずだ。「問題」は誰かの目に問題として映ったからこそ問題になり，「課題」は誰かの目に解決すべき問題として映ったからこそ課題となる。多様な主体が最初から同じように，そして同時に問題や課題を認識しているわけではない。同じことがらに対しても，そもそもそれを「問題」と認識するかどうかも主体によるし，「問題」と認識されたとしてもその解釈のしかたは異なるのである。

　社会運動論のなかでは資源動員論において，フレームあるいはフレーミングとして論じられるのがこのトピックである。あるものごとや出来ごとに関して，それの見方，解釈，取るべき態度などを枠づけするというものである。運動の主体は，ものごとや出来ごとに対して，自分たちが進めようとする方向に有利になるようにフレーミングを行い，人びとの支持，資金，人材などを動員しようとするというモデルである。

　コレクティブ・インパクトの議論では，こうした問題や課題の構築プロセスがスキップされてしまっているので，誰の目にも問題や課題として映ることがらしか扱われないおそれがあるだけでなく，アドボカシーやフレーミングを行う特定の主体の意図に他の主体が利用されるおそれや，事業が具体化するにしたがって認識のギャップが広がり，途中で全体が解体するおそれなどがある。それらの事象は，社会運動をはじめとする諸組織の集合的活動の多くのケースで観察されることである。

4　イシュー・ネットワークと政策コミュニティ

　問題や課題の構築プロセスを，ある特定の主体のフレーミングと捉える社会
運動論に対して，政治学ではイシュー・ネットワークから政策コミュニティ形
成へのプロセスと見なす研究がある。政治の世界では，ビジネスの世界におけ
る利益のような明確な目標やそれにしたがった業績評価尺度がない。さまざま
な問題，価値，意図が交錯し，そしてそれらが常に発生，消滅，再出現，統合，
分離などのダイナミックな変化を見せる。そんな状況のなかでいくつかのイ
シューが政治的な対象となり，それをめぐってさまざまなアクターが参加した
り，交渉したり，退出したりする。そうした複雑な政治の様子を諸アクターの
ネットワークの動態として捉えようとするのが政策ネットワーク論である。

　この政策ネットワークを，イシュー・ネットワークと政策コミュニティとい
う２つの理念型で論じたのがRhodes & Marsh（1992）である。多様な主体と，
多様な問題や価値や意図が交錯する政治のなかで，多くの主体が問題や課題あ
るいはその解決の機会として知覚することで，特定のものごとや出来ごとが争
点化する。その争点は多様な主体によって問題あるいは課題として認識され，
共通化された状態がイシュー・ネットワークである。ここで注意せねばならな
いのは，争点を知覚したり，イシュー・ネットワークに参加する主体は，政治
活動を行う主体に限られないということである。社会のなかで特定のことがら
を争点として知覚する主体が，それを課題として認識した状態で緩やかに結び
ついたネットワークとなっているのである。

　このイシュー・ネットワークのなかで，アドボカシーや課題解決に向けての
活動にコミットし，より強く結びついた状態が政策コミュニティである。異な
るセクターにあったり，異なる利害などを持ちながらも，特定の争点にコミッ
トし，集合的な行動をとる。**図表13－1**はイシュー・ネットワークと政策コ
ミュニティの違いを整理したものである。

　政治学では社会ガバナンス論としてこうした政策ネットワーク論が論じられ，
国家を前提としたガバナンスの状況が変化してきたことから，多様な主体によ
るネットワーク・ガバナンスや自己組織化ガバナンスが論じられた（Rhodes

■図表13－1　イシュー・ネットワークと政策コミュニティ

	イシュー・ネットワーク	政策コミュニティ
構成メンバー	・広範囲で大きい ・幅広い利害関係 ・包括的利害関係	・限定的 ・意識的排除もあり ・経済的・専門的支配
統　合	・接触頻度・強さは変化 ・変動的 ・常に摩擦が存在	・頻繁でタイトな相互利用 ・価値・成果の持続性 ・諸価値の共有
資　源	・いくらかの参加者は保有 ・協議による関係 ・多様で変化しやすい配分	・全参加者が保有 ・参加者間での交換関係 ・諸組織内では階層的
パワー	・不均衡な資源配分とアクセスによる不均衡 ・ゼロサム・ゲーム	・均衡的 ・アクティブサム・ゲーム

出所：Rhodes & Marsh（1992），p.187を要約して作成

■図表13－2　イシュー・ネットワーク，政策コミュニティ，組織

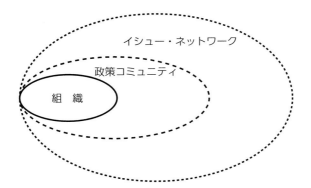

出所：筆者作成

1997）。しかし，メタレベルあるいはメゾレベルではなく，ミクロレベルでイシュー・ネットワークと政策コミュニティを見た場合，そこには多様な主体によるゆるやかなネットワークから，多様な主体による集合的活動や集合的戦略が発生し，さらにそれらを実際に支えたり，推進する組織体の出現という流れが生じることがある[2]。そのイメージを示したのが**図表13－2**である。ゆるや

2）　1995年に発生した阪神・淡路大震災をきっかけに，NPO法の制定に向けた多様なアクターによるイシュー・ネットワークが現れた。また，それと連動してNPO法が制

かな結びつきが，より強いコミットを有する諸アクターのコミュニティを形成
し，さらにそのなかで全体を統括したり，イシューに対するミッションを維持
させる役割を担う組織が現れるという捉え方である。

5　集合的活動の先行分野

　組織に関する研究は，企業だけを対象としているわけではない。企業を対象
とする一般的な経営学における組織論でも，企業以外の組織やネットワークや
運動体の研究から導かれた多くの概念や分析手法が援用されている。コレク
ティブ・インパクトについては，企業はその担い手の一角にすぎないので，経
営学的な見方は活用できる部分はあっても，すべてがカバーできるわけではな
い。むしろ，コレクティブ・インパクトのターゲットが社会課題であることを
考えれば，その全体としてのロジックや行動原理は行政や非営利組織の方に近
いものとなるだろう。

　行政学の世界でも，多様な主体による集合的活動は注目されてきた。1980年
代を中心にそれまでの福祉国家論を目指した政策による行政の肥大化や財政問
題への反動から，マネジリアリズムを導入した，いわゆるニュー・パブリッ
ク・マネジメントがアングロサクソン諸国で一世を風靡したが，その模範と
なっていたイギリスでは保守党から労働党へと政権交代し，ニュー・パブリッ
ク・マネジメントは軌道修正され，民間非営利部門により大きな役割を担わせ
るマルチセクター・パートナーシップなどが導入されていった。その中でも貧
困地区などをターゲットした包括補助金制度やそれを受けて地域課題に対応す
るための仕組みとしての戦略的パートナーシップ（LSP；Local Strategic
Partnerships）は，多様な主体による地域課題への取り組みのスキームとして
注目された（金川 2008，吉田 2008）。

　しかし，この戦略的パートナーシップはあくまでも国主導のスキームとして
近隣地域再生資金（NRF；Neighbourhood Renewal Fund）の対象地域で設

定され，NPO法人が設立されていく前にそれを牽引すべく日本NPOセンターが設立
された。それは，イシュー・ネットワークから政策コミュニティが形成され，さらに
はひとつの組織が設立された流れとして見ることができるだろう（cf. 吉田，2009）。

置が義務づけられたもので，貧困度の高い地域の再生という目標が前提となったものであった。とはいえ，その当時のイギリスにおいて88もの地域で大がかりなマルチセクター・パートナーシップが実践されていたことは記憶しておかねばならないだろうし，そこでの経験は組織論的視点からあらためて分析される必要があるだろう。

　一方，組織論の分野では1960年代中頃から単体としての組織ではなく，組織間の関係や諸組織の集合的戦略についての研究が蓄積されてきた[3]。そこではビジネスの分野を対象とした研究もさることながら，むしろ非営利セクターや地域コミュニティなどを対象とするものが多かった[4]。また，その分析の単位も組織と組織との1対1の関係から，1対多，ネットワーク，多様な主体が混在するコミュニティなど多様化していった。さらに，組織間関係の変動やライフサイクルなども研究された。

6　組織間連携の変動とバックボーン組織

　膨大な組織間関係論の研究のなかでも，組織間関係の変動と組織間関係の調整を行う組織との関係について研究したProvan（1983），D' Aunno and Zuckerman（1987）は，コレクティブ・インパクトとバックボーン組織について検討するのに重要な示唆を与える。まず，簡単にこれらの研究の内容を整理したい。

　Provan（1983）は，3つ，もしくはそれ以上の組織の連結の変動を論じたものである。緩やかな組織間の連結というよりは，連合体（coalition）とよばれるようなある程度明確なメンバー資格が設けられているような連結が対象となっている。連合体についてはさまざまな議論がなされているが，単に連合というだけではカバーしきれないような多様性を有するために，Provan（1983）をはじめいくつかの研究においては連合の他に連邦，あるいはフェデレーションという言葉が用いられる。

---

3)　組織間関係論の既存研究のレビューについては，佐々木（1990）を参照のこと。
4)　初期の組織間関係論は，むしろ行政施策の視点からの多様な非営利組織の組織間コーディネーションを課題として展開された。この点については佐々木（2005）によっても指摘されている。

フェデレーションと連合との相違は，フェデレーションにおいては全体を管理する独立的組織が存在するという点にある。Provanはフェデレーションを，自発的フェデレーションと委任統治的フェデレーションの2つに分け，さらに自発的フェデレーションを，参加的フェデレーションと独立的フェデレーションに分けている。

　自発的フェデレーションは，「2つあるいはそれ以上の数の組織の相互依存的活動を管理，統制する必要性に対する諸組織の管理者の知覚」を基礎にし，他方の委任統治的フェデレーションは，「その設立によって利益が最高となる外部グループの知覚」を基礎にする。つまり後者の委任統治的フェデレーションは，法的な強制あるいは外部グループによる強力な圧力によって諸組織をフェデレーションに加入させる形となる。またフェデレーション自体の管理も，加入組織が主体となるのではなく，第三者である外部グループがそのパワーを背景に行う。

　さらに自発的フェデレーションは，全体の管理を行う中核的組織であるフェデレーション管理組織（Federation Management Organization：FMO）が，加盟組織の参加によるものなのか，それとも別の独立した組織なのかによって，参加的フェデレーションと独立的フェデレーションとに区別される。これらを整理したのが**図表13−3**である。

　この図表13−3で示されるのは，複数の組織が連結し共同的活動を取る連合の状態から，その連結にもとづいた活動を管理するための専門組織（FMO）を備えたフェデレーションの段階に変化し，さらにその専門組織がより独立的なものに変化し，最後には全体がひとつの組織ともいえるような公式的な連結の状態になるという移行の姿である。しかし，必ずしも組織間連結がこのような段階を経て変化するとは限らず，連結の強さや公式性が進むと全体の姿が変化していくことを示しているのである。

　このような組織間連結の変動をより明示的に考察したのがD'Aunno and Zuckerman（1987）によるフェデレーションのライフサイクル・モデルである。そこでは，1970年代から1980年代にかけてのアメリカの病院の組織間連結の観察にもとづいて導出された4つの段階から成るフェデレーションのライフサイクル・モデルが提示されている。

■図表13－3　組織間連携とフェデレーションのタイプ

ネットワークの特性	連合体	自発的連邦		委任統治的連邦	所有システム（組織内的）
		参加的	独立的		
加入の基礎	相互の便益および安定性	以前にも増した複雑性の減少	以前にも増した合法性	法的強制あるいは強力な外部圧力	所有権
ネットワーク管理への加入者の参加	高	中	低	低	低
ネットワーク中の組織の数	少から中	中	中から多	少から多	少から多
FMOのパワーの主な源泉	該当せず	加入者	加入者	第三者	所有者
合法性にとってのネットワークの重要性	低	低から中	中から高	高	低から高
必須性（重要性／問題の浸透性／FMOによる資源の仲介性）	該当せず	高	低から高	中から高	中から高
FMOの代替性（サービスその他を獲得する能力）	該当せず	中から中高	中から低	低	低
例	共同プログラム 共同購入 兼任重役	互助的社会的サービス いくつかのマルチホスピタル・システム（営利病院チェーン） いくつかのカルテル(OPEC)	ユナイテッド・ウェイ NCAA事業者団体 いくつかのマルチホスピタル・システム（営利病院チェーン）	プロ・スポーツリーグ 社会福祉団体	持株会社 コングロマリット 多角化企業
ネットワーク構造					システムの経営者の行うコントロールによってさまざま（一般的には，独立的連邦に類似）

（注）○＝ネットワーク内の組織，□＝連邦管理組織（FMO），△＝加入者の活動および決定を監視しようとする第三者，――――＝強い関係，━━━━＝中程度の強さの関係

出所：Provan（1983），p.83より作成

第1段階は，連合体の出現である。連結する各組織が共同的な活動の必要性，共通の目的に同意しているものの，自己のオートノミーを脅かすような中核組織の形成，権限や資源の委任には至らない段階である。つまり，フェデレーション形成の前段階である。

　第2段階は，連合体がフェデレーションに移行した状態である。フェデレーション自体の管理を専門とする管理者グループ（組織）が設置された状態である。フェデレーションとしての調整や統制のシステムが整備される時期となる。

　第3段階は，フェデレーションの成熟期である。フェデレーションの活動がある程度進み，どのくらい目標が達成できたかがカギとなる。それによってメンバーのコミットが維持できるかどうか決まる。

　最後の段階は，メンバーのフェデレーションへの依存が進んだ状態で，それ以上の管理組織への依存とパワーの集中が進むと，それはもはや組織間の連結

■図表13－4　フェデレーションのライフサイクル・モデル

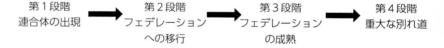

第1段階 連合体の出現	第2段階 フェデレーション への移行	第3段階 フェデレーション の成熟	第4段階 重大な別れ道

各段階での発展のカギ要因

○貴重な資源に対する脅威と不確実性をもたらす環境 ○組織の共有されたイデオロギーおよび類似の依存性	○連合体の目的を達成するためのモチベーション ○貴重な資源の連合体への依存	○フェデレーションの利益を第一にすることへの自発性 ○以前の投資から受け取ったメンバーの便益	○メンバーにハイアラーキーを追求するかあるいはフェデレーションからの離脱を動機づけるフェデレーションへの集中および依存の増大

各段階でのタスクの例

○連合体の目的の定義づけ ○メンバー資格の規準の開発	○管理者グループの雇用あるいは形成 ○調整および統制のための機構の確立	○定めた目標の達成 ○メンバーのコミットメント	○フェデレーションの将来についての決定の処理

出所：D'Aunno and Zuckerman（1987），p.538より作成

というよりはひとつの組織に近いハイアラーキー構造となってしまう。

　D'Aunno and Zuckerman（1987）では，このようなライフサイクル・モデルを前提に，病院間の連結について15の仮説が提示されている。

仮説1：病院は，貴重な資源の供給者に相対的に独立している場合よりも，貴重な資源をめぐって行為者に依存する場合のほうがより連合体を形成しやすい。

仮説2：病院は，依存している行為者に貴重な資源を撤回されたり，また彼らによって多大な不確実性がもたらされるような場合，連合体を形成する可能性が増大する。

仮説3：連合体の形成が病院の信頼できない行為者への依存を減少することができるなら，それは選択される戦略となる。

仮説4：病院は，同様のパターンの資源依存に直面するか，あるいはイデオロギーを共有するほど連合体を形成する可能性が増大する。

仮説5：相互に競合的に関連するだけの病院に比べ，共生的に連携している病院は，相互に貴重な資源を獲得しやすく，また共通の利益に気づきやすい。したがって連合体も形成しやすい。

仮説6：病院の経営者は，連合体の活動によってそのパワーを増大させるために，医療スタッフや理事よりも連合体形成に動機づけられる。

仮説7：理事および医療スタッフは，3つのグループ間でのコンフリクトが適切に解決されない限り，経営者の連合体形成の努力を妨げようとする。

仮説8：連合体は，競合する病院を除外し，他方で威信および相互の類似性を持つ病院を受け入れるというメンバー資格規準を持つ。

仮説9：連合体のプログラムは，経時的にメンバーのコミット，意思決定能力，調整の構造が発達するにしたがって，その範囲および有効性を増大させる。

仮説10：連合体の言明された目的は，とりわけその初期の段階では，実際のプログラムや活動と一致しない。

仮説11：経営者がフェデレーション外部からの資源を確保することが不確実になるほど，フェデレーションは彼らのニーズのいくつかに合致することによって，メンバーのコミットメントを得ることが可能となる。

仮説12：フェデレーションは，メンバーがフェデレーションにコミットし，貴
　　　　重な資源のために依存する限りにおいて，中央集権化された意思決定
　　　　をより発達させる。

仮説13：メンバー間に高い水準で信頼，共有された価値観，期待などがある場
　　　　合には，組織はよりフェデレーションに資源を提供する。

仮説14：組織のフェデレーションへの継続的な参加は，一部は組織がフェデ
　　　　レーションの目的達成によって得ることのできる見返りに，そして一
　　　　部は，個々の利害も場合によっては妥協されねばならないという共有
　　　　された認識が，確立されるかどうかにかかっている。

仮説15：フェデレーションが有効であるほど，時間の経過にしたがって，メン
　　　　バー間での公式的な階層的配置（たとえば合併），あるいはフェデ
　　　　レーションの解散がおこる。

　これらの仮説は，Pfeffer and Salancik（1978）に代表される資源依存モデル
にもとづいて，病院内の部門間関係，病院間の関係，そして病院とフェデレー
ションとの関係を分析したものといえるだろう。フェデレーションを中心とし
た組織間関係の変動は，メンバー組織とフェデレーション管理組織とのパワー
をはじめとした資源依存関係の変化の結果として説明されるのである。

　ProvanやD'Aunno and Zuckermanのフェデレーションの研究は，コレク
ティブ・インパクトにおけるバックボーン組織の考察に参照先とすることがで
きるだろう。これまでのコレクティブ・インパクトに関する議論では，バック
ボーン組織の重要性はさかんに指摘されるものの，それがどのように生まれ，
変わっていくなどについてはほとんど触れられていない。たとえば，コレク
ティブ・インパクト論の出発点ともいわれるKania and Kramer（2011）では，
バックボーン組織について次のように述べている[5]。

　コレクティブ・インパクトを生み出し管理するには，イニシアチブ全体の
バックボーンとして機能する，非常に特殊なスキルのセットを持つ別個の組

---

5)　Kania and Kramer（2011），p.40.

織とスタッフが必要である。（中略）バックボーン組織には，継続的なファ
シリテーション，技術やコミュニケーションのサポート，データの収集とレ
ポート，イニシアチブがスムーズに回るのに必要な無数のロジスティックや
管理上の業務の処理などを通じて，イニシアチブを計画，管理，サポートが
できるような，参加組織とは別の専任スタッフが必要である。

コレクティブ・インパクトという目指すべき状況を実現するためには，これ
らの高いスキルを備えたバックボーン組織が必要であると述べているだけであ
る。また，そこではアメリカのシンシナティにおけるStriveの成功例が紹介さ
れ，そこでのバックボーン組織はプロジェクトマネージャー，データマネー
ジャー，ファシリテーターの3つの役割から始まり，後にはGEと共同してシッ
クスシグマを導入したと説明されているが，バックボーン組織がその機能やパ
ワーを拡大することによる全体や参加メンバー組織に対する影響など，これま
での組織間連携に関する研究で注目されてきた点には触れられていない。

7　バックボーン組織の性質

Collective Impact Forum では，シンシナティの6つのバックボーン組織の
経験から導いたバックボーン組織の一般的な活動として次の6点が挙げられて
いる[6]。

1．ビジョンと戦略を先導する。
2．連携活動をサポートする。
3．共有された業績評価手法を確立する。
4．公共的意志を築く。
5．政策を前に進める。
6．資金を動員する。

これらの機能を担う組織は，どのようなパターンで発生するのだろうか。成

---

[6]　Collective Impact Forum のホームページ内 "The Value of Backbone Organizations in Collective Impact" https://www.collectiveimpactforum.org/resources/value-backbone-organizations-collective-impact （2020.9.30.確認）
また，Turner et.al.（2012）でも同じ6点が挙げられている。

功したコレクティブ・インパクトのケースで示されるのは，実際にコレクティブ・インパクトの成功を導いたバックボーン組織の存在とその役割であり，どのようなプロセスでそのようなバックボーン組織ができていったか，どんな組織がバックボーン組織となったかなどはあまり説明されていない。また，一定の成功をおさめたコレクティブ・インパクトのなかでのバックボーン組織のその後の様子も説明されていない。

　組織間連携において，その連携を支えるために必要な活動は，初期においては参加するメンバー組織が対等な立場で緩やかに連結するために，全参加組織による話し合いの場などからはじまり，運営委員会の設置，協議会の設置などに進んでいく。あるいは持ち回りの当番制で参加組織のひとつが順番に事務局機能を担うという方法も採られる。

　しかし，実際にはメンバー組織の間では事業規模や保有する資源の違いから，連携内でのパワーが非対称になることもあり，力のあるメンバー組織が恒常的に世話役を担ったり，全体のリーダー役となることもある。連携の事務局への資金や人材などの資源をより多く提供する参加組織が，そのようなポジションになることが多い。このような有力メンバー組織が存在する場合には，それがバックボーン組織の母体となる可能性は高まるだろう。マルチセクター・パートナーシップであれば，資金を提供する助成財団がバックボーン組織となったり，その母体となることがある。

　企業がマルチセクター・パートナーシップの中で大口の資金提供者になっている場合は，企業自身がバックボーン組織となることは難しい。アド・ホックなプロジェクトのような場合には企業が世話役になることはあっても，ある程度継続的な集合的事業の場合には営利を目的の第一義とする企業が全体のリーダーシップをとるイニシアチブに，行政や非営利組織が積極的に参加することは難しいからである。したがって，バックボーン組織の基本的性質として，特定の企業からの独立性が明確となっていることが必要となる。そのバックボーン組織が，企業のコントロール下にはないこと，営利を主目的としているのではないということが明らかであれば，定款にその旨を明示したうえで株式会社などの法人格を持つこともありうるだろう。

8　バックボーン組織の発生パターン

　セクターをまたがった多様な主体が，社会課題の解決のために集合的に事業を進めていくというのがコレクティブ・インパクトであるとすると，その全体の管理を行うバックボーン組織の発生パターンは次のような要素の組み合わせになるだろう。

① 　既存の組織／新規の組織
② 　コレクティブ・インパクト参加組織／外部組織
③ 　単独組織／複数組織
④ 　企業／行政／市民セクター（非営利組織，地域団体等）

　①は，コレクティブ・インパクトに参加するアクターのどれかがバックボーン組織になるのか，それともコレクティブ・インパクトをスタートさせるために新たな組織を作るのかであり，②はバックボーン組織がコレクティブ・インパクトに参加するメンバー組織から生まれるのか，それとも外部の組織と契約するのかであり，③はアクターのどれかがバックボーン組織になったり，スピンアウトを作るのかであり，④はどのセクターのアクターがバックボーン組織になるのか，あるいは作るのかというようなことである。

　さらにこれらの組み合わせと同時に，コレクティブ・インパクトの事業の拡大や成熟にしたがったバックボーン組織の変化が予測される。あるいはバックボーン組織の変化は，当該のコレクティブ・インパクトの変化だけではなく，社会全体のなかでのコレクティブ・インパクトの普及などにも影響されることが予測される。コレクティブ・インパクトが普及していくと，FSGやCollective Impact Forumのような専門サービス機関が成長したり，地域間での模倣や制度化が進むからである。

　取り組む課題や対象地域の状況によってさまざまなパターンがありうるが，より具体的なバックボーン組織のタイプを示してみよう。

　a．メンバー組織の協議の場や運営委員会
　b．メンバー組織から出向したスタッフによる事務局
　c．メンバー組織のなかから選出された組織

d．資金提供組織か，その組織の部署

e．メンバー組織のなかで早くから課題にコミットしてきたコア組織

f．課題にコミットしてきたコア組織のいくつかによって設立された新組織

g．外部の専門組織との契約

このaからgのタイプは，おおよそコレクティブ・インパクトの成長ないしは成熟にしたがって並んでいる。もちろん，それぞれのコレクティブ・インパクトごとに単独の組織から発展していくパターンや，最初から大きなプロジェクトとして始まるパターンなどさまざまであるために，バックボーン組織の成り立ちや変化も異なるだろうが，そのタイプや変化の類型を整理しておくことは重要である。コレクティブ・インパクトは多様なアクターが参加したり，退出したりしながら成長したり，衰退したり，あるいは変質していくことが予測され，そうした段階にしたがったバックボーン組織のあり方が検討できるからである。

しかし，バックボーン組織は明確には定義づけられていないし，先の6点の役割はさまざまな機能を盛り込みすぎているように思われる。単なるバックオフィスではなく，そこに組織間関係論でいうところの境界連結活動や[7]，ファンドレイジング，行政の領域である政策への関与，そしてビジョンの提示から公共性や公正さの方向づけというようなものにまで及んでいる。これでは規範的すぎるし，実際にそれらの機能を網羅する組織があったとしても，それがはたしてコレクティブ・インパクトにとって望ましいものなのかどうかも議論が分かれるところだろう。それは，ここでレビューした組織間連携に関する研究が示唆するところである。

9　今後のコレクティブ・インパクトとバックボーン組織

現代社会においてはグローバル化，情報化が進展し，ボーダーレス化も進ん

---

[7]　境界連結活動（boundary spanning activity）の重要性は，組織間関係論で早くから指摘されてきた。また研究開発論や多国籍企業論などでも注目されてきた。Aldrich and Herker（1977）は，外部からの情報を収集したり，フィルタリングする情報プロセシングの役割，組織の利害関係や意図などを外部に向けて発信する代表機能（representation）などがその具体的内容としている。その担当者は境界連結者（boundary spanner），門番（gate keeper）などとも表現される。

だといわれる。コレクティブ・インパクトもまたボーダーレス化の典型のひとつといえるだろう。企業，行政，市民のセクターの壁を越えて，協働しながら課題の解決に向かわねばないという意識が高まるなか，そのための具体的な指針やフレームワークを与えるコレクティブ・インパクトは，今後さらに本格的な導入と推進が図られるだろう。とりわけ，少子高齢化，財政問題，社会の成熟などによって行政の限界が明らかとなってきた先進国においては，かつてAnthony Giddensが市場でもない，国家でもない，「第三の道」と唱えた社会ガバナンスの具体的方法となることが期待できるかもしれない。

　一方，コレクティブ・インパクトを手ばなしで称賛するわけにはいかない。たしかに，すでに多くの成功事例が示され，わけても企業が今までにない積極さで社会課題解決に参加しようとしている機運は新しい動向である。しかし，今のところはムード先行で，その全体的なロジックや具体的制度について十分に整備されているとは言いがたい。すでに指摘したように，コレクティブ・インパクトの推進のためのコンセプトや管理手法は整ってきたかもしれないが，それは所与とする条件のもとでのマネジメントの次元のことにすぎないのである。

　最後にコレクティブ・インパクトとバックボーン組織に関わる課題と思われる点を指摘しておきたい。

　まず，コレクティブ・インパクトという新しいラベルが持つイメージが先行することの問題である。これまでにも多くの輸入スキームやメソッドなどが，その本来のコンテクストや条件整備を十分に理解しないまま，あるいはその努力がなされないままに，表面的に導入が試みられてきた。これはマネジメント分野に限らず，行政や非営利セクターでも同様の事態であった。これまでボトルネックとなっていたことが，ラベルが新しくなったとしてもそれで解消されるわけではない。社会課題解決に向けた活動で資金の調達がネックになっていた事態は，とりわけ助成財団が少ない日本では急には変わらないだろう。また，アメリカでの助成財団のような役割を企業に期待するのも難しいだろう。自分の持ち分の価値，あるいは資産を増大させることを期待する株主の総意が反映されるのが株式会社の原則であって，CSRやCSVもそれが前提のうえでのことなのである。

さらに，コレクティブ・インパクトが始まれば，セクターをまたがった多様な主体が集合し，セクターや立場の境界線がなくなるようなイメージが膨らんでしまうが，この境界がなくなることはなく，実際にはセクターやアクターごとに異なる利害，目的，解釈などを調整したり，同時通訳していく努力が継続されるしかない。たとえ同じゴール，同じアジェンダ，同じ業績評価基準が設定されたとしても，それに対する意図や解釈はアクターごとに異なるのである。

　バックボーン組織についても，NPOなどを対象に支援活動を行う中間支援組織がその役割を担うという言説が見られるが，現在の中間支援組織とよばれる組織は，資金仲介をメインとするインターミディアリー組織としてはもちろん，インフラストラクチャー組織としても十分に発達しているとは言い難い[8]。自治体が設置した市民活動センターなどの指定管理者としてある程度の事業規模を持つ中間支援組織でも，人材は限られ，またそのキャパシティも限られる。

　より現実的には，対象となるイシューや対象地域などについてこれまでにコミットしてきた組織が，関連する活動をする組織，企業，行政などに呼びかけて課題への対応の機運を盛り上げるようなプロセスがまず必要となるだろう。これまでにも社会運動（Social Movement）は問題の告発，啓発，政策提言を試みてきたが，行政はそうした活動に対して防衛するような立場となりがちだったし，企業はせいぜい免罪符的な寄付を行う程度で傍観者にすぎなかった。行政の限界など，それが変わる状況となりつつあるなかで，新しいラベルとイメージは可能性を持つ。

　コレクティブ・インパクトが成功するためには，従来型の社会運動などがあまりうまくできなかった行政や企業の巻込み，より広い社会の支持の獲得などを実現する活動が，アジェンダ設定や業績評価基準設定などの前に必要なので

　8）　中間支援組織とよばれる組織は，かつてはNPOサポートセンターとよばれることもあった。アメリカのコミュニティ開発機構（community development corporations: CDC's）が市民事業体として日本に紹介された際に，そこに資金支援，資金仲介する組織（intermediary organization）がNPOを支援する組織として大雑把に理解され，さらにそれが日本語に置き換えられた。実際の日本における中間支援組織は資金支援，資金仲介の機能はあまりなく，インフラストラクチャー組織（infrastructure organization），地域インフラストラクチャー組織（local infrastructure organization）に近い。ただし，日本における中間支援組織も明確な定義はなく，組織によって活動内容は多様であり，最近では市民ファンドなどと連動したインターミディアリー組織と呼べるものも増加している。

ある。

参考文献

Aldrich, H.E. and Herker, D. (1977). Boundary Spanning Roles and Organization Structure. *Academy of Management Review*, 2 (April), 217-230.

D'Aunno,T.A. and Zuckerman, H.S. (1987). A LIfe-Cycle Model of Organizational Federations: The Case of Hospitals. *Academy of Management Review*, 12, 534-545.

金川幸司 (2008)『協働型ガバナンスとNPO—イギリスのパートナーシップ政策を事例として』晃洋書房。

Kania, J., and Kramer, M. (2011). Collective impact. *Stanford Social Innovation Review*, winter, 36–41.

Pfeffer, J. and Salancik, G. R. (1978). *The External Control of Organizations: A Resource Dependence Perspective*. New York: Harpercollins College Div.

Provan, K. G. (1983). The Federation as an Interorganizational Linkage Network. *Academy of Management Review*, 8, 79-89.

Rhodes,R.A.W. (1997). *Understanding Governance: Policy Networks, Governance, Reflexivity and Accountability*. Open University Press.

Rhodes,R.A.W. and Marsh,D. (1992). New Directions in the Study of Policy Networks. *European Journal of Political Research*, 21 (1-2):181-205.

佐々木利廣 (1990)『現代組織の構図と戦略』中央経済社。

佐々木利廣 (2005)「組織間関係論の課題と展開」赤岡功, 日置弘一郎編著『経営戦略と組織間提携の構図』中央経済社, 29-45。

Turner, S., Merchant, K., Kania, J., and Martin, E. (2012). Understanding the value of backbone organizations in collective impact. *Stanford Social Innovation Review*, adaptation of blog series at https://ssir.org/articles/entry/understanding_the_value_of_backbone_organizations_in_collective_impact_1

吉田忠彦 (2008)「イギリスにおける地域再生政策とボランタリー組織」商経学叢, 55 (1), 291-297。

吉田忠彦 (2009)「イシュー・ネットワークと組織形成 —日本NPOセンターの設立を事例として」商経学叢, 56 (1), 423-433。

コレクティブ・インパクトを支える
人材の育成

────────────

1　はじめに

　ある複雑な社会課題を解決しようとするとき，専門領域やセクターを越えて，多様な人々や組織が連携することによって，新しい解決策や効果の創出を試みることがある。このような連携は協働と呼ばれるが，コレクティブ・インパクトにおいて，協働は創造的で戦略的な活動とされる。コレクティブ・インパクトは，*Stanford Social Innovation Review* 2011年冬号に掲載されたKania and Kramerの論文において発表された概念であり，異なるセクターのプレイヤーが集うことによって形成されたグループが，特定の複雑な社会課題の解決のために共通のアジェンダに対してコミットメントすることを指す。

　コレクティブ・インパクトの創出には，「共通のアジェンダ」，「共通の評価システム」，「相互に補完し合う活動」，「継続的なコミュニケーション」，「バックボーン組織」の5つが必要条件として挙げられている。本章では，この5つの条件のうち，バックボーン組織の人材について考察を進める。バックボーン組織がコレクティブ・インパクトを創出しようとする一連のプロセスでは，多様な組織や人々の関与が存在する。具体的には，行政，地域住民や地縁組織，NPO，企業，社会的企業などが組織として直接的に関与することが想定される。また，社会問題の本質的な解決には，創出される革新的な解決策や思考を広く社会に波及させ，集合的に成果を創出していく必要がある。その過程では，問題に直接的に対峙する組織だけでなく，組織や組織をサポートする個人や地域など，周辺環境までがバックボーン組織として問題の解決に間接的に関与する

ことが期待される。このように広域な主体が関与するバックボーン組織の人材には，どのような要素が求められるのだろうか。本章では，コレクティブ・インパクトの創出への直接的な貢献が期待される主体や活動環境をバックボーン組織と位置づける。さらに，社会問題の解決に対応しようとする活動領域全体をソーシャルセクターとして包括的に捉えることによって，バックボーン組織とそれらを支える人材の育成について考察を進める。

2　バックボーン組織を支える人材の特性

2.1　コレクティブ・インパクトとソーシャル・イノベーション

　広域な人材が介在するバックボーン組織を支える人材を考察するにあたって，まずはバックボーン組織が発展する一連の活動で関与が期待される組織や人々を確認する。そのうえで，それぞれの主体が有する特徴を整理し，コレクティブ・インパクトの創出に資する人材の特性を検討していく。

　最初に，コレクティブ・インパクトの発生過程では，社会的な問題に対応するために個々の革新が生み出される必要がある。これらは，ソーシャル・イノベーションと称され，コレクティブ・インパクトでは，このような個々のソーシャル・イノベーションを包摂しながら，発展的かつ集合的に社会全体にその変化を波及させようとする。では，ソーシャル・イノベーションはどのような主体によって創出されるのだろうか。谷本ほか（2013：10-11）は多角的な議論を有するソーシャル・イノベーションを次のような3つのレベルから捉える。

　(1)　国家レベルにおける公共政策（主体：政府，行政）
　(2)　市場レベルにおけるビジネス活動（主体：企業，NPO）
　(3)　コミュニティレベルにおける社会活動（主体：市民活動組織（CSO））

　たとえば，行政は，問題はできる限り身近なところで行うべきであるという補完性の原則に則って，政府または地方自治体における政策形成過程を経て決定された政策目標にもとづき，公共政策として民間の活動に介入する。主な介入の手段としては，住民や民間組織の主体的な活動に対する助成金の提供や専門知識といった活動資源の提供や法による規制や監督などがある。また，官民

連携による民間との協働など，その事業の成果が公益に資すると期待される範囲において関与が行われる。これらの活動を国家レベルによる対応とすれば，市場レベル，コミュニティレベルの対応は，民間の人々がそれぞれの目的を達成するために創造的に行動する活動がこれらに当たる。たとえば，企業やNPOなどの生産者が市場に供給する財やサービスを消費者が購入したり，活動に参加することは，市場レベルのビジネス活動となる。他方で，これらの生産と消費の関係が地域レベルで成立している環境であれば，コミュニティビジネスの利用や地域活動への参加が生産者の活動を支えることに繋がり，コミュニティレベルにおける社会活動と捉えられる。

　このように，主体や組織の理念を支えるフォロワーが増加するほど，課題解決に対する社会的な波及効果（ソーシャル・インパクト）の高まりが期待される。そのため，複数の主体が連携することによって効果の高まりが期待されるような領域では，活動の主体は，社会課題の解決過程において，積極的に他の主体を巻き込み，個々の主体が単独で問題解決に取り組むよりも効果的に成果を上げようとする。たとえば，気候変動など地球規模の社会課題の解決に対し，各国政府，企業，NPO，NGOなど多様な主体間の協働や連携が推進されている。ここで登場するさまざまな人材について，Aldrich（1999）の組織進化論では，組織が発展する過程には，新たな事業や組織そのものを創造するもの（創業期企業家），活動を牽引するリーダーやそのリーダーや活動に賛同し支援するフォロワー，他の組織や人材を橋渡しする社会的ネットワークとその媒介者であるブローカーなどが存在し，それぞれの人材の特性が組織の発生と発展における各段階で貢献すると論じている。

　以上から，ソーシャル・イノベーションの文脈におけるバックボーン組織の中心的な主体には，大まかな区分が成されることを確認したが，ここまでの考察を踏まえると，現時点では，コレクティブ・インパクトの創出に寄与するバックボーン組織の人材について，明確な線引きや定義を与えることは難しいように思われる。コレクティブ・インパクトの創出という点では，いずれのレベルにおいても，バックボーン組織として構築された環境が機能するかという点に注目する。先にみたように，バックボーン組織がコレクティブ・インパクトを創出するためには，関係者が互いに補完し合えるような組織や活動環境を

整備するだけでは，コレクティブ・インパクトを創出するための前提条件の一部を満たしたに過ぎず，一連のプロセスにおいて，生産主体と連鎖的に関与する人々が，互いに共通のアジェンダを有しながら，継続的にコミュニケーションを図るような関係性が維持されて，はじめて集合的な社会変革の創出に繋がることが期待される。ただし，コレクティブ・インパクトの学術的潮流は，これまで，主に諸外国における事例から研究が進められているため，先行研究で論じられてきたコレクティブ・インパクトに貢献する人材や主体となる組織が日本の文化や社会的環境においてどのように実践できるのかについては更なる検討を要する。

2.2　ソーシャルセクターを担う人材の特性

　バックボーン組織には，多様な属性を有するソーシャルセクターの組織が含まれる。これらの組織は社会課題にどのような意識を持って対応しようとしているのだろうか。ここでは，市民活動や地域活動を包括した非営利セクター研究の第一人者であるジョンズホプキンス大学のレスター・サラモンが捉えた

■図表14－1　NPOセクターの推進力と特徴

		戦略	組織運営の特徴	重視する利害関係者
推進力	専門性	専門性の高いサービスの提供（医療，法律，技術など）	事業性，専門技術，治療的，普遍的，世俗的	職員，専門家，顧客
	ボランティア性	新たな価値観の普及，支援対象の回復を支援，一時的な物資による支援	牧歌的，規範的，温情主義的，個別主義的，全体的	寄付者，ボランティア，会員
	市民活動性	アドボカシー（政策提言），市民の組織化とリーダーシップの構築，メディアや重要人物への接触	参加型，対立的，批判的	市民，コミュニティー
	商業性	社会起業家の促進，市場の特殊な需要を獲得，自立的収入の追求，成果の測定による経営改善	起業家的，効率性重視，利益中心，測定志向	資金提供者としての企業，顧客，起業家

出所：Salamon（2015：21）に加筆し筆者作成

214

NPOの４つの推進力（impulses）から社会課題に取り組む組織と人材の特徴を考察してみよう。

　Salamon（2015：21）は，NPOの性質を４つの推進力（impulses）として分類し，経営上の特徴的な要素を示している（**図表14－１**）。NPOは，社会課題の解決を起源とするミッションベースの組織（Drucker 1990）であることは知られているが，一様の経営方針にもとづいて活動するのではなく，その目的や財源など，置かれた経営環境によって異なる経営戦略にもとづいて行動することになる。Salamon（2015）は，NPOセクターがNPOの経営者やリーダーに起因する推進力にもとづいて動機づけされ，その方向に突き動かされていると論じる。そして，主要な４つの推進力を専門性（Professionalism），ボランティア性（Voluntarism），市民活動性（Civic Activism），商業性（Commercialism）と定義し，それぞれに経営上の特徴があると論じる。

　ただし，NPOは各国の社会文化的背景や政策上の統制により組織の性質がある程度規定されるため，これらの特徴がすべて日本の非営利セクターに該当するとは限らない。特に，日本のNPOは，組織の法人格や寄付に対する税制優遇の有無によって財政構造も大きく異なる。そこで，日本のNPOの経営者を対象に調査された先行研究から，わが国のソーシャルセクターにおけるリーダーらの推進力を考察すると，日本のNPOのリーダーが有する潜在的な意識の概念化を試みた中嶋・岡田（2019）の研究では，Salamonの示す４つの推進力に関連する概念が複数のNPO経営者から共通概念として確認されたが，商業性のうち，経営効率性に関する概念など一部の特性は認められていない。

　組織の活動目的が非営利であったとしても，社会に中長期的なサービス供給を行うためには，サービスの生産体制を維持するために一定の収益を確保し，経営基盤を確立するという企業家としての経営能力も求められる（後・藤岡2016）。同様に，環境適応という点では，官民連携における民間の社会的な活動に対する評価基準の変化などにも柔軟に対応できる能力も求められる。近年では，事業によって生じた社会問題の改善度や変化を定量的に計測し，事業の成果を評価するインパクト評価（小関・馬場 2016，粉川 2016，内閣府 2016a）やロジックモデルによる事業計画の設計を求める官民連携事業が広まりつつある（粉川 2016）。このように，社会的な活動に関与する人材の育成においては，

ボランティア性や市民活動性のみならず，専門性や商業性に示されるような企業家としての特性についても考慮する必要があるだろう。

2.3 システム思考

　ソーシャル・イノベーションを専門とする慶應義塾大学の井上は，コレクティブ・インパクトを「多くの人が関わる，複雑で難しいと思われるテーマに対して，すべての関係する重要プレイヤーが集まり，互いに補い合い強化しあえる関係性をつくり，テーマに関する共通の理解を構築しながら，全体のインパクトにつながるように，それぞれに出来る活動を具体的にデザインし実行する」ものと説明する（Stroh 2015，小田監訳 2018：5-6)。Stroh（2015）は，この一連の過程において，社会変革に関与する多様な利害関係者は，問題解決のアジェンダを議論する前に，現在，自分たちが直面する表面的な問題を認知するだけでなく，水面下に潜在する本質的な問題を明らかにし，それらを互いが認知することによって，共通認識を確立しておく必要があると指摘する。これはシステム思考が有効に機能することを組織の発展と成長の過程を論じた『学習する組織』（センゲ 2011）にも通じる概念である。センゲ（2011）の主張は，多様な利害関係による共有ビジョンが精緻な議論を経て構築されても，それが自分たちで変化を起こすことができると信じているときにのみ有効であるというものだ。このように，掲げられた共有ビジョンがシステム思考なしに，顕在化している目前の問題解決のみを意図して構築されたのであれば，議論に参加した利害関係者らは，自分たちがどのようにその問題に関与しているか，またはその関与自体を認知していないために，問題を根本的に改善するために自分たちがどのように関与すべきなのか，自己の責任の所在を認識できず，集合的な社会変革への実効的な参加を期待できないといった状況に陥りやすくなる。

　このように，コレクティブ・インパクトの創出において，問題を他人任せにせず，わが事と捉えて広く共有されることこそが，直面する顕在化された問題の解決だけでなく，その問題の根底にある社会構造の改善に資すると想定される。そのため，バックボーン組織に関与する人々は，社会的企業家精神やボランタリーな意識のみならず，変革者として共有知を集合させ，精緻な議論を重

ねながら，個人の利害ではない社会全体への貢献を意識し複雑な問題や周辺環境の変化にも柔軟に対応できる思考力が求められている。

2.4　社会的企業家特性

　社会的企業家の定義について，Dees（1998）は，「社会的価値を創造しそれを長く保つようなミッションを掲げる，ミッションの達成につながる新しい機会には貪欲に臨む，確信・順応・学習を持続的に行っている，手持ちの資源に制限されることなく大胆に行動する，支援者や成果に対する証明責任の意識を強く持っている，といった5つのことを通して社会変革の役割を担う」とし，これら5つの項目に多く当てはまる者ほど，社会的企業家に近い経営者とする[1]。では，日本における社会的企業にはどのような組織が該当するのだろうか。社会的起業家の活動状況を調査した内閣府（2016b）では，共助による地域社会の担い手のうち「社会課題をビジネスを通して解決・改善しようとする活動を行う事業者」を社会的起業家として定義する。また，組織の活動目的が営利か非営利かを問わず，①財やサービスの提供などビジネスによって社会課題を解決しようとしているかどうか，②組織の主目的が社会課題の解決なのかどうか，③収益における財源比率が一定の基準を満たすかどうかによって，社会的企業をその他の民間組織と区別している[2]。

　社会的企業家精神については，中嶋ほか（2020）が日本のソーシャルセクターにおける組織の代表者や次世代のリーダー候補者らが一定程度の社会的企業家精神を有することを確認している。ただし，両者が有する社会的企業家精神の程度に乖離があるほど，地域社会への参加程度が低下する傾向にあるほか，現在の経営者が組織内外で構築してきたネットワークが次世代のリーダーによって引き継がれる可能性が低いという結果が得られた。このように，いずれかの社会的企業家精神を高めても，両者に乖離が生じていれば，コミュニティにおける他の組織や社会的な活動に対する参加や有機的なネットワークの維持

---

1)　社会的企業家特性に関する翻訳は松島（2018）に倣っている。
2)　収益全体に占める事業収益の割合が50％以上，または公的保険サービス（医療・介護等）による収益割合が50％以下，または事業収益（補助金・会費・寄付以外の収益）のうち，行政からの委託事業による収益が50％以下であることを主な収入の要件としている（内閣府 2016b：16-17）。

には必ずしも寄与しない場合がある。よって，社会的企業家特性にのみ着目して人材を育成しても，地域が抱える社会課題の解決に資するコレクティブ・インパクトの創出に直結するかは更なる検討が求められるため，コミュニティを対象とする領域の社会課題解決に資する人材を育成しようとする場合は，地域ネットワークの構築や維持にも配慮する必要があるだろう。

2.5　社会ネットワークの構築と承継

　世代交代や事業承継に付随する問題は，次世代リーダーの教育や人材確保など，組織内部の経営課題にとどまらない。組織の代表者が交代することよって，それまでに蓄積されてきた組織内外のネットワークや経営資源が次世代のリーダーに承継されず，結果として，経営資源の調達が困難になるなど，組織の持続性の低下が懸念される（Aldrich 1999，中野 2011）。さらに，その帰結として，地域社会に供給されてきた社会的なサービスが消滅し，これまでにソーシャルセクターと市民の間に築かれたソーシャル・キャピタルや住民・行政と地域の連帯関係，住民参加の機会創出といった民間による主体的な社会的サービスの機能低下や供給システムの持続可能性も危ぶまれることは否めない。

　この問題に対する備えとしては，コミュニティレベルであれば，住民を中心とするソーシャルセクターの担い手である自治会などの住民自治組織やコミュニティビジネスを担うNPO，地域の中小企業など，社会的企業の要素を有する組織や人々が地域レベルで培ってきた事業運営のノウハウや技術，情報，ネットワークといった非物質的な経営資源を段階的に次世代のリーダー候補者らに承継させながら発展していけるような仕組みが望まれる。これについて，中野（2011）は，組織の代表者がリーダーシップや個人的特性によって単に人的ネットワークを広めるだけでなく，資金調達や活動機会を創出するような多様なネットワークやソーシャル・キャピタルを構築することができれば，個人のレベルを超えて，組織として社会課題の解決に取り組むことが期待できる社会ネットワーク理論に言及している。ここで，新たな社会ネットワークが構築されるためには，その組織が弱い紐帯（weak ties）を有する環境にあることが前提条件となる（弱い紐帯の強み）。イノベーションは，新たなネットワークを構築することにより，組織や個人が新たな知見をこれまでの経験と組み合

わせていくことにより，革新的な思考が創造される。そのためには，両者を繋ぐ橋渡し（ブリッジ）が必要であり，ブリッジが生まれるのは，弱い紐帯を有する場合に限定されることが豊富な先行研究から明らかにされている（入山2019）。たとえば，組織が新たなネットワークを構築しようとする場合，強い結びつき（strong ties）を有するボンディング型のソーシャル・キャピタルを有するとき，組織やネットワークの内側では，高い信頼関係が構築されるが，そこに外的なネットワークが入り込む余地はないため，新しいネットワークは構築されない。

3　バックボーン組織における人材育成

　これまでみたように，バックボーン組織には，創造的な思考を関与する多様な利害関係者で共有し，相互補完性を認知しながら持続的に集合的な効果を発揮していける環境の構築が求められる。そのため，バックボーン組織を牽引するリーダーには，あらゆる提案や価値観に対して，互いに補完的な関係であることを認識させながら，合意形成を図ることができるような能力が求められる。そして，継続的なコレクティブ・インパクトの創出では，活動の継続性も重要となるため，リーダーの後継者となる次世代の人材や事業の承継についても中長期的なビジョンを有しておく必要がある。そこで，以下では，次世代の人材育成や事業承継に対する示唆を得るために，実際に事業承継に取り組んだ経験を有するNPOから聞き取り調査を行った結果から，事業承継における課題やコレクティブ・インパクトの創造に対する人材の育成について検討する。

3.1　NPOの事業承継と人材育成

事例1：親族間における事業承継（組織形態の発展的転換と人材の創出）
　子育て支援に取り組むNPO法人を経営する代表者と次世代リーダーに対し，世代交代や事業承継に対する双方の意向と今後の経営方針についてヒアリング調査を行った結果，現代表者が世代交代を考えるようになった契機として，今後の活動方針について見直しを行ったことなどが挙げられた。また，事業承継に際して次世代のリーダーに求める資質としては，過去5年程度の先の代表者

の行動や意識，社会的活動に対するミッションを理解しているかどうか，組織の中心的な事業に方向性の変化が訪れたとき，代表者と次世代リーダーでミッションの共有がされているかどうか，といった点を重視することが示唆された。

　この背景として，代表者が，近年の活動において，長年活動を共にしてきたボランティアスタッフと活動に対するミッションに乖離を感じるようになったこと，代表者自身が60歳を目前としたことを契機に，今後の活動について事業の見直しに着手したことなどが挙げられた。他方で，調査で明らかにされた興味深い点は，現代表者の今後の意向は，団体を次世代のリーダーに引き継ぐことが目的ではなく，事業の一部を現職の職員らに一任することにより，代表者としての立場を退き，新たに自身が有するミッションにもとづいて行動できる組織を立ち上げその事業に専念したいという点である。

　また，団体の承継予定者である次世代リーダーからは，承継後の経営については，一部，現代表者と異なる意向が確認された。次世代リーダーは，大学在学中から母親である現代表者の活動に対する理解を深め，卒業後は，活動に共感を持って同団体のスタッフとして就労してきた。しかしながら，代表者からの事業承継に対しては，組織をそのまま継承するのではなく，大学や活動で得た知識や技術を活用して，近年の社会課題の変化に対応した発展的な事業展開を志望しているという。そして，代表者が構築してきた社会ネットワークの承継については，「先代の代表者が有する社会ネットワークをそのまま継承することにはあまり意味がなく，新たな社会的ニーズに対応するための事業を興すためには，新たなネットワークを構築していく必要がある」と述べている。また，「組織の承継よりも，ミッションや活動目的を発展的に承継し，継続していくことができるかが重要だ」とし，組織形態や構築された社会ネットワークの継承そのものではなく，団体が培ってきたミッションとその手法を活用しながらも，創造的な組織の転換や発展を志向していることが伺えた。

　企業経営の場合，事業承継時の組織に親族が占める割合が高いほど，承継後に新しい経営者が新規事業に取り組む確率が低くなる傾向がある（Renzulli et al. 2000）。社会課題の解決に取り組むNPOの場合，事業の転換や新たなネットワークを築くことによって，これまでのサービスの一部を承継しつつ，新たな組織形態やミッションを構築しながら，発展的に組織を解消したり，新たな組

織を立ち上げることによって，社会課題を解決しようとするミッションは引き継がれていく。そのため，これまでに代表者が築いてきた社会ネットワークは必ずしも次世代リーダーに承継される必要はないのかもしれない。本調査で明らかにされたように，既存の社会ネットワークや事業が直接的に次世代の経営者に引き継がれない場合でも，集合的な成果として，社会課題の根本的な解決に資するコレクティブ・インパクトが創発される可能性はあると言えよう。

事例２：創業者から組織内人材への事業承継（ビジネスモデルの発展的転換）

　調査対象の組織は，活動歴が20年を超える中間支援組織であり，すでに代表理事，事務局長のいずれについても交代を経験している。ヒアリング調査は，これまでに多様なNPOの経営支援を担当してきた事務局長に対して実施された。本団体は，創業者である代表者および事務局長の高齢化に伴い，組織内外から人材を調達する方法で事業承継を行った。現在の事務局長である調査協力者は，当時，事業を統括する立場にあったことから，入職から２年目にもかかわらず，事務局長代行に抜擢された。当時は市民活動の推進に政府が積極的に予算措置を行っていたことから，NPOに対する政府補助金や助成金を獲得しやすい環境にあった。そのため，本団体でも多数の政府事業を獲得していったが，受託事業や補助金の受給に対する事務処理が組織の大きな負担となった。そこで，それまでの政府補助金を中心とする収益構造から，自主事業比率を全収入の６割程度にまで引き上げる経営モデルへと転換していった。

　このような経営モデルの変化過程において，事業承継前の組織では，事業運営について，創業者である前代表者が個人的に構築してきた組織外部のネットワークに頼り切りとなっており，組織内においてそれらが共有されていないことが課題になったという。この創業者への「頼り切り」や「依存」による経営上の課題が浮き彫りとなったことにより，既存の経営体制に対する危機感がスタッフ間で共有されていった。事業承継では，これまでの事業形態が大幅に見直されたが，急激な変化によって，組織内で混乱が生じぬように，事務局長を自身が引き継ぐことについては，段階的に慎重に組織内で情報共有を図っていったという。このように，結果として，調査協力者は，非常に精緻な行動計画にもとづいて，繊細に組織内における利害関係の調整や情報共有を図りなが

ら，段階的かつ計画的に事業承継を進めることにより，組織内に共有のアジェンダを構築し，ビジネスモデルを転換させるまでの一連のプロセスを円滑に進めた。

調査対象者は，上記のようなプロセスに配慮するほか，円滑な事業承継に対して，いくつかの要件を挙げている。まず，組織内外の利害関係者のなかには，現在の代表者個人の人柄や求心力を募っている場合もあることから，代表者の交代においては，経営面だけでなく組織全体への心理的な影響にも配慮する必要があるという。また，代表者が交代した後の新体制の構築にあたっては，組織全体で合意形成を図りながら進めること，そして，事業承継の実施にあたっては，現在の代表者の権限をコントロールできるような外部のコンサルタントなど，第三者が介入することによって，円滑に議論を進めることができるという。加えて，ソーシャルセクターの世代交代や事業承継では，組織のモデルチェンジと個人的資質面による人材育成を区分して検討すべきであり，組織のミッションや地域との関係性など，組織として守るべきもの，承継後に組織が重視すべき点について，従前から優先順位を付けておくことが円滑な事業承継で機能するという。このように，組織の継続性と組織や活動を承継する次世代の人材育成については，区別して検討する必要がある。

3.2　行政による人材育成

地域社会の形成，維持，発展については，各地域でさまざまな取り組みが行われてきた。しかしながら，近年では，急速な少子高齢化などを背景に，地域が抱える社会課題の多様化や複雑化が進み，従来の区域や縦割り行政では十分に対応することができず，既存の組織や運営形態について発展的な対応が求められるようになった。このなかで，新たな連帯を構築することによって，多様な主体の参加を促し，ソーシャル・イノベーションやコレクティブ・インパクトの創発が期待される。さらに，新しい連帯には，住民間のつながりを向上させ，地域活性化を促進させるという期待もある。ただし，一連のプロセスにおいて，バックボーン組織への多様な主体の参加を地域横断的に制度面から構築できるのは，中央政府や地方政府である行政に他ならない。

ここで，課題となるのは，コレクティブ・インパクトの創出に寄与する関係

性がバックボーン組織において実践されるかにある。行政主導で協議会などを
設置し，市民や企業など主要な利害関係者を平等に議論できる組織に招集でき
たとしても，最終的にその組織に関与する人々が個人の利害の範囲を越えて，
互いの補完関係を認識し，共通した課題認識をもって，事業計画や評価システ
ムの形成を目指すような関係性が構築できなければ，革新的な解決策を創発す
ることも課題の本質的な解決に向けて継続的に議論することも難しいだろう。
また，住民間のネットワークについても，自治会や町内会への参加率の低下，
地域住民の高齢化や長年の慣習によるメンバーの固定化により，組織運営や人
材が膠着化している場合も少なくない。そのため，近年では，行政が地域自治
を既存の組織や運営方法に加えて，新しい連携体制を目指した地域や領域を横
断した地域自治組織をまちづくり条例や地域自治に関する条例として制定する
ことにより，多様な主体を地域で包括的に連携させようという動きもある。

　地方自治体の地域活動に資する人材育成事業から，コレクティブ・インパク
トの創出が期待される活動を紹介する。大阪府豊中市は，2004年に豊中市市民
公益活動推進条例を施行し，地域社会の多様な主体による新しい地域運営の仕
組みづくりに取り組んできた。また，2007年には豊中市自治基本条例を制定し，
市政を地域自治によって進めることを明らかにし，2012年の豊中市地域自治推
進条例によって，地域と市が協働で地域課題の解決に総合的に取り組むための
新たな仕組みを構築した[3]。同市は，「市民や事業者等が自発的・自主的に行う
社会貢献活動」を市民公益活動と称する[4]。同市では，このような地域自治の
流れにもとづいて，これからの地域自治を担う創造的な地域の担い手の育成を
目指す「とよなか地域創生塾」を2017年度から開講しており，2020年度で4年
目を迎える。この講座では，地域の魅力を創造し，地域課題の解決を実践でき
る人材の育成を目指しており，通年で実施されるカリキュラムでは，地域自治，
ソーシャル・キャピタル，組織経営，コミュニケーション力や企画力の育成な
ど，学習と理論の実践が重視されている。また，参加者が交流しながら事業企
画を立案するなど，実践的な取り組みが多い点に特徴がある。講座では，卒塾

---

3)　豊中市の地域自治組織については，中嶋（2021）が詳しい。
4)　「平成30年度（2018 年度）豊中市市民公益活動推進施策実施状況報告書～市民公益活
　　動・地域自治が拓く豊かな地域社会づくりにむけて～」豊中市（2019年10月）参照。

後も新規または在塾中に立ち上げたグループ企画を組織として維持し，経営できる能力を養うために，経営資源としてのネットワーキングを重視している。受講者は各分野の専門家から理論を受動的に学ぶだけでなく，地域の既存組織，企業，参加者との実習やネットワーキングに取り組むことが求められる。同講座では，受講者が卒塾後も発展的に活動に取り組めるように，行政内の複数の部局や教育委員会が連携し，起業支援窓口やコーディネーターによる助言など，実践的な相談体制を整備している。

　2019年５月時点の活動状況調査では，卒塾生計13名の活動に対し，新たに16名の新しい人材が活動に参加していることが確認され，講座終了後の活動には発展がみられる。このように，卒塾生の多くは，卒塾後も活動を継続するほか，新たにコミュニティビジネスを起業するもの，他の組織との新たな連携や新規事業を開発したもの，組織の活動人数や会員数を増加させたものなどがある。本講座は，地域自治や地域開発に資する専門性を高めながら，地域間連携や社会ネットワークを構築し，住民自らの視点で地域課題の解決策や地域の魅力を創出させようとするものである。すでに，卒塾生らを介して，活動領域や地域を横断した連携や既存組織との接点が増加していることも伺えるように，講座の継続的な実施により，相乗的なソーシャル・イノベーションの創出とコレクティブ・インパクトの発展が期待される。

4　バックボーン組織の人材育成への示唆と今後の課題

4.1　バックボーン組織を支える人材に求められる要素

　上述の２つの事業承継の事例からは，現在の代表者が有する既存の社会ネットワークがそのまま承継されずとも，次世代の人材や組織によって新規事業や新たな社会ネットワークが構築されることにより，将来的には集合的なコレクティブ・インパクトを創出する可能性が示唆された。また，豊中市の人材育成事業の事例では，受講者間や地域において，社会ネットワーク論で論じられる弱い紐帯の強みを利用した社会ネットワークの構築とその効果が期待される。ここまでの考察を踏まえて，バックボーン組織が多様な利害関係者とともにそ

の活動を維持し，コレクティブ・インパクトを創出するような人材の要素と人材育成に対する議論を整理する。日本では，組織の法人格など制度上の位置づけによって差異が生じるため，限定的な範囲で個々の組織や地域で適応可能であることを断ったうえで，バックボーン組織に求められる主要な要素を挙げる。

・ソーシャル・イノベーションとコレクティブ・インパクトの発生過程に対する認識
・多様な利害関係者の特性に対する理解と利害調整力
・システム思考を活用した本質的な課題の共有化
・社会的企業家精神の活用
・世代交代や事業承継に向けた組織の持続性確保（次世代リーダーの人材育成，新しいネットワークの構築）
・「弱い紐帯の強み」を利用した社会ネットワークの構築

4.2　今後の課題：ソーシャルセクターの人材不足

　日本のソーシャルセクターは，民間の非営利法人に限定してみても，その法人格や組織形態が多岐に及ぶことから雇用や労働者について全容を把握できる統計資料は存在しないため，法人格や活動分野を限定した調査を参照していく必要がある。その一例として，ここでは，全国で法人の認証数が5万団体を超えた特定非営利活動促進法にもとづく特定非営利活動法人（NPO法人）について内閣府が実施した複数の調査結果からソーシャルセクターの状況を参照する。調査によると，NPO法人の経営課題では，「人材の確保や教育」，「収入源の多様化」，「後継者の不足」といった組織の経営持続性に関する課題を抱える法人や代表者の高齢化に対する懸念を抱く法人が少なくない。同調査によれば，代表者の年齢が60歳以上であるNPO法人が65.2％を占めており，今後，事業承継や世代交代に対する備えがますます重要になると指摘されている（内閣府2018）。

　この結果を踏まえて，NPO法人の経営と経営者の世代交代に関する調査も行われている（内閣府 2019）。調査の結果，今後，4年以内に代表者の交代を行う可能性があると答えた団体は，全体の56.4％，5年以上10年未満と回答した団体は17.5％であり，両者を合わせると10年以内にNPO法人の73.9％におい

て，代表者が交代する可能性がある。そして，組織を継続させたいと考える代表者は全体の8割を超える一方で，代表者の交代に向けた準備状況に関する質問では，60.2％の団体が「準備はあまり進んでいない」，21％の団体が「準備は進めているが，承継者の候補は未定」と回答するなど，実質的には大部分の団体において，事業承継に対する実務的な準備は進んでいない。さらに，代表者の交代に向けた準備が進まない理由について，「適切な候補者が見つからない」と回答した団体が50.6％と最も高く，次いで「代表者交代に向けた準備をする余裕がない」とした回答が20.3％であった。このように，NPOにおける世代交代や事業承継に際し，次世代のリーダー候補者の選出が難航する傾向がある。また，「候補者はいるが，本人の承諾が得られていない」と回答した団体は9％にとどまることから，そもそも候補者を選定できる環境にある団体は限定的であり，候補者が選定されていても，事業承継について，両者の間で十分にコミュニケーションや意思疎通が図られていない可能性も示唆される。

　日本のソーシャルセクターでは，組織内部では代表者の交代に対する備えの重要性を認識しながらも，理事会による審議や中長期の事業計画を見据えた戦略的な事業承継や次世代リーダーの人材育成や人材の確保など，具体的な対策の実施に至る組織は限定的なようである。ただし，その背景には，限られた人員であらゆる業務を引き受けざるを得ず，人材育成や事業承継にまで手が回らない，といった課題を抱える団体も少なくない。ここでは，参考までに，日常的に組織内において人材育成やネットワークの承継を進めるための具体的な手段の一例として，Aldrich（1999）とCoetzer（2007）の組織マネジメント研究を参考に，中嶋ほか（2020）がソーシャルセクターのリーダーを対象に組織の次世代リーダー育成に対する準備の程度を測定するために用いた指標から，組織のリーダーが次世代の人材育成と事業やリーダーが有する社会ネットワークの承継に活用できる行動を示しておく（**図表14－2**）。

■図表14－2　次世代の人材育成と社会ネットワークの継承に関するリーダーの行動

人材育成と社会ネットワークの承継に対するリーダーの行動
人材育成（Coetzer 2007） 　次世代のリーダー候補者や部下に対して， ・何を学習したいか尋ねる ・建設的なフィードバックをする ・問題を解決するために自分もともに動く ・仕事や組織の中でトレーニング機会を提供する ・講習会など外部のトレーニング機会を提供する ・同僚から助けをもらえるように調整する ・業務の引き継ぎや個別業務の引き継ぎについて話をする
ネットワークの承継（Aldrich 1999） 　事業承継を意識して， ・外部の重要な人物や組織を次世代のリーダー候補者に紹介する ・自分の個人的な知り合いを次世代のリーダー候補者に紹介する ・自分が務める外部組織の役職や委員を次世代のリーダー候補者に任せる ・自分が関わる外部組織の会合に次世代のリーダー候補者を同伴する ・自分が出席する社外交流会や懇親会などに次世代のリーダー候補者を同伴する

出所：Aldrich（1999），Coetzer（2007），中嶋ほか（2020）に加筆して筆者作成

5　バックボーン組織の発展に向けて

　バックボーン組織を支える人々にとって，有機的で融合的な成果を創造するための活動環境を整備することが，コレクティブ・インパクトの創出においては重視される。ただし，そこに関与する人材には，多様な利害関係があり，有機的な関係性が一朝一夕に構築されることは難しいようだ。そのため，コレクティブ・インパクトの創出には，社会問題を認知し，さらに，関与するさまざまな人々の関係性を理解し合いながら，補完的な関係性を中長期的に構築していかなければならない。そのための人材に求められる要素や環境について，本章では主要なものを挙げたが，いずれの要素についても性急に得られるものではなく，また，それぞれのバックボーン組織を取り巻く環境や活動領域によって，必ずしも汎用性が確保されるものではない。コレクティブ・インパクトはそれぞれの主体がどのような社会を望むのか，そして，そのためにどのような価値観や対応が求められるのか，そこに直接的または間接的に関与する多様な人々によって創造されていくものである。本章の議論はその過程の断片に過ぎ

ないが，コレクティブ・インパクトを創出しようとする人々の手掛かりとなり，
社会課題に取り組む人々によって更なる発展を遂げることが期待される。

注）本章は，中嶋貴子ほか（2020）「NPO・協同セクターのネットワークが地
域活性化に果たす役割と地域社会における持続可能性」『生協総研賞・第16
回助成事業研究論文集』pp.69-81. に大幅に加筆を行ったものである。

参考文献

Aldrich, H. E. (1999). *Organizations Evolving, the First Edition.* Sage Publication
（若林直樹・高瀬武典・岸田民樹・坂野友昭・稲垣京輔訳『組織進化論：企業の
ライフサイクルを探る』東洋経済新報社，2007年）.

Coetzer, A. (2007). Employee perceptions of their workplaces as learning
environments. *Journal of Workplace Learning,* 19 (7), 417-434.

Dees, J. G. (1998). The meaning of "Social Entrepreneurship". (http://www.
redalmarza.cl/ing/pdf/TheMeaningofsocialEntrepreneurship.pdf) 2019/1/20
last accessed.

Drucker, P. F. (1990). *Managing the Non-profit Organization: Principles and
Practices,* Harper Collins.

入山章栄（2019）『世界標準の経営理論』ダイヤモンド社.

粉川一郎（2016）「SROI評価における課題と可能性—埼玉県NPO関連事業の評価事
例から学ぶ—」『ノンプロフィット・レビュー』16 (1)，15-26.

小関隆志・馬場英朗（2016）「インパクト評価の概念的整理とSROIの意義」『ノンプ
ロフィット・レビュー』16 (1)，5-14.

松島みどり（2018）「長時間労働とウェル・ビーイング：社会企業家を対象とした
データ分析からの示唆」『厚生の指標』65 (4), 16-24.

内閣府（2016a）『社会的インパクト評価に関する調査研究　最終報告書』三菱UFJリ
サーチ＆コンサルティング（内閣府委託調査）.

内閣府（2016b）『平成27年度社会的企業の実態に関する調査研究　最終報告書』三
菱UFJリサーチ＆コンサルティング（内閣府委託調査）.

内閣府（2018）『平成29年度特定非営利活動法人に関する実態調査』内閣府.

内閣府（2019）『特定非営利活動法人における世代交代とサービスの継続性への影響
に関する調査　報告書』浜銀総合研究所（内閣府委託調査）.

中嶋貴子（2021）「豊中市の市民活動組織と人材育成—「とよなか地域創生塾」への
展開—」『大阪商業大学論集』16 (4)，17-30.

中嶋貴子・岡田彩（2019）「NPO経営者におけるアカウンタビリティの質的データ分
析：マルチステークホルダー理論に基づく考察」『非営利法人研究学会誌』21,

39-52.

中嶋貴子・堀野亘求・貴島耕平・松島みどり（2020）「NPO・協同セクターのネットワークが地域活性化に果たす役割と地域社会における持続可能性」『生協総研賞・第16回助成事業研究論文集』69-81.

中野勉（2011）『ソーシャル・ネットワークと組織のダイナミクス：共感のマネジメント』有斐閣.

Renzulli, L. A., Aldrich, H. and Moody, J. (2000). Family matters: Gender, networks, and entrepreneurial outcomes. *Social Forces*, 79 (2), 523-546.

Salamon, L. M. (2015). *The Resilient Sector Revisited: The New Challenge to Nonprofit America, Second edition*. Brookings Institution Press.

センゲ，P. M著，枝廣淳子・小田理一郎・中小路佳代子訳（2011）『学習する組織：システム思考で未来を創造する』英治出版.

Stroh, D. P. (2015). *Systems Thinking for Social Change: A Practical Guide to Solving Complex Problems, Avoiding Unintended Consequences, and Achieving Lasting Results*. Chelsea Green Publishing（小田理一郎監訳『社会変革のためのシステム思考実践ガイド―共に解決策を見出し，コレクティブ・インパクトを創造する』英治出版，2018年）.

谷本寛治・大室悦賀・大平修司・土肥将敦・古村公久（2013）『ソーシャル・イノベーションの創出と普及』NTT出版.

後房雄・藤岡喜美子（2016）『稼ぐNPO：利益をあげて社会的使命へ突き進む』カナリアコミュニケーションズ.

Column③

行政側からのコレクティブ・インパクトへの期待

　私は，コレクティブ・インパクトを課題解決のひとつの手法と捉えている。私達や本書を手にする皆様が，先人が生み出したさまざまな課題解決手法があること認識したうえで各章を学び，ひとつの解決手法にこだわることなく，常に現状を正しく認識し，自分の判断で手法を選択できるようになる事に期待を込めたものとした。

　世のなかには多くの課題解決手法が存在し，また新たな手法が生まれている。そのなかで，「コレクティブ・インパクト」という手法は，「特定の課題に対して一つの組織，団体で解決するのではなく，行政・企業・NPOなどがセクターを超え，互いに強みやノウハウを持ち寄って同時に社会課題に対する働きかけを行うことにより，社会変革をめざすアプローチ」とある。しかし，「言うは易し。行うは難し。」

　理想どおりいけば，市民，事業者，行政がそれぞれの強みを持ち寄り，地域活性化につながる。しかし，現実は問題点のほうが多い。

　互いに協力したほうが協力しないよりも良い結果になるとわかっていても「協力しない者が利益を得る」のが金銭や権力を伴うビジネスの世界だ。単純に「裏切ったもの勝ち」になり得てしまう。

　一方で，多数のセクターが正しい活動をした結果，悪い結論を引き起こす事も多々ある。たとえば個々が節制に励み，貯蓄するほど経済は悪化する「貯蓄の逆説」。また，選挙で若者が自分の時間を優先し，投票を劣後した結果，長期的には若者の不利益が増大する。

　ひとつの手法に固執したり，流行りに乗ってしまったり，同調圧力に負け，自分で考える事を止めると，いつでも物事は悪化し得る。

　以下は行政マンである私の知見，経験である。「地域活性化」という社会課題解決に，行政は公金を投入し，行政が持たないまちづくりのノウハウを持つ事業者に「地域活性化」を委託する事例がある。受託事業者は先頭に立って旗を振り，市民を鼓舞したり，逆に市民を主役にするために裏方に回る事で，活躍する市民を発掘するといった手法で市民，事業者，行政が協働し，地域活性

化という社会課題解決に取り組む。

　確かにまちづくりの専門家に委託して成功したように見える事例はたくさん紹介されている。しかし現実はそうではない。委託期間が終われば当然，事業者は撤退する。民間事業者である以上，利益を確保できない仕事に付き合うのは困難だからだ。結果，その後も継続したまちづくりに取り組めないようになる事例がある。

　まちづくりの専門家を失った行政は，「全市民に平等である事」という立場から，一部の地域の活性化を継続する事が困難になることもあり得る。しかし，巻き込まれた地域住民にしてみれば，その気にさせられて後は放置ではないか？　という疑念を抱くだろう。この時点で協働は崩壊し，インパクトを生むことは不可能になるだろう。

　他の事例では「官学連携」を挙げたい。大学生の学術研究の一環として，学生は地域に入り，インタビューをし，課題解決の提案をする。

　はじめは地域の高齢者は，滅多に会わない若者との交流に花を咲かせるが，これが何回も続いて，経済効果などの結果を伴わなかったり，たった数日で考えた「提案」という名の「要望」だけを置き土産にされると，地域は困惑してしまう。もちろん，それをコントロールできていない行政にも大きな問題がある。

　「提案」は「自分から相手にアイデア等を投げかけるもの」だが，提案が受け入れられれば実施するのは「自分」だ。しかし，実際は「提案」を一方的に出して地域から去ってしまうケースがほとんどだ。逆に，学生が地域のために，望んでいない無償労働をさせられてしまうケースもよく見られる。

　書籍では成功談をたくさん見るが，失敗談をあまり見たことがないため，本書では失敗談を書いてみた。実際は正しいことを積み重ねた結果，正しいことが起きないとか，全員が協力するなどあり得ないと言っているのではない。部分の最適が全体最適に繋がらない事実を紹介したかった。

　これからの日本を背負う私たちの世代や，次にタスキを渡すべき後身に対し，本書を課題解決のひとつの手法として学んで頂き，これからも学び続け，自分の頭で考えていくことに期待したい。もちろん，私もその一人だ。

第 | **15** | 章

コレクティブ・インパクトの可能性

　本書ではここまで，Kania and Kramer（2011）によって提示されたコレク
ティブ・インパクトが，日本ではどのように実施・展開されているのかを事例
にもとづき概観してきた。本章では，本書で取り上げた事例を整理したうえで，
日本におけるコレクティブ・インパクトの取り組みの現状を検討し，コレク
ティブ・インパクトの特徴・本質を検討する。

1　コレクティブ・インパクトの事例の解釈

1.1　事例の整理

　はじめに，本書の第4章から第11章までで取り上げた8つの事例を**図表15
－1**で整理する。図表は，社会課題，コレクティブ・インパクト（CI）の内
容（解決策），CIに取り組んでいる主体，バックボーン組織，取り組みの状況
の5つの観点から整理をしたものである。図表15－1に示される8つの事例だ
け概観しても，多様な社会課題の解決に向けた取り組みが実施されていること
がわかる。また，これらのバックボーン組織は，企業，NPO，行政，企業と
NPOのパートナーシップといったさまざまな主体であり，日本のコレクティ
ブ・インパクトが幅広いセクターのなかで生まれていることを示している。
　またこれら8つの事例の取り組み段階も以下のように異なる。企業主導の萌
芽的な取り組み（第6章，第9章），企業主導の継続している取り組み（第4
章），NPO主導で実施・完了した取り組み（第5章），NPO主導の継続してい
る取り組み（第10章，第11章），行政主導の継続している取り組み（第7章），

企業とNPO主導の完了した取り組み（第8章）である。各事例の特徴とポイントについて簡単に整理しよう。

　第4章「企業の社会課題の解決に向けたコレクティブ・インパクト」は，廃棄衣料の削減と障がい者の法定雇用率の向上という課題に対して，最初は大学教員やNPOが立ち上げた研究会（UWSG）が主導して取り組んだが，解決策が定まってからは企業が主導して取り組み，現在も継続している事例である。この事例における特徴は，①取り組みの進展に合わせてバックボーン組織が変化していること，②企業がバックボーン組織としての役割を担い，その企業のなかでもボトムアップから創発的に協働が育まれていった点にある。

　第5章「創発を取り込んだコレクティブ・インパクトの発展」は，①「誰もが美しく過ごせる社会」の実現に向けて，高齢者のQOLの向上を目的とした「ビューティーキャラバン事業」と，②東日本大震災の被災者に対する衛生支援・リラクゼーション支援を目的とした「りびボラ事業」という，NPO主導による，2つの完了した取り組み事例である。この事例の特徴は，1つ目の「ビューティーキャラバン事業」において蓄積した経験やネットワークなどが土壌にあったことにより，震災下の極めて難しい環境下で，創発的ながらもスムーズに2つ目の「りびボラ事業」の活動を創出できた点にある。コレクティブ・インパクトの創発のダイナミズムをみることができる。

　第6章「「再犯のない社会実現」を目指す㈱ヒューマンハーバーの取り組み」は，社会的企業が，出所者に対して就労支援・教育支援・宿泊支援をソーシャル・ビジネスとして行っている萌芽的な取り組みである。この事例に関しては，このソーシャル・ビジネスを推進していくうえで，今後多様な組織と連携していく必要があり，まさにコレクティブ・インパクトを目指していく段階にある事例と言えよう。

　第7章「池田町の事例」は，地域の停滞という社会課題に対する福井県池田町における行政主導の地域活性化事業である。この事例は，地域活性化に向けたコレクティブ・インパクトの取り組みを促進するために，長期的には行政組織と住民との関係性を整えることの重要性を指摘している。

　第8章「若者UPプロジェクト」は，子ども・若者に対してITスキルの学習機会を提供すること目的に，ITスキル講習会を企業とNPOが主導して取り組

■図表15－1　本書の事例の概略

章	事例	社会課題	CIの内容（解決策）	主体	バックボーン組織	取り組み状況
4	企業の社会課題の解決に向けたコレクティブ・インパクト	廃棄衣料の削減と障がい者の法定雇用率の向上	廃棄衣料を用いた製品の開発・販売	アーバンリサーチ、CRN研究チーム（特非）北芝、UWSG	UWSG ↓ アーバンリサーチ	継続中
5	創発を取り込んだコレクティブ・インパクトの発展	1.「誰もが美しく過ごせる社会」の実現 2. 被災者に対する衛生・リラクゼーション支援	1. ビューティーキャラバン事業（高齢者のQOL向上）2. りぴぼら事業	全国福祉理美容師養成協会、民間企業、大学	全国福祉理美容師養成協会	完了
6	「再犯のない社会実現」を目指す株式会社ヒューマンハーバーの事例	再犯問題への取り組み	出所者に対する就労支援、教育支援、宿泊支援など	ヒューマンハーバー、政府、社会福祉法人、地域社会、NPOなど	ヒューマンハーバー	萌芽的・継続中
7	池田町の事例	地域経済の低迷	地域活性化事業	地方自治体、地域活動組織、地域住民、移住者	まちUPいけだ	継続中
8	若者UPプロジェクト	子ども・若者に対するITスキルの学習機会	子ども・若者を対象としたITスキル講習	マイクロソフト、育て上げネット、政府・行政	育て上げネット	完了
9	一般社団法人住むーぶ全国協議会の誕生の背景および経緯と今後の期待	高齢者の住環境に関連する諸問題	高齢者向けの引っ越しサービス	セイノー運輸、行政	一般社団法人住むーぶ全国協議会	萌芽的
10	ゆりかごタクシー	妊産婦の健康診断・出産時における移動手段の確保	妊産婦に対するタクシーサービス	マイママ・セラピー、近畿運輸局滋賀運輸支局、滋賀県タクシー協会、各種関連組織	ゆりかごタクシー事務局	継続中
11	「南大阪子育て支援ネットワーク」のこれまでとこれから	子育てを取り巻く多様な課題	地域での共同子育て	大阪ガス、SAKAI子育てトライアングル、えーる、やんちゃ母ファミリーwith、SEIN	SEIN	継続中

んだ事例である。若者UPプロジェクトはすでに完了しているが，厚生労働省の政策に引き継がれている。この事例の特徴としては，①各組織の強みや既存の事業で蓄積してきた経営資源を活用していたこと，②取り組みに関わる参加者の成長（学習）が事業の実施プロセスに盛り込まれていたこと，の2点が挙げられる。

　第9章から第11章の3つの事例は，現在，コレクティブ・インパクトに取り組んでいる当事者によって執筆された事例である。

　第9章「一般社団法人住むーぶ全国協議会の誕生の背景および経緯と今後の期待」は，高齢者の住環境に関連する諸問題に対して，高齢者向けの引越しサービスという事業創造とその拡がりを目指して企業主導で取り組んでいる萌芽的段階の事例である。セイコー運輸（企業）の行動を発端に，任意団体である「全国住むーぶ会」を経て設立された「一般社団法人住むーぶ全国協議会」では，コレクティブ・インパクトの考え方にもとづいた行動指針が策定・共有されており，今後の取り組みの進展が期待される。

　第10章「ゆりかごタクシー」は，妊産婦の健康診断・出産時における移動手段の確保という社会課題に対して，妊産婦に対するタクシーサービスを通じて取り組んでいるNPO主導の事例である。この事例における特徴としては，①計画的に練り上げられたものではなく，現場からの創発的な動きが発端となり進展したこと（ボトムアップ型のコレクティブ・インパクト），②関与している組織の有するパワーや経営資源を上手く活用していること，の2点を特徴として挙げることができる。

　第11章「「南大阪子育て支援ネットワーク」のこれまでとこれから」は，子育てを取り巻く多様な課題に対して，地域での共同子育てを通して解決していくことに企業とNPOが対等なパートナーとして取り組んでいて，運営はNPO主導による継続事例である。この事例における特徴としては，①参加している組織間でのコンセンサスの形成に時間をかけていること，②パートナーの選定が慎重になされていたこと，の2点が挙げられる。

1.2　本書の事例からみるコレクティブ・インパクトの特徴

　本書で取り上げた8つのコレクティブ・インパクトの事例は，取り組んでい

236

る社会課題が多岐にわたっており，取り組みの進展状況，プロセス，特徴も異なる。本書の事例の特徴として，(1)バックボーン組織としての企業のあり方，(2)ダイナミックな視点で捉える，という点に着目したい。

(1)　バックボーン組織としての企業のあり方

　コレクティブ・インパクトの特徴の1つとして，プロジェクト全体を支援する組織としてのバックボーン組織が指摘されている（e.g. Kania and Kramer, 2011）。また，バックボーン組織となりうる組織に関しては，発起人ベース，新たな非営利組織，既存の非営利組織，政府・行政，複数の組織による共有，運営委員会主導型の6つが指摘されているが（Hanleybrown et al., 2012），企業がバックボーン組織の役割を担うことは想定されていない。

　一般的に企業はNPOと比較して相対的に多くの経営資源を有している。企業の有する経営資源をコレクティブ・インパクトの取り組みに利活用できるのであれば大きなメリットになる。しかし，企業がバックボーン組織の役割を担うことが想定されていないのは，企業は中立的ではない（Kramer and pfitzer, 2016＝2017，p.35）と指摘されるように，ビジネスのロジックが強く働くことでコレクティブ・インパクトの目指す方向性に対してネガティブな影響を与える可能性があるためと考えられる。

　そのようななか，本書で取り上げた事例では，企業，あるいは業界団体がバックボーン組織として機能している。具体的には，㈱アーバンリサーチ（第4章），一般社団法人住むーぶ全国協議会（第9章）である。

　これら2つの事例では，企業，あるいは業界団体はコレクティブ・インパクトの理念や原則を履行するための意識あるいは体制を構築している。「企業の社会課題の解決に向けたコレクティブ・インパクト」（第4章）では，当初は実践型研究会であるUWSGがバックボーン組織の役割を担っており，アーバンリサーチ社は本業として取り組みに関わるなかで，UWSGがバックボーン組織であった頃に共有された理念や原則を引き継ぎ，参加者間での丁寧なすり合わせをしていくという姿勢で取り組んでいる。一方，「一般社団法人住むーぶ全国協議会の誕生の背景および経緯と今後の期待」（第9章）は，取り組みの発端がセイコー運輸（企業）であるが，一般社団法人を設立することで営利目的

ではなく，理念にもとづいた行動を担保する仕組みとなっている。

　コレクティブ・インパクトにおいて，取り組みを継続的にサポートするバックボーン組織の役割は重要である。本書で取り上げられた事例にみられるように，企業であっても長期的に関わり，コレクティブ・インパクトの理念や目的を維持・担保する姿勢や体制を構築することで，企業がバックボーン組織としての役割を担うことは可能であると思われる。この点については，他の事例をつぶさに検討することを通じて企業がバックボーン組織としての役割を担うことができる条件等について，より議論を深めていく必要があるだろう。

⑵　ダイナミックな視点で捉える

　コレクティブ・インパクトは，多様な参加者による長期的な取り組みである。そのため，参加者の学習や進化といったダイナミックな視点で捉える必要がある。

　組織間コラボレーションにおける共進化について指摘されているように（佐々木，2009），本書で取り上げた事例においても，参加者がコレクティブ・インパクトの取り組みを通して，学習・進化・成長している点がみられる。また，コレクティブ・インパクトの取り組みにおいては，取り組みを開始する以前の参加者間の関係なども影響している。

　たとえば，「創発を取り込んだコレクティブ・インパクトの発展」（第５章）では，第１の取り組みである「ビューティーキャラバン事業」を通して蓄積した経験やネットワークが，第２の取り組みである「りびボラ事業」に結びついている。活動を通して蓄積・獲得した経営資源が，新たな活動に活かされているのである。また，「若者UPプロジェクト」（第８章）では，支援団体のスタッフがIT講習を実施できるようになることを意図的に計画に組み込まれている。参加者が学習し，成長していくことが意図されていたのである。さらには，「池田町の事例」（第７章）では，コレクティブ・インパクトの取り組み以前における行政組織の取り組みなどが影響していることがみて取れる。

　コレクティブ・インパクトの取り組みにおいて，各参加者の有する多様な経営資源を上手く活用することは，取り組みの開始時点においては重要なことであると考えられる。しかし，社会課題の解決は容易ではなく，継続的な取り組

みが必要であることに加え，既存の経営資源を組み合わせることで解決が可能であるとは限らない。新たな経営資源の獲得を必要とする可能性もある。したがって，現状のみにもとづいた議論や取り組みに終始するのではなく，参加者が学習・進化・成長していくというダイナミックな視点が重要になるだろう。

2　コレクティブ・インパクトの本質と可能性

　本節では，コレクティブ・インパクトで求められる評価，組織，人材の可能性について，コレクティブ・インパクトの本質から検討してみたいと思う。

　混沌とした社会課題に対して，多様なステイクホルダーが集結して，その解決を目指し協働するコレクティブ・インパクトの運動のなかには，その活動を担う人々が存在する。彼ら・彼女らは，第4章から第11章でみてきたコレクティブ・インパクト事例のように，さまざまな立場からコレクティブ・インパクトにコミットしていくわけであるが，共通していることは，そこにソーシャル・アントレプレナーシップが求められるということであろう。解決が難しい社会課題解決に対して，創意工夫しながらプロジェクトとして仕組み化して取り組もうとする姿は，ソーシャル・アントレプレナーシップの発露と言える。

　以下では，協働とソーシャル・アントレプレナーシップという要素に注目しながら，コレクティブ・インパクトの本質を検討していこう。

2.1　尖った協働とソーシャル・アントレプレナーシップ

　第1章でみてきたように，2011年に提唱されたコレクティブ・インパクト概念であるが，社会課題解決に向けたクロスセクター型協働に関する議論は，1990年に入ってから活発に展開されてきた。これまでのクロスセクター型協働とコレクティブ・インパクト概念は何が異なるのだろうか。

　これまでの協働理論，とりわけクロスセクター型協働の議論と比べた際に，コレクティブ・インパクト概念の特徴を2点挙げることができる。

　第1に，概念と実践ツールがセットとなって提示されたことである。それにより，インパクトの強い概念用語となり得た点に特徴がある。社会課題解決に向けたクロスセクター型協働に関する議論は，さまざまな形で登場してきてい

た。ソーシャル・パートナーシップ（Waddock, 1991），クロスセクター・コ
ラボレーション（Logsdon, 1991; Bryson et al., 2006），クロスセクター・パー
トナーシップ（Googins and Rochilin, 2000），クロスセクター・ソーシャル・
オリエンティッド・パートナーシップ（Selsky and Parker, 2005），マルチセ
クター協働（佐々木ほか, 2009）等表現されてきたが，実務上かつアカデミッ
ク上の双方でここまで広く普及することはなかった。コレクティブ・インパク
トは，*Stanford Social Innovation Review*で連続的・集中的に掲載され，非営
利コンサルティングFSGがその実践のサポートを提供してきたことで，概念と
実践ツールがセットとなって提示され，実務上の普及が進んだ概念である。

　第2に，コレクティブ・インパクトは，これまでのクロスセクター型協働に
比べて，普及力を強めるために，ある意味，議論を単純化・焦点化させたとも
考えられる。

　Selsky and Parker（2005）は，社会課題解決に向けたクロスセクター型協
働は，多様な現象として表出して，その規模，範囲，目的が大きく異なること
から，把握が難しいことを指摘している。つまり，ダイアド（1対1）の2セ
クター間からマルチセクター（3セクター以上）の協働があり，ローカルレベ
ルからグローバルレベルまでの協働があり，短期的なものから長期的なものも
含まれ，また完全に自主的な取り組みから義務化されたものが存在する。した
がって，Selsky and Parker（2005）では，クロスセクター型協働の把握のた
めに，協働目的で3つに区分し整理した後，それらが出現する場で4つに分類
し，それぞれについて協働フェイズごとの検討を行っている。

　Bryson et al.（2006）は，クロスセクター型協働の前提・初期条件，プロセ
ス，構造やガバナンス，促進要因や制約要因，成果や説明責任といった各側面
を詳細に整理したうえで，広範な領域におよぶ先行研究をあてはめ検討し，ク
ロスセクター型協働の命題を22個も導出している。それらに比べて，コレク
ティブ・インパクトは，混沌とした社会課題に対して，クロスセクター型協働
で取り組むこと，そしてその成立要件は5つ（図表1－4）だと明示した。こ
のシンプルさが，コレクティブ・インパクト概念の普及と理解を促進させたと
も考えられる。

　組織間関係のなかの1つに組織間協働の考え方が，組織間協働のなかの1つ

にクロスセクター型協働が位置する。そのクロスセクター型協働のなかにおいて，さらに社会課題解決のための協働であり，かつ5つの成立要件を志向する協働，それこそがコレクティブ・インパクトである。コレクティブ・インパクトという概念は，協働概念のなかにおいて，極めて限定された領域の現象であり，シンプルな定義づけと実践ツールがセットで提示されたという意味でも，焦点化された議論であり，尖った協働概念だと言えるだろう。

　一方で，コレクティブ・インパクトを推進する人に着目してみると，それはソーシャル・アントレプレナーシップを発揮する人である。ソーシャル・アントレプレナーシップは，その把握や定義が難しい概念とされる（Choi and Majumdar, 2014; Saebi et al., 2019）。しかしながら，共通認識として，個人や株主利益よりも社会的価値創造を第一優先に掲げる動き（Austin et al., 2006）であり，新しい方法で資源を結合させ価値創造するプロセス（Short et al., 2009）として理解されている。その他，NPOの商業的活動に着目した市場志向（Dees, 1998）であることや，ソーシャル・アントレプレナーによるソーシャル・イノベーションにフォーカスするソーシャル・イノベーション志向（Martin and Osberg, 2007）であることも，文脈によっては指摘されてきた。

　ただ何度も述べるように，ソーシャル・アントレプレナーシップ概念の共通認識の中核には，社会的価値創造とそのための独自の資源結合のあり方が位置すると指摘できるだろう。コレクティブ・インパクトで論じられる，社会課題解決のためのクロスセクター型協働とは，社会的価値創造のための協働であり，そのために多様なセクターから多様な資源の独自結合を目指していくというあり方でもある。したがって，コレクティブ・インパクトでは，ソーシャル・アントレプレナーシップの発露が不可欠なのである。

2.2　社会性と個の自律

　では，コレクティブ・インパクトに関わる誰がソーシャル・アントレプレナーシップを発揮すればよいのだろうか。まずバックボーン組織の人材は，ソーシャル・アントレプレナーシップを発揮していく必要があるだろう。ただし，それだけでは不十分である。コレクティブ・インパクトを力強く推進させるには，各セクターの個々人が，ソーシャル・アントレプレナーシップのマイ

ンドやアティチュードを育む必要があるだろう。

　その意味するところを考えるうえで，金井ほか（1994）や金井（1999）で議論されたソシオ・ダイナミクス企業と，その中核人材とされる社際企業家概念を参照したい。金井ほかは，1994年に刊行された調査研究である『21世紀の組織とミドル』において，当時のミドル層を対象に，1993年時点の組織や働き方に関する意識と，それが2000年～2010年にどのように変化すると思うかの予測についてのアンケート調査を実施した。その現状と予測データを因子分析して，4つの企業モデルを提示した（**図表15－2**）。

　4つの企業モデルとは，企業価値と社会価値という価値志向性，他律性と自律性という行動原理の2軸のマトリクスで分類され，組織管理，組織ダイナミクス，ソシオ・オーダー，ソシオ・ダイナミクスの4類型で構成される。また社際企業家とは，社会的価値を志向し，自律性あふれた行動原理を持つソシオ・ダイナミクス企業の中核人材である。企業，NPO，地域，大学，行政，顧客といった多様なステイクホルダーと多層ネットワークを構築しながら企業と多様な組織との「際」で活動する人材であり，社内の論理のもとで相対的に

■**図表15－2　21世紀の企業モデル**

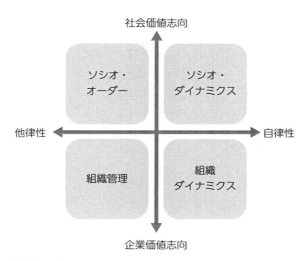

出所：金井ほか（1994），p. 29.

限定されたネットワーク活動をしていた当時の社内企業家概念（図表15－2の組織ダイナミクス・モデルの中核人材）への対概念として生み出された。

　金井ほか（1994），金井（1999）の議論は，当時，企業および企業人を対象としたものであったが，さまざまな組織および組織人において援用できる議論である。社会価値志向で自律性にあふれた人材こそ，コレクティブ・インパクト人材の基本要件だと考えられる。関わる個々人が，自律性を高め創意工夫しながら，社会課題を自分事化して取り組むことが，コレクティブ・インパクトの推進力になる。しかしながら，自律性を高めるということは，組織や組織間関係において分散化する力学が働くことになる。したがって，共通アジェンダ，継続的コミュニケーション，バックボーン組織といった要素が吸引力を効かせることで，クロスセクター間の分散化（自律性）と集約化（他律性）の絶妙なバランスを図っていくことが求められる。

2.3　計画性と創発性

　Bryson et al.（2006）は，クロスセクター型協働の命題9において「クロスセクター協働は，意図的な計画と創発的な計画を組み合わせると成功する可能性が高くなる」とまとめた。クロスセクター協働に限らず，事業開発や戦略論において，計画性と創発性の双方を大切にすることの重要性が，さまざまな形で問われてきた。近年大きな議論になっているのが，Sarasvathy（2008）を筆頭に展開されてきた，コーゼーションとエフェクチュエーションの考え方であろう。エフェクチュエーションという概念は，起業家を対象とした熟達研究の成果から生まれて，経験豊かな熟達した起業家の意思決定の特徴である．それは，合理性にもとづく分析的・計画的意思決定，目的志向，因果的プロセス志向，トップダウン方式等のキーワードで表現できるコーゼーション（causation）の対概念でもある。

　エフェクチュエーションとは，目的にもとづく合理性で考えるのではなく，ボトムアップ型の思考法である。その思考法は，企業家が起業に熟達することによって獲得されうる次の5原則からなる。①やり方がわかっている事柄からはじめるという手段主導の原則，②行動選択時には大きな失点を避けるという許容可能な損失の原則，③今までにない能力をもたらしてくれる人と働くとい

うクレージー・キルトの原則，④予想外の出来事を活用するといったレモネードの原則，⑤自らの力と才覚を利用して生き残るという飛行機のパイロットの原則である（Sarasvathy, 2008）。

　そして，Sarasvathy（2008）は，アントレプレナーシップ教育において，エフェクチュエーションとコーゼーションの2つの思考法を効果的に用いる方法を会得させるためのプログラムが重要だとしている。つまりアントレプレナーシップにおいて，コーゼーションとエフェクチュエーションという二律背反的な思考法を組み合わせることが重要だとしている。また横山ほか（2017）は事例研究にもとづき，アントレプレナーシップの要素として，エフェクチュエーションとコーゼーションの両方の要素が内包された形での，「知やネットワークの編集力を伴う行動主義」の重要性を指摘している。

　コレクティブ・インパクトを推進していくうえでも，計画性と創発性，コーゼーションとエフェクチュエーションをうまく組み合わせて，知やネットワークの編集力を伴う行動主義に徹する必要があるだろう。

2.4　共感のシステム化

　佐々木ほか（2018）では，日本でコレクティブ・インパクトが定着しない理由の一つとして，セクター間での共感度の低さを挙げており，各セクターの組織の個々人が社会課題をアジェンダとして共有するだけでなく，各セクターの社会課題へのアプローチや行動原理についても理解し合い，共感し合い，それをベースにシステム化することが必要であることを説いている。それを，共感のシステム化と提唱した。

　コレクティブ・インパクトを推進していくうえで，どのようにすれば共感のシステム化を編み込むことができるのだろうか。共感のシステム化には，社会課題への理解だけでなく，参画組織への相互理解が不可欠である。クロスセクター型協働において，セクター間や組織間の性質の差異は，想像以上に大きい。セクターが異なれば，セクター間の行動原理，組織文化，使用言語，考え方は大きく異なる。セクター間の性質の差異があるからこそ，パートナーシップが合理的なものとなり，相互作用や資源交換のベースが生まれる（Waddell, 2000）一方で，その差異は協働プロセスの阻害要因にもなり得る（Sagawa and Segal, 1999)。

　相互理解においては，互いの組織の基本理念を尊重しながら，丁寧かつ時間
をかけた対話が必要になる。そのためには，各組織が基本理念や曲げられない
スタンスを明確にしながら，話し合いを続け，足並みを揃え，そのプロセスの
なかで生まれてくる信頼関係の醸成が重要になる。またときには，違いを楽し
むアティチュードが必要になってくるだろう。

2.5　越境的学習と共進化

　企業とNPOの協働において，所期の目標達成も重要であるが，そのプロセ
スから各組織や個人が多くのことを学ぶことの重要性が，これまでも説かれて
きた。たとえば，佐々木ほか（2009）はそれを共進化と表現し，横山（2003,
2017）は自己利益獲得の枠組みのなかで，経営資源やステイクホルダーの拡充
という視点で把握を試みてきた。

　最近では，越境的学習（石山，2018）や越境する学び（香川・青山，2015）
という議論も盛んに行われている。香川・青山（2015）によると，越境学習と
は，もともとYrjö Engeströmが提示した概念だとされる。熟達による学びを
垂直的学習とするならば，越境学習を水平的学習と捉えて，自分の領域とは異
なる人々との出会いから新しい学びが生じる可能性を指摘している。

　コレクティブ・インパクトにおいても，所期の目標（社会課題解決）の達成
は最重要であることは言うまでもないが，そのプロセスにおける各組織，各個
人の学びという視点に着目して評価や解釈を行っていくと，コレクティブ・イ
ンパクトの持つ意味合いの大きさに気づくことができるだろう。

3　社会の縮図としてのコレクティブ・インパクト

　第1節では，本書で取り上げた日本のコレクティブ・インパクトの事例をい
くつかの視点をもとに整理しながら，現状での特徴や今後の展開の可能性につ
いて振り返ることを試みている。そのなかで今後考えるべき点として，第1は
企業セクターがバックボーン組織としてどこまで機能するかという点，そして
第2はコレクティブ・インパクトに関わる主体間の相互成長過程をダイナミッ

クにとらえることの重要性を指摘している。第2節ではコレクティブ・インパクトの動きが突きつける本質と可能性について論じている。これまでの議論を踏まえて，本節では，コレクティブ・インパクトが個別セクターの行動様式，さらにはセクター間の協働のあり方の変容を越えて，社会そのものの動きに与えるインパクトについて考えることにする。すなわちコレクティブ・インパクトを社会の縮図として捉えることの重要性である。

　コレクティブ・インパクトの議論を突き詰めていくと，その先には個別のインパクトを越えた集合的インパクトとして結果的に社会がどう変わっていくのか，あるいは社会が変わりゆくことをどのような視点から見るのかという議論が必要になる。ここではそうした点を考えながら，コレクティブ・インパクトの議論や実践が与える意味や意義について考えることにする。その基本は，社会という枠のなかでコレクティブ・インパクトを捉えるという視点であり，それを簡潔に表現すれば社会の縮図としてコレクティブ・インパクトを捉えるという視点である。

　社会の縮図としてコレクティブ・インパクを考えるという場合，**図表15－3**にみるように，そこには3つの意味が含まれる。第1は，混沌とした社会課題がマグマのように噴き出している，現代社会の現実を表す言葉として社会の縮図という言葉を使用したい。すなわち，構成要素そのものが複雑多様化し，さらに相互に関係するような混沌とした社会課題が噴出していることを強調する意味でこの縮図という言葉を使用する。

　第2は，企業やNPOや行政などのさまざまなセクターが協働しながら，混沌とした社会課題の解決のために関わる場あるいはプラットフォームとして社会の縮図という言葉を使用したい。第1が社会課題の集合体としての社会の縮図であるとすると，第2は多様なセクターの協働の場としての社会の縮図である。

　そして第3は，こうした社会課題の集合やセクター間の協働の場を全体的かつ俯瞰的に捉えながら個別の取り組みを進めていくという視点の重要性を強調する意味で，社会の縮図という言葉を使用したい。以下ではそれぞれの意味について，もう少し詳しく説明していきたい。

■図表15－3　社会の縮図としてのコレクティブ・インパクト

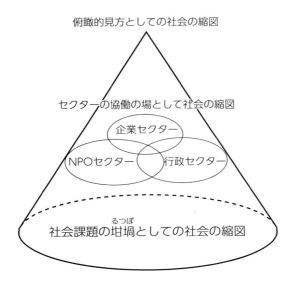

出所：筆者作成

3.1　混沌とした社会課題の坩堝（るつぼ）としての社会の縮図

　第1は，混沌とした社会課題の坩堝（るつぼ）としての社会の縮図という意味である。これまで述べてきたように，ここ数年環境問題，ホームレス問題，貧困問題，教育格差問題，地域活性化問題，など多くの社会課題が表出化してきているが，こうした社会課題は相互に密接に関係していることが多い。そして見かけ上は一つの社会課題として表面化しているが，その背後には地下茎のように多くの社会課題が相互に関連している場合が多い。第1章で触れた米国オハイオ州のStrive Togetherのケースでは，大学生の学力低下という顕在化した社会課題は，よく調べてみると実は幼児期や中学高校時代に直面した社会課題が大きく影響していることが明確になった。こうした複数の社会課題が何層にもわたって集積しているのが現代社会の特徴であり，そうした重層的側面を有した社会課題に対して多様なセクターが協働しながら集合的解決を図っていくことが求められている。こうした混沌とした社会課題の集合体を社会の縮図と考えることが，コレクティブ・インパクト実行の第一歩である。

社会課題の集積として社会そのものをみることからスタートすると，最初に重要になるのはコレクティブ・インパクトを進める当事者間で社会課題の共通認識ができているかどうかという問題である。

　たとえばここ数年，孤独死や孤立死が社会問題化しているが，こうした混沌とした社会課題の背後にはコミュニティの崩壊，高齢化や核家族化，生活様式の変化，経済格差の増大，など多様な要因が複雑に絡み合っている。こうした背景を考えずに，孤立死対策として見守りセンサーの設置やウェアラブル端末による健康管理を進めても，期待通りの効果を上げることは難しい。なぜ孤立死が生まれるのか，背後に隠れている原因は何なのか，どのような要因が相互に関連しているのか，などを徹底して明らかにすることから，効果的な孤立死対策は生まれてくる。その対策として，ビジネスレベルでIoTによる見守りシステムを開発するだけではなく，行政レベルでの地域包括ケアシステムの策定や実行，さらにはコミュニティレベルでの地域の居場所づくりやふれあいサービス活動，町内会による見守り活動なども選択肢として考慮されるべきである。さらに最終的には，多様なセクターが協働しながら孤立死という混沌とした社会課題を解決する仕組みをデザインすることがコレクティブ・インパクトの実践そのものになる。

　このように考えると，コレクティブ・インパクトの最初の社会課題の認識ステージにおいて，当該セクターが当事者目線で混沌とした社会課題の坩堝として社会を認識すること，そしてそうした認識をセクター間で共有することが非常に重要なステップになる。

3.2　クロスセクター協働の場としての社会の縮図

　第2は，社会を構成する多様なセクターが協働しながら混沌とした社会課題の解決をはかる場を記述する用語として，社会の縮図という言葉を使うことにする。さらに社会の縮図という用語に含まれる社会をソーシャル的視点という意味に解釈することでコレクティブ・インパクトを考える。

　ここではソーシャル的視点という言葉を，以下の3つの意味で使用する。第1は，societyという意味でのソーシャル的視点であり，社会（society）そのものをどのように経営していくか，あるいは地域経営をどう進めていくべきか

などを考えるという視点である。第2は，まさにSocialという意味でのソーシャル的視点であり，特に営利企業が経済性だけでなく，CSRやCSVに代表されるように社会性を含む領域に積極的に関わることを強調した使い方である。第3は，human relationalという意味でのソーシャル的視点である。Socialという言葉のなかに，人間関係的あるいは対人関係的という意味を含んでいることから，組織メンバー間の関係を円滑にして活性化することで，精神的健康を維持向上させることを強調した使い方である。

　いうまでもなく企業セクター，NPOセクター，行政セクターなどのステイクホルダーの何らかの集合体を社会と考えると，こうした複数のセクターは相互に密接に関係しながらも社会に埋め込まれた存在である。コレクティブ・インパクトを考える場合，こうしたステイクホルダーの集合体としての社会を前提にしながら，各セクターがソーシャル的視点を重視しながら行動することが求められている。

　たとえば企業セクターには，社会課題の解決に積極的に関与することが求められているし，持続可能な成長発展に不可欠であることが自明の理になりつつある。フィナンシャル・タイムズのニューズレター「モラル・マネー」（2021年1月13日）によると，米国のPR会社エデルマンが発表する調査報告書「エデルマン・トラストバロメーター（信頼指標）」において，「市民の大多数は，政府が社会的な問題を解決できないときに，企業トップがリーダーシップを発揮することを支持している」という調査結果になったという。この結果を受けて，同社CEOのR. Edelmanは「市民は，社会的な問題でビジネスリーダーが率先して行動を起こすことを期待している」と分析している。もちろん非営利セクターであるNPOやNGOもコレクティブ・インパクトに積極的に関わっているが，今後企業をはじめとするビジネスセクターがコレクティブ・インパクトに積極的に参画するケースが増えてくることが期待される。

　欧米の事例を見ても，コレクティブ・インパクトに民間企業が積極的に関わっているというケースが少ない。日本でも同様であり，コレクティブ・インパクトは非営利でありボランタリーベースで進めるというイメージが強い。逆にいえば，民間企業がコレクティブ・インパクトの取り組みにどれだけ強い関心を抱き，積極的に関与するかが成否を左右するともいえる。本書の第4章以

降の日本のケースでは，ソーシャル・ビジネス系の中小民間企業の事例を紹介しているが，さらに中堅企業や大企業が混沌とした社会課題の解決に積極的に関与していくことがコレクティブ・インパクト定着の原動力になる。

　続いて，NPOや市民活動団体がコレクティブ・インパクトにどこまで関わっていくかについても議論が必要である。こうした非営利セクターがコレクティブ・インパクトに関わるときの大きな課題の一つが資金調達と人材育成の二つである。そして資金面と人材面での限界を克服する道の一つが，NPOのソーシャル化である。NPOの事業化，あるいはビジネス化といってもよい。阪神淡路大震災やNPO法の制定を契機に，日本でもNPOの数は増加し，2019年にはNPO法人の数は51,403を数えるまでになっている。ちなみにコンビニエンスストア出店数は2018年で58,340店であり，コンビニ出店数とNPO法人数はほぼ同じ数字になっている。しかしその内情は，収益基盤や活動基盤が脆弱なNPOがほとんどであり，内閣府の平成29年度「特定非営利活動法人に関する実態調査」によれば，年間収益1,000万円以下のNPOが半数を占め，常勤の有給職員０人のNPOが４割を超えているのが現状である[1]。

　こうした現状のなかで，NPO法人のなかには民間企業との連携や協働を通じて，新しい事業を創造しようという動きもある。さらに中間支援組織として活動しているNPO法人のなかには，ビジネスとして中間支援を行うことに重点を置く動きも見られる。ただこうした動きが，コレクティブ・インパクト発展の原動力になるまでには至っていない。大学組織というセクターにも期待がかかりつつあるが，日本ではまだまだ成功事例としても少ない。

　さらに行政セクターがコレクティブ・インパクトにどのように関わるかについても今後真剣な議論が必要である。原則からいえば社会課題を解決することが行政のミッションであり，それを生きがいや働きがいとして考える行政職員も多い。しかし行政セクターが関わることのできる射程距離を越えた形で，社会課題が複雑化し重層化し連続化してくるにつれて，行政セクターのみで混沌とした社会課題を解決することは難しくなってきている。そこで行政セクターが選択する道は，NPOや市民活動団体など他のセクターといかに協働するか

1）　平成29年度「特定非営利活動法人に関する実態調査」内閣府調査（https://www.npo-homepage.go.jp/toukei/npojittai-chousa/2017npojittai-chousa）

であり，協働の全体的成果をどのように生み出し評価するかであり，混沌とした社会課題の解決を通じてどのように社会を変えるかを考え実践する道である。コレクティブ・インパクトを前提にした協働推進に大きな期待が寄せられているのは，こうした理由からである。

　しかしながらNPOや市民活動団体との協働に熱い期待が寄せられるほど，行政セクターのメンバーの協働に対する負担感や心理的抵抗感が強まっていくことになる。協働の理想と現実のギャップに直面する行政職員が多い。こうした協働の理想と現実のギャップを埋めながら，行政セクターがコレクティブ・インパクトにどのように関わることができるのかが今後の大きな課題である。

3.3　俯瞰的志向としての社会の縮図

　社会の縮図としてのコレクティブ・インパクトという場合の3番目の使い方は，全体的で俯瞰的な視点をもとにコレクティブ・インパクトを捉えることをもって社会の縮図志向と考える立場である。これは虫の目から鳥の目へのシフトと考えても良い。コレクティブ・インパクトがクロスセクター協働の最終形として定着していくためには，参加する主体の意識が「自分のために」から「我々のために」という視点変更が必要である。これは「社会のために」という視点をどこまで追い求めるかという選択でもある。コレクティブ・インパクトへの関わりによって，自組織が何を得られるのかという志向だけではなく，地域全体，あるいは社会全体，さらには地球環境そのものにどのようなインパクトを与えるかを考えるような社会的志向や俯瞰的志向が求められる。

　自己中心主義（egocentrism）ではなく，利他主義をもとにした社会課題の解決を考えるときの発想としてコレクティブ・インパクトを考えるとき，その基本になるのは「情けは人のためならず」という発想である。たとえば住友グループの経営理念として長く尊重されてきた「自利利他公私一如」はその一例である。住友社内では，事業は自社の発展だけではなく社会に貢献するものでなければならないという考えのもと，単なるチャリティー（慈善活動）ではなく，事業活動を通じて豊かな社会の実現に貢献することが重要視されてきた。その代表例がマラリア予防のために開発した蚊帳「オリセット®ネット」による途上国支援であり，インクルーシブビジネスの推進である。

これまでコレクティブ・インパクトを社会の縮図として考えることの意味について考えてきたが，さらに実践的側面からコレクティブ・インパクトを実現するための戦略についても考える必要がある。たとえばある地域で生まれたコレクティブ・インパクトの実践を他の地域にどのように移転させていくかというスケールアウト戦略，また，ある地域でコレクティブ・インパクトが雨後の筍のように群生するようなエコシステムをどのようにデザインするかというデザイン戦略などは今後検討すべき課題である。

参考文献

Austin, J. E., Stevenson, H. and Wei-Skillern, J. (2006). Social and commercial entrepreneurship: Same, different, or both? *Entrepreneurship Theory and Practice,* 30 (1), 1-22.

Bryson, J. M., Crosby, B. C., and Stone, M. M. (2006). The design and implementation of Cross-Sector collaborations: Propositions from the literature. *Public Administration Review,* 66, 44-55.

Choi, N., and Majumdar, S. (2014). Social entrepreneurship as an essentially contested concept: Opening a new avenue for systematic future research. *Journal of Business Venturing,* 29 (3), 363-376.

Dees, J. G. (1998). Enterprising nonprofits: What do you do when traditional sources of funding fall short. *Harvard Business Review,* 76 (1), 54-67.

Googins, B. K. and Rochlin, S. A. (2000). Creating the Partnership Society : Understanding the Rhetoric and Reality of Cross-Sectoral Partnerships. *Business & Society Review,* 105 (1), 127-144.

Hanleybrown, F., Kania, J. and Kramer, M. (2012). Channeling change: Making collective impact work. *Stanford Social Innovation Review,* 1-8.

石山恒貴（2018）『越境的学習のメカニズム』福村出版。

香川秀太・青山征彦偏（2015）『越境する対話と学び』新曜社。

Kania, J. and Kramer, M. (2011). Collective impact. *Stanford Social Innovation Review,* Winter, 36-41.

金井一頼（1999）「地域におけるソシオダイナミクス・ネットワークの形成と展開」『組織科学』32 (4), 48-57.

金井一頼ほか（1994）『21世紀の組織とミドル：ソシオ・ダイナミクス型企業と社際企業家へ』産能大学総合研究所調査報告。

Kramer, M. R. and Pfitzer, M. W. (2016). The ecosystem of shared value, *Harvard Business Review,* 94 (10) *October,* 80-89（辻仁子訳「CSVはエコシステム内で

達成する『コレクティブ・インパクト』を実現する5つの要素」『Diamondハーバード・ビジネス・レビュー』42（2），16-28，2017年）。

Logsdon, J. M. (1991). Interests and Interdependence in the Formation of Social Problem-Solving Collaborations. *Journal of Applied Behavioral Science*, 27（1）, 23-37.

Martin, R. L., and Osberg, S. (2007). Social entrepreneurship: The case for definition. *Stanford Social Innovation Review*, Spring 2007, 29-39.

Sagawa, S. and Segal, E. (1999). *Common Interest, Common Good: Creating Value Through Business and Social Sector Partnerships*, Harvard Business School Press.

佐々木利廣・加藤高明・東俊之・澤田好宏（2009）『組織間コラボレーション：協働が社会的価値を生み出す』ナカニシヤ出版。

佐々木利廣・認定特定非営利活動法人大阪NPOセンター編著（2018）『地域協働のマネジメント』中央経済社。

Sarasvathy, S. D. (2008), *Effectuation: Elements of Entrepreneurial Expertise*, Edward Elgar Publishing.（加護野忠男監訳・高瀬進・吉田満梨訳『エフェクチュエーション：市場創造の実効理論』碩学舎，2015年）.

Selsky, J. W., and Parker, B. (2005). Cross-sector partnerships to address social issues: Challenges to theory and practice. *Journal of Management*, 31（6）, 849-873.

Saebi, T., Foss, N. J., and Linder, S. (2019). Social entrepreneurship research: Past achievements and future promises. *Journal of Management*, 45（1）, 70-95.

Short, J. C., Moss, T. W., and Lumpkin, G. T. (2009). Research in social entrepreneurship: Past contributions and future opportunities. *Strategic Entrepreneurship Journal*, 3（2）, 161-194.

Waddell, S. (2000). New Institutions for the Practice of Corporate Citizenship: Historical, Intersectoral and Developmental Perspectives. *Business and Society Review*, 105（1）, 107-126.

Waddock, S. A. (1991). A Typology of Social Partnership Organizations. *Administration & Society*, 22（4）, 480-515.

横山恵子（2003）『企業の社会戦略とNPO：社会的価値創造に向けての協働型パートナーシップ』白桃書房。

横山恵子（2017）「企業とNPOの組織間関係における協働価値創造と自己利益の関係性:共同開発事例の比較分析」『組織科学』50（3），16-29。

横山恵子・後藤祐一・金井一頼（2017）「アカデミック・アントレプレナーシップの新展開」『ベンチャーレビュー』29，13-26。

索　引

〈執筆者紹介〉 (五十音順)

大杉　卓三 (おおすぎ　たくぞう)……………………………………………… 第6章
京都産業大学経営学部准教授

押栗　泰代 (おしぐり　やすよ)……………………………………………… 第10章
認定NPO法人マイママ・セラピー理事長

後藤　祐一 (ごとう　ゆういち)………………………… 第2章，第15章1，編集
大阪経済大学経営学部准教授

小室　達章 (こむろ　たつあき)……………………………………………… 第5章
金城学院大学国際情報学部教授

佐々木　利廣 (ささき　としひろ)………………… 第1章，第3章，第15章3，編集
京都産業大学名誉教授

田中　成幸 (たなか　まさゆき)……………………………………………… 第8章
合同会社Co-Work-A代表社員，
認定NPO法人育て上げネット　パートナー

中嶋　貴子 (なかじま　たかこ)…………………………………… 第7章，第14章
大阪商業大学公共学部公共学科准教授

堀野　亘求 (ほりの　のぶひで)…………………………………………… コラム②
一般社団法人日本人材育成協会指導部

増田　佑介（ますだ　ゆうすけ）……………………………………… 第12章
藤井寺市政策企画部企業パートナーシップデスク兼市民生活部観光課

満井　祐輝（みつい　ゆうき）…………………………………… コラム③
阪南市都市整備部都市整備課　主幹

南　貴美子（みなみ　きみこ）…………………………………… 第11章
大阪ガス株式会社

宮高　　豪（みやたか　ごう）……………………………………… 第9章
株式会社くらすむーぶ代表取締役　一般社団法人住むーぶ全国協議会　代表理事

山本　髙久（やまもと　たかひさ）……………………………… コラム①
元大阪商工信用金庫

横山　恵子（よこやま　けいこ）………………… 第4章，第15章2，編集
関西大学商学部教授

吉田　忠彦（よしだ　ただひこ）………………………………… 第13章
近畿大学経営学部教授

〈編著者紹介〉

佐々木　利廣（ささき　としひろ）
京都産業大学名誉教授。明治大学大学院経営学研究科博士後期課程単位取得退学。京都産業大学経営学部専任講師,助教授を経て,1991年から京都産業大学経営学部教授,その間ノースカロライナ大学チャペルヒル校社会科学研究所（IRSS）で客員研究員を歴任。2022年定年退職後,名誉教授。
主な著作：『地域協働のマネジメント』（中央経済社,2018年）など多数。

横山　恵子（よこやま　けいこ）
関西大学商学部教授。北海道大学大学院経済学研究科博士後期課程修了。東海大学政治経済学部専任講師・准教授・教授,神戸学院大学経営学部教授を経て,2013年から関西大学商学部でソーシャル・アントレプレナーシップをテーマに教育研究活動を続けている。
主な著作：『エシカル・アントレプレナーシップ』（中央経済社,2018年）など多数。

後藤　祐一（ごとう　ゆういち）
大阪経済大学経営学部准教授。北海道大学大学院経済学研究科博士後期課程修了,博士（経営学）。長崎大学,尾道市立大学を経て,2023年4月より現職。
主な著作：『戦略的協働の経営』（白桃書房,2013年）。

日本のコレクティブ・インパクト
──協働から次のステップへ

2022年2月10日　第1版第1刷発行
2024年12月10日　第1版第2刷発行

編著者　佐　々　木　利　廣
　　　　横　　山　　恵　　子
　　　　後　　藤　　祐　　一
発行者　山　　本　　　　継
発行所　㈱中　央　経　済　社
発売元　㈱中央経済グループ
　　　　パ ブ リ ッ シ ン グ

〒101-0051　東京都千代田区神田神保町1-35
電話　03 (3293) 3371 (編集代表)
　　　03 (3293) 3381 (営業代表)
https://www.chuokeizai.co.jp
印刷・製本／㈱デジタルパブリッシングサービス

© 2022
Printed in Japan